〈在日〉という根拠

増補新版

竹田青嗣

創元社

装画　waca

装幀・組版　五十嵐哲夫

目次

I 〈在日〉という根拠――李恢成、金石範、金鶴泳

〈在日〉という根拠

増補新版

I

〈在日〉という根拠――李恢成、金石範、金鶴泳

李恢成

一　在日の〈家〉

李《り》恢成《かいせい》の初期の作品群を読むと、それが自伝的性格を帯びており、しかも作家が、自分の少年期から青年期に至る過去の記憶を一分の隙なく掘り返したいという強い情熱を持っていたことがわかる。たとえば『証人のいない光景』（昭和四十五年）では戦時下の少年期が扱われ、『砧《きぬた》をうつ女』（昭和四十六年）や『人面の大岩』（昭和四十七年）では両親の記憶にまつわる少年時代が、また『伽倻子《かやこ》のために』（昭和四十五年）や『青丘の宿』（昭和四十六年）では、主として青年期の問題が取り上げられている。

読者はこれらの作品群を読みすすむうちに、いわば作者によく似たある「在日」二世が日本という異邦社会の中でたどらねばならぬ困難の一切を、彼とともに追体験するような感触にとらえられる。むろん作家自身もそれを方法として自覚していたに違いない。李恢成（あるいはその主人公）にとって歴史とか過去とかいうものは、いつでも現在の生にかけられた負荷として存在している。逆に言えば、現在という時間は、過去の痛切な記憶群によってはじめて織り出された布地のように存在している。そして彼にとっての過去とは、常に負の価値であるもの、闇であり影であるものにほかならない。それを彼は〈在日〉二世世代にかけられた普遍的な負荷として描き出すのだが、また同時にそれを、現在の生を正の価値へと転回させるべきポジティヴな回転軸として設定する。そのような意味で、李恢成は本質的に白樺《しらかば》派的な資質をもっていると言ってよいかも知れない。


〈ああ、ああ……〉

と哲午は声にならぬ呻《うめ》きをあげていた。この猛烈な妄執はどこからくるのか。一族の四散、遥《はる》かな祖国、崩れゆく趙家。それを感じるがゆえ父は、あの銃眼のなかの父は、

〈アイゴ。このうらみをいつ晴らすやら！〉

と息子に訴えかけたのではなかったろうか。

（『またふたたびの道』）


一家の四散、遥かな祖国、崩れゆく趙家といった記憶は、ことごとく暗い色調に彩られたものだが、それが「猛烈な妄執」として作家の内部に蘇《よみがえ》るとき、彼は現在の生をこの地上に固く結びつけられたものとして再所有する。〈在日〉の生という痛みに満ちた記憶の輻輳《ふくそう》の中から、現在を意味づけるべき

希望のようなものを摑《つか》み出し、それを作家と〈在日〉の二世、三世世代を繫《つな》ぎとめるひと筋の綱としてさし示すこと、そこに李恢成の文学的欲望の中心点があった。

そういうモチーフが、過去の記憶をくまなくめくり返すような作家の作業を呼び寄せたに違いない。自己の体験を、あたかも〈在日〉二世、三世世代の誰もがたどる共有体験であるかのようにたどり直してみるところに、作家の意図があったろう。そうであるなら、私たちもまた、彼のたどったあとをもう一度歩き直してみることにしよう。

李恢成が繰り返し描いた少年期において、最も強いアクセントを打たれているのは父親の記憶である。たとえば『砧をうつ女』で、作家はほとんど唯一の美しく肯定的な記憶として母親（生母）の像を描いているが、そこに現われる父親の像は大変象徴的だ。

僕らは女が弱い動物だと父からおしえられた。母にたいする父の乱暴は僕らがそう信じる日日の教室であったわけだ。もちろん、僕らは母の支持者であった。乱暴者の父をにくみ、やがて僕らの力で父を打倒する空想で僕らの頭は昂奮《こうふん》状態になってしまうのだった。

僕らは悲鳴をあげた。父が畳をけったからだ。……翌日、僕らはおどおどして母の様子を見つめていた。父は徴用の仕事に出かけて部屋の中は母と僕らだけが残っていた。大きなマスクをつけた母の青ざめた顔の中で切りこみの深い目だけが異様に光っていた。昨日のいさかいの末、妻の唇を乱暴者の夫が裂いたのだ。（略）とつぜん母はいったん詰めた日本の着物を引き出すとズタズタに引き裂いてしまい、押入れの行李から色のあせたチョゴリ、チマを取り出して入れ替えた。どこに行くのだろう。狂ったような母の動作は僕らの心を完全に打ちひしいでいた。

あたかも在日二世世代にとって最初の不幸がそこに現われたとでもいうように、粗暴な父親の像が美しい母親像を踏み破るようにして現われている。この粗暴な父親の記憶は、貧乏、差別、屈辱感などと同じく、ほとんどの二世にとって根深く共有された心象風景だった。誰もがこういう痛む記憶を持ち、過去の底に静かに沈めているはずだ。ひとびとはそれを様々な仕方で想起するのだが、その想起の仕方が二世世代の様々な現在を支えているといってよい。

たとえば金鶴泳《きんかくえい》のような作家では、父親の暴力とは、自己の〈内面〉と根源的に対立する不条理な〈外部世界〉の象徴として記憶の底から浮かんでくる。李恢成ではそうではない。彼の父親像には、いわばからみあった愛憎の錯綜《さくそう》を、ひとつひとつ解きほぐして掌上に乗せてみるといった趣きがある。ここでは金鶴泳の錯綜のままに封じられたような鋭い視線ではなく、宥和《ゆうわ》的な情感で溶かされた柔らかな視線が父の像を包むように現われる。

『人面の大岩』の中で、作家は、学校で柔道の練習に夢中になっている息子を迎えに、小雨の中をやって来た父親の像を描いている。息子はこのはじめてのできごとに何ごとが起こったかと思ってギクリとするが、父親は「ほとんど自然な親の表情で」傘を主人公に手渡して雨の中を帰ってゆく。こういうところに作家の記憶の肉眼の柔軟さが感じられる。しかし作家はそういう記憶から、絶えず現在の生を意味づけるなにかを引き出そうとするのである。

最近になってぼくは父を思い出すことが多くなった。少年の頃あれほどおそろしかった父の感じはいまは歳月が賢明に淘汰《とうた》してくれている。長いこと、ぼくには父の背後にある不気味な坑道が何なのかよくわからなかった。その薄暗さは父の狂暴さを育てるけものの道に通じているようにうつっていた。（略）

この頃になって、その坑道に光がほのかに射し込んでくるように思われる。ひょっとして、自分が朝鮮人として父のことばを理解しようとしているせいかなと考えてみる。もしもそうなら、ぼくはうかつにも父を見くびりすぎてきたのだ。

（『人面の大岩』）

少年時代には、幸福で優しさに満ちたあり得べき家庭の像をさまたげる張本人であった父親が、やがて、作家の〈朝鮮人〉たるアイデンティティを確証する上で不可欠の人物として、負の記憶の中から立ち上ってくる。父親の狂暴さは、作家の現在の意識の照明によってその意味を明かされるべき秘密の坑道として現われ、この秘密の解明が、作家の〈朝鮮人〉としての同一性を確証させる。こうして、傷ついた記憶の世界は、むしろ彼の現在の存在理由をもたらすものとしてつかみ出されるのである。

李恢成の初期作品の方法的な本質は、常にこのような記憶とその意味づけにかかわっている。彼が少年期の記憶から引き出すのは、粗暴な父親、その無理解、生活の苦しさ、混乱、母親の悲哀、差別と屈辱、などという二世世代に特有の共有体験だが、これらの痛む記憶の全てが、作家の生の意志を紡ぎ出すような仕方で想起されるのだ。

〈朝鮮人〉としてのアイデンティティなるものは、作家の中で育てられた〈社会〉的な関係づけの原理であるが、李恢成が少年期からとり出したこれらの記憶群は、総じて彼における〈家〉の風景の意味を別の角度から照らし出すものだ。そしてはじめに述べたように、作家はそれを在日二世世代にとっての〈家〉の問題として提出したのである。たとえば彼は、金石範《きんせきはん》、大江健三郎との座談会で次のように語っている。

家という問題を非常に僕らは取り上げたいわけですね。それは在日朝鮮人としての自己発見のために、二世の立場から言えば、家という問題を、いやおうなしに、だれしもが経験していることとだと思うわけです。（略）在日朝鮮人にとっての家というのは、まったく自我の発見という問題と緊密にからみ合った問題としていま、戦後二十年以上経った次元で、二世の中から必然的に出てきているのではなかろうか、というふうに考えるわけです。

（傍点引用者）

〈家〉が「自我の発見」という問題の範形の中で浮かぶとき、ふつうそれは、近代的自我と封建的な生活環境との軋轢《あつれき》、という関係において現われる。日本の近代文学ではそれは、人間の〈社会〉的原理と〈家〉の原理の葛藤として繰り返し描かれて来た。この問題は、日本の近代においては思想や理念が絶えず舶来品として輸入され、その社会的基底を欠いたまま青年の自我の根拠となったという事情のために、一層過激で鋭敏な形態をとらざるを得なかった。

この葛藤が意味しているのは、いつでも、個人の近代的な〈社会〉原理の中に浮かぶ理想（理念）と、それを生き延びさせることのできないみすぼらしい現実との間の大きな落差である。近代文学は、この乖離《かいり》の意識を、近代的な人間の苦悩として描き出すところから出発し（＝藤村や花袋）、やがてこの苦悩を近代人特有の「孤独」という場所に追い込むことで、たとえば漱石《そうせき》のように、逆説的に近代社会の矛盾を問うような方法へと至った。それが理念と現実との調和というような問題へむけられたのは、白樺派においてである。

ただし、志賀直哉《なおや》などでは事はそれほど単純ではない。この作家では、「自我の理想」の追求のむこう側に〈家〉は突然不透過な実在の感触として現われ、否定すべき古い現実といった自明の意味を失う。快、不快というこの作家独特の感受性が、〈父〉という相のもとに辛うじて奇妙な実在として現われた家の感触を伝えている。志賀直哉の〈家〉の像は、青年期的リアリティをくぐり抜けたあとの生活意識の中で、いわばひとつの事件のように生起する。『道草』における漱石も、全く違った道すじをとおってこの不透過な〈家〉の像に直面することになった。金鶴泳の〈父親〉像はむしろ、こういう〈家〉の像に近いといってよい。

しかし李恢成に現われる〈家〉は、「自我の発見」という典型的な近代文学の主題の中で浮かぶような〈家〉を意味している。またそういうものとして、はじめて彼は自分の〈家〉の記憶を二世的な問題と接続させることができたのである。そのような意味での〈家〉は、当面まず否定さるべき像として現われるのだが、そのあとで、〈在日〉の〈家〉は日本の〈家〉と異なった固有の問題を浮かび上らせることになるのである。

豚の生活だ！　ぼくは身ぶるいをしながら、心の中で叫んだ。豚はエサが少ないと不満を鳴らす。エサをあたえないと、甲高い悲鳴をあげる。そのような父は不満を洩《も》らし怒鳴っているのではないか。しかも家人は豚以下なのだ。不満の吐け場がないまま、黙々と暮すより仕方がないのだ。（略）

高邁《こうまん》な理想とか偉大な人物にあこがれたのは、生活の環境がことさら仕向けたものだったかもしれない。

（『人面の大岩』）

……怒鳴る父、ひっそりと手を拱《こま》ねいている義母。この親達から逃れたいと哲午は思わずにはいられなかったのだ。

（『またふたたびの道』）

しかしやはり言えるのは、父の古さであった。頭に笠子《かさご》をかぶっているところがあるのだった。自分はやみくもにその古さから逃れようとしていたと思うのである。

（『伽倻子のために』）

在日一世の子弟にとって、〈家〉はまず、古く粗暴な父親の像と折り重なるように現われる。しかし〈在日〉の〈家〉が二世にとって固有の問題をはらむのは、それが、まわりの日本人たちの〈家〉の像との落差において意識に刻まれるためだ。そのようにして〈家〉は、二世世代にとって自分の不遇性の中心点として現われざるを得ない。

一世にとっては、なぜ〈朝鮮人〉の家が、総じて「豚の生活」のような場所に押し込められているかは、はじめから自明のことがらである。彼らにとってそれは歴史の中で強いられたもの、変更のきかない生活上の与件にすぎない。しかし子供たちにそれが判るはずがない。彼らは不遇感の只中《ただなか》にあって、なぜ自分はあの〈家〉（日本人の家）に属さずにこの〈家〉（朝鮮人の家）に属しているのかという問いを、絶えず発し続ける。だがまたこの問いこそ、父親にとっては悪魔が子供たちに吹きつける邪悪な問いかけとなる。

たとえば、清貧に生きるほかないと考えている父が、隣家のぜいたくを見てそれに憧れる息子を持ってしまったとき、彼は自分の〈家〉の像に不快なひび割れが生じたように感じないだろうか。子は親にとっていつでも生活意識の一部と考えられているからである。しかし子にとって親がそのように考えられることは、ほとんどあり得ない。子は近代的な生の範形を生きる限り、必ずまず彼の〈社会〉（たとえば高邁な理想や偉大な人物という形で）に向かってはじめの夢を織り始めるからだ。

　自己中心に物を考える彼（註――父親のこと）は誰よりも人生を長らえてきている自分の意見をなぜ息子たちがもっと拝聴せぬのかと不満に思っていたようである。親は子供にわるいことをするはずがないのに、子供はその心を知らずに反抗するというのである。その論理は、いわば修身斉家治国平天下であった。（『人面の大岩』）

まず身を修めて家をととのえるところに人間の生き方の要諦があるという考え方は、教育を介して有能な社会人となることが立派な人間たることの規範であるという近代的な意識とは、丁度逆向きである。いうまでもないが、侵略――統治――戦争という歴史の渦に巻き込まれて、日本社会での生活を余儀なくされている一世にとっては、修身斉家――治国平天下という順序には、この上ない重要な意味があった。なぜなら、彼らにとって生の意味の中心点は、自分もまた先祖から継承された父――子――孫という〈家〉の系の一環を全うしているという意識にあったからだ。それは母国において連綿と継承されていた伝統的な「人間」観であったばかりでなく、〈在日〉の辛苦に満ちた生活において一層強く意識されざるを得なかったのである。そのために、一世たちは子供たちに向かってますます声高に民族ナショナリズムを叫ぶことになる。

象徴的に言えば、「修身斉家治国平天下」という父の論理をめぐる親子の確執《かくしつ》は、その順序が子において逆転したところに中心軸をもっている。つまり子にとっては、まず「治国平天下」が意味する〈社会〉的原理の発見（「自我の発見」）こそ第一義の課題として現われ、そのあとで、どのような〈家〉〈生活意識〉を組みあげるかという問題がでてくるのだ。

李恢成が在日二世作家として「家」の問題をとり上げたとき、それは同時に、在日二世世代がはじめて直面した人間の〈社会〉的原理というものの意味をも、問い直すことになったのである。それはたとえば次のような形で現われる。

それは真夏の出来事だった。家の前で遊んでいると突如、天から眩《まば》ゆい光が射し込んできた。

そのとたん哲午は全身がしびれるような啓示を受けた。はっとして天空を仰ぐと、光耀《こうよう》で目がくらみそうになった。必死に仰ぎ見ると、おお金色の鵄《とび》がさんさんと耀《かが》やき雲の上に止っていたのだ。神護があったのだ！

（『またふたたびの道』）

金の鵄とは、「昔神武天皇の弓に止まって長スネヒコらを撃退させた」神話の鳥である。この幻覚は大戦中熱狂的な「新国民」であった少年にとって、悪化した戦局が逆転し、遂に勝利がやってくることの確かな予兆と受けとめられる。作家は「原点としての八月」というエッセイで、この幻覚を「いま思い出すと嘘《うそ》のようだが、しかしそれが全くの事実であった」と書いている。作家の文脈では、この幻覚体験は、戦争（政治）がファナティックな思想的熱狂に人々を巻き込んでゆき、本来朝鮮民族たる少年が自分の民族を侵略している戦争に心情的には加担してしまう、というアイロニカルな事態を浮かばせるために想起されている。だがおそらく別の見方が可能である。

同じエッセイの中で、作家は、中学時代の恩師と会ったとき、その教師がかつて朝鮮人学徒志願兵の訓練をしたことがあり、「朝鮮の子らは日本人より真面目だったな」とつぶやいたことを書き記している。そこから受け取れるのは、国民学校の教育下にあった二世世代にとって、あの幻覚体験に象徴されるような「真面目な」ファシズム体験が、最初の強烈な〈社会〉との出合いを意味していたということだ。おそらく李恢成の世代にとって、〈家〉から〈家〉へという一世的な生の範形を踏み破るはじめの〈社会〉的原理となったもの、それが「天皇制ファシズム」にほかならなかったのだ。

李恢成は『証人のいない光景』(昭和四十五年五月)で、少年期のファシズム体験を詳細に描いている。主人公の金文浩《ムンホ》は国民学校時代の級友であった矢田修と、ふとしたきっかけで、戦後二十数年を経て出合う。矢田には、敗戦直後、神宮山で歯を剝《む》き出しはらわたを醜く曝《さら》した日本軍人の腐乱死体を、文浩と二人で目撃した覚えがある。矢田にとってこの記憶は、自分の過去のひどく痛む傷として感じられているが、文浩にはその記憶は歯が抜けたように抜け落ちている。

二人はこの記憶のズレをめぐって、過去と現在に関する自身の意味や意識を交換することになる。作家が意図したのは、日本人と朝鮮人にとっての「天皇制ファシズム」体験の意味を問うことであり、それを現在の「生き方」の問題にいかに繰り込むかというところに、作品のテーマが定められている。しかし私がさしあたって考えたいのは、金文浩のような在日少年にとって、あの「天皇制ファシズム」とは一体何だったのかという問題である。

彼は昔の金山を思い浮べた。そう、新聞に本人が告白しているようにあいつは同化少年であった。僕ら日本人少年が大日本帝国の勝利を信じて疑わぬファシスト少年であったとするなら、半島人の金山はそれに輪をかけたような同化少年であったのだ。大谷先生を思い出した。痩せぎすで剣道四段の腕の持主だった。この先生は何かと言えば金山を引き合いに出して日本人生徒を叱ったものだった。

「みろ、金山を。金山の態度はけなげだと言うほかないぞ。大和魂を身につけようと一生懸命に頑張っちょる。ところがお前達は……」

と、そんな調子で鬼畜米英を撃滅し、聖戦を完うする心懸けについて訓話をはじめるのだった。精神バットを入れられるそのつど、金山も躰《からだ》をしゃちこばらせて聞いていた。隣の席に坐《すわ》っていた金山のそのようすを彼は窮屈な感じでおぼえている。今にも金山が椅子から立ち上り何かを口走りそうな気配を感じつづけた。じっさい金山は椅子からすっくと立ち上ると上気で目をうるませながら、

「先生、自分はまだまだ皇国精神が不足であります。自分は陛下の赤子として一視同仁の御心にこたえ、もっともっと……」と言ったような非常な決心を披瀝《ひれき》してみせたのであった。

矢田にとって金山文浩のファシスト少年ぶりは、なにか異常な「真面目さ」として想起される。たとえば、彼らのもう一人の友人であった江花聡は、ほまれ高い退役軍人の息子だが、なぜか「自分の父を厭《いと》う」ており、その父への「厭気《えんき》」に応じた分だけ、「皇国教育」に対してうさん臭さを感じている。矢田自身は、「やがて少年航空隊に入隊」し「敵機と空中戦を交え、海の藻屑《もくず》とほうむってやるつもり」という空想を持たなかったわけではないが、それでも、「金山を見ていると何か敵わぬ気がして

くる」。軍人勅諭を朗読するときの態度、その姿勢、ほかの生徒たちより「一段と高い」オクターブ。アッツやサイパンが陥《お》ちたときの口惜しがりぶり。これらの全てが矢田にとって、「どことなく、そんなところができすぎていて、鼻白むような気が」するのである。

作家によれば、朝鮮人子弟のこのような「真面目さ」とは、「強いられた境遇での奴隷の真面目さ以外のなにものでも」(「原点としての八月」)ない。しかし、この場合の「強いられた境遇」が、むりやりに日本人にさせられてしまったということでないのは言うまでもない。また、本来日本人でないものが自分をむりやりに日本人であると信じ込もうとしている点を、「奴隷の真面目さ」と呼ぶことはできない。もし金山文浩のような場合を、朝鮮人であるにもかかわらず日本人であろうとした虚偽の意識として批判するなら、それはイデオロギー批判というほかないだろう。

おそらく金山文浩のような少年の異常なファナティズムを支えた背景は、まず第一にあの「豚の生活だ！」という〈家〉に対する激しい異和の意識にあった。その意識は少年の因果律の世界では、「貧困」――「粗暴で無理解な父親」――「朝鮮人」という、一連の因果の系をすばやくたぐりよせずにおかない。そして自分が属している〈家〉にまつわる諸事情の一切が、いまわしい自己という暗々裡《あんあんり》の像を作り上げてしまうのである。

無秩序、混乱、喧噪《けんそう》、愁訴、怒号、不満、貧困、それらは〈在日〉の子供たちにとって、自分の

〈家〉（朝鮮人の〈家〉）だけの恥ずかしさに満ちた特性であり、金鶴泳が『錯迷』で書いたように、「よその家（日本人の家――引用者）の灯が皆暖かく、幸福で、平和なものに見える」。この自分の〈家〉だけが不遇であるという内閉感は、二世世代にとって決定的である。なぜなら、この内閉感は、朝鮮人たる自分だけが、仲間たちの中でいまわしい存在であるという罪障感を、無意識のうちに作り上げてしまうからである。

一世はほとんどの場合そういう自己のいまわしさの感覚とは無縁である。彼らには自分がまわりの日本人たちと異質な人間であることは自明であり、日本社会の差別や抑圧を、被支配者として受けとめるだけだから、不遇感が内面化されて二世のような罪障感を形成することはありえないのである。

金山文浩の皇民思想に対する異常な熱狂が、あの内面化されたうしろめたくいまわしい自己像を打ち消そうとする心の動きに根ざしていることは疑うことができない。「一視同仁」や、「日鮮一体」という観念は、自己のいまわしさの根本的な理由である〈朝鮮人〉たることを、少なくとも教室の中では蔽い隠すように作用する。「天皇の赤子」として生きること、それが可能であるなら、金山文浩はいまわしい自己から抜け出して、誰に恥じることなく立派な生を生きることができるのである。

「天皇制ファシズム」がこういうかたちで訪れたとき、それは主人公にとって、〈家〉の一員としての自己を否定し、日本社会の中で生きてゆくための新しい原理のように感受されたはずである。つまりこの原理が、〈家〉の原理を踏み破るように現われたという限りで、それは大なり小なりはじめての

〈社会〉的な原理として主人公の中に生きつつあったといえるのだ。
しかし、もちろんこの〈社会〉的原理はまだ十分に強固なものとはいえない。なぜならこの原理は、ただ少年期の無意識的な感情世界の劇《ドラマ》におされて現われているにすぎないからだ。二世世代が本当に〈社会〉的原理の中で生きはじめるのは、むしろ青年期における観念の劇においてである。だから金山文浩の理念的熱狂は、ただ「皇民教育」という公的な局面でのみ効力を発揮するのであって、現実の場所ではそれは絶えず相対化されざるを得ない。

……級内での金山はどんなに努力して日本人になろうとしてもやはり白鳥にまじったあひるの子のように目立ってしまうところがあった。彼はしばしば級友の悪童たちから「チョーセン」と呼ばれ傷つけられていた。

チョーセン　チョーセン　パーカニスルナ
オーナジ　メシクッテ　トコチガウ
矢田修は伊坂を卑怯《ひきょう》だと思った。金山は同じ大日本帝国の臣民なのだ。「チョーセン」と言うけどすでに日鮮は一体となったのだし、一視同仁なのであった。それに国史でも学んだように、神功皇后の新羅征伐からもともと日鮮は同祖のようなものだ。それなのに伊坂があんなことを言うのはいつも勉強をしないせいだという軽蔑心すら湧いてきた。金山はチョーセンと囃《はや》されるとじっとうつむいていた。金山がこらえていると、伊坂はかさにかかって叫び出す。

ニーキビ　シバラ

ニーキビ　シバラ

彼（矢田――引用者）にはその意味がよくわからなかった。どこか魔法の呪文のような響きがあった。そしてこの言葉がじっさい人を怒らせるに足る呪文であることは金山を見ているとわかるのだった。

「ニーキビ　シバラ」という呪文が金山を怒らせるのは、この言葉が、打ち消したはずの朝鮮人性を彼の前にありありと現前させるからだ。また金山が、自分――〈家〉――〈朝鮮人〉という繋がりの意識をまだ決して拒否できない幼い少年であるために、この言葉は呪文としての魔力を発揮する。いまわしさ、うしろめたさ、恥ずかしさという意識の源泉は、実は〈家〉の現実から分泌されるのだが、〈家〉あるいは〈朝鮮人〉という属性と自己とは、少年の意識の中では決して明快に分離されないからである。

二世たちはもっと後になってはじめて、自分の〈家〉のいまわしさは自分自身のいまわしさではなく、〈朝鮮人〉のいまわしさでもないということに気づく。しかし少年にとっては、これらは一体のものと感じられるほかないために、〈家〉の恥ずかしさ、うしろめたさが〈朝鮮人〉のいまわしさと同一化され、自己自身の罪障感へと内面化されるのである。

この内面化された罪障感（＝劣等感）が追いつめられたとき、少年にとってあの金の鵄幻覚が最後の血路のように訪れたと言えないだろうか。もう一度引いて見る。

> ……夏空がある日一瞬かげり空を見上げた僕の目に〈金のトビ〉が舞い来った幻覚が起ったのだった。その金の鵄の幻覚は僕を恍惚《こうこつ》とさせた。なぜなら、そのトビは昔神武天皇の弓に止まって長スネヒコらを撃退させたその〈金の鵄〉にちがいなく思われたし「聖戦」完遂のためについに現れた救いの神のように受けとられたからである。
>
> （「原点としての八月」『北であれ南であれわが祖国』所収）

少年であった作家は、ここで、あたかも異教徒たるサウロが〝真実〟のキリスト教徒パウロとなるために電雷《いかづち》による神の啓示を必要としたように、〈朝鮮人〉たる自分が真の「天皇の赤子」となるための「皇系」との直結の証しを、呼び求めているのである。この幻覚が彼を「恍惚と」させるのは、一国の命運を決する重大な啓示が、あまたの日本人少年ではなく、ほかならぬ彼にもたらされたという意識においてである。つまり、たとえ〈朝鮮人〉であっても、自分だけは密かに「皇系」に結びつけられているという意識によって、彼は辛うじてあの呪文の魔力に耐えうるのだ。

作家のこの精神的な原体験は、私には、のちに〈社会〉からの拒絶という危機を繰り返して体験したとき、李恢成がとろうとした危機克服の方法を見事に象徴しているように見える。それは負の存在としての自己を必ず正の価値へと逆転させずにはおかない激しい自己実現の欲望において際立っており、その欲望がまた、絶えず理念的な帰属《アイデンティティ》の場所の探索へと彼を向かわせるのである。この危機克服の型は、彼の作品の中で、明瞭なかたちで幾度も繰り返されていることが分る。おそらく次にやってくるのは、「天皇制ファシズム」についで現われた「民主主義」なる〈社会〉的原理の危機にほかならない。

しかしその問題に踏み入る前に、在日二世世代にとっての「天皇制ファシズム」の意味をもうすこし明らかにしておく必要がある。


戦後生まれの〈在日〉世代には、戦時下の日本で成育期を通過した二世が「天皇制ファシズム」体験を持ったことは、意外によく意識されていない。たとえば「こんにち、総体として『在日朝鮮人』と称されているもののほとんどは、かつての『皇国臣民』のなれの果てであり、かつまたその二世、三世、さらには四世たちなのである」(『天皇制と朝鮮人』)と書いた安宇植や、「朝鮮人戦中派」を自称した呉林俊、詩人の金時鐘などは、大なり小なり「天皇制ファシズム」体験をくぐりぬけねばならなかった世代だった。彼らのファシズム体験は、すでに一世の「皇国臣民」体験とは明瞭に異なっている。

「在日朝鮮人」の多くは、土地はもとより、生きるための手段のことごとくを奪い去られ、そのため玄界灘《げんかいなだ》の激浪に身を委ね、日本への渡航をよぎなくされたものたちである。そればかりか、その多くがまた徴用、徴兵などに名を借りた統治権力の暴力手段によって、故国とその血縁たちから切り離され、廉価な労働力として、銃弾に代わるものとして日本の労働市場や戦場へ送りこまれたものたちである。彼らはこれにたいするなんらの補償を取りつけることができぬままに酷使され、危険にさらされ、あげくはボロ靴よろしく見棄《みす》てられてきたのであった。しかも彼らに要求されたことといえば、忠実な「皇国臣民」たることだったのである。「在日朝鮮人」をふくめ、日本統治下にあった朝鮮人のことごとくが、老幼男女を問わず、一貫して天皇に忠実な臣民たることをしいられ、そのように教化されてきた事実は、容易に否定しうるものではない。

（安宇植『天皇制と朝鮮人』）

ここでの一世たちにとっては、「皇国臣民」体験は、あくまで彼らの生活とその心情の基底を脅かす「政治的強圧」や「制度」として受けとめられた。なぜなら彼らには、異邦の生活が、「国破れて山河なし」という事態によってもたらされたものであることは、自明のものとして了解されていたからだ。

しかし子の世代にはすでに述べたように、それは、大なり小なり彼の社会意識を呼び醒すようなイデオロギーとして現われたのである。たとえば次のような言葉がある。

……私は徹底的なまでに日本の皇民教育を受けました。十七の時に敗戦になったのですが、日本が負けた、ということが信じられなくて二晩も三晩も泣きあかしたものでした。(略)終戦になったとたん、それまでえいえいと培ってきた一切のもの、その価値基準というものが根底からひっくり返ってしまった世代の一人です。自分の意識の関知しないところで国が奪われ、国が戻った。しかしその祖国というのが第二次世界大戦という激動の中の所産にしては、あまりにも私はその復活に関与がなかった。なかったばかりか爛熟《らんじゅく》した資本主義をへることもなく、非常に高い階段を一気に駆け上がった形で、社会主義国家を自分の祖国として持たねばなりませんでした。それも、私がもともと社会主義国家を指向していた、ということではさらさらない。私は否応なしに極端から極端へ自己を変えなければならなかったのです。

(金時鐘『さらすものとさらされるもの』)

二世世代にとって、皇民教育は決して「強圧」や権力的「制度」として受けとられたわけでなかった。それが社会的なイデオロギーとして熱烈に信じられたのは呉林俊のような兵卒の体験をもった人間にあっても同様である。戦時下の天皇制体験が一世二世の間で大きく食い違っていたように、敗戦という事態もまた両者の間では、全く異なった様相で現われた。日本の敗戦は、おおかたの一世には「解放」を意味していたろうが、二世にとって問題は、「天皇制ファシズム」に熱中した過去の自分と、「社会主義」民族の子たるアイデンティティを「一気に」与えられた現在の自分とのねじれを、いかに接合するかというかたちでやって来たのである。

金時鐘は同じ文章の中で「確実に奪われていった歴史から目かくしされ、見せかけの真実に真理を追い求めていた自己の負い目が、先進的意識を表立たせねばならない『解放教育』になだれるとき、もうれつにせかれるかたちで、自分をも含めた告発者を必要とし」たと書いている。つまり、敗戦は彼らにとってはじめの〈社会〉理念であった「天皇制ファシズム」を否定し、いわばそれに代わるものとして「民族主義」や「社会主義」という新しい〈社会〉理念のモデルを強いたのだ。それが「極端から極端」への変身の課題として現われたことはいうまでもない。なぜなら金時鐘の言葉が明らかにしているように、この課題は、「見せかけの真実に真理を追い求めて」自己の民族を裏切っていたという「負い目」(＝罪障感)に補強されたために、「天皇制ファシズム」以上のあらがい難さで、彼らの忠誠をかり立てずにおかなかったからである。

彼らにとって、「天皇制ファシズム」への忠誠のバネとなったのが、日本人の間で「天皇の赤子」たることの「うしろめたさ」であったとすれば、「祖国」への忠誠心を「もうれつにせか」せたのが、同胞世界の中で「民族の子」たることとの、過去の「ファシズム体験」からくる「うしろめたさ」であったことを疑うことはできない。

重要なのは、このとき彼らがあの罪障感に押されて、一世的民衆ナショナリズムのイデオロギー的形態である民族＝国家ナショナリズムを、一種絶対的な審判者として受け容れざるを得なかったということである。おそらくこのことは、二世が二世自身の生の経験を深く思想化する上での大きな障碍《しょうがい》となったのだ。そこから次のような言説が現われることになる。

以上に述べてきたことから、在日朝鮮人にたいして加えられる差別、蔑視《べっし》などが、内実においてはかつての植民地統治の延長線上にあることは明瞭であろう。したがってこれは、侵略と同義といいえる。むろんこの侵略は、在日朝鮮人として自立するための精神的基盤を侵すことの謂《いわれ》である。そして、それは、日常性において、朝鮮人を母国語から遠ざけるだけでなく、民族の伝統意識との断絶をしいることにおいて表現される。在日朝鮮人が朝鮮人としての自立を図ろうとするとき、そこに必然的に、日本人による差別、蔑視などをはねのける強烈なエネルギーまでもその内面に貯えることになるのは、いわばそれが、反侵略のためのたたかいを意味するからである。

（安宇植『天皇制と朝鮮人』）

〈在日〉のどんな現実をながめれば、「在日朝鮮人の自立」の努力が「反侵略のためのたたかいを意味する」ように見えるのか、私にはよく判らない。二世、三世、四世世代が、日本社会から受ける差別や抑圧を朝鮮民族あるいはその国家への「侵略」と考えた途端、私たちは将来にわたって、それをせいぜい国家主権の問題としてしか扱えなくなるだろう。また彼の言う「在日朝鮮人の自立」なるものが、そのコンテクストからの必然の帰結として、ただ民族的（ここではそれは国家的という隠された意味をもっている）な公民性の保証とか自覚とかいうことにすぎないことは言うまでもない。しかしそんな文句を言っても無駄であろう。安宇植が〈在日〉の差別を「侵略」と考えてしまう根本の理由は、二世的理念全般にかかわっているからである。

　原理的に言って、「天皇制ファシズム」を政治的「強圧」「制度」と受けとめた一世の視線は、生活の伝統的で自然な枠組を守ろうとする民衆ナショナリズムを生み、それは、侵略に対抗するためのほとんど唯一の正当な手段であった。しかしこの民衆ナショナリズムを、民族ナショナリズムから国家ナショナリズムに押し上げるや否や、つまり、人間——民族——国家という関係を自明で自然なものと見做《みな》す観点がそこに入り込むや否や、政治的「強圧」に対する反抗としての民衆のナショナリズムは、逆に、政治的〈制度〉や〈権力〉に加担すべきものへと変容してしまうのである。根が枯れてしまうのだ。そして、安宇植が保持しているのは、いうまでもなく「社会主義祖国」という〈社会〉原理だが、そこに〈在日〉——民族——社会主義祖国という系列が自明のこととして現われ、ここから、在日朝鮮人の差別は祖国の侵略を意味する、という奇妙な論法が成り立つことになる。

私の考えでは、〈在日〉の差別は「侵略」などを意味しない。差別はただ、「他人」や「社会」に対するあたりまえの関係意識の形成を奪って、人を閉鎖された関係意識の中にとじ込める。彼はその場所で、どんな日常的な感情の起伏によっても溶かし切れない、不遇性の固まりを心の中に作り上げてしまう。差別の「内実」は、個々の具体的な生のうちを貫通するのであって、それ自体としては民族や国家という原理とは無関係である。

あの〈家〉――〈社会〉――〈家〉という近代的な生の範形を内在的に批判する視点をもたぬかぎり、私たちはそこから汲《く》み上げた社会意識を一世的民衆ナショナリズムに注入し、それを国家ナショナリズムのようなものに変質させてしまう。「天皇制ファシズム」をくぐりぬけた二世たちは、総くずれ的に民族=国家ナショナリズムに脅迫されることによって、イデオロギーとしての民族=国家ナショナリズムに適切な批判的視点を持つことができなかったのである。そのことはまた、彼らの「天皇制ファシズム」イデオロギーに対する批判が、現在から見て大きな弱点を持っていることをも意味している。

すでに明らかなように、安宇植のような二世が果たして来たのは、日本における〈在日〉の現実を「天皇制ファシズム」の延長ととらえ、それを彼らにとってもうひとつの〈社会〉のモデルたる「民族」や「社会主義祖国」という理念の場所から批判、告発することだった。しかしそういう論理の枠組み自体、「天皇制ファシズム」を「戦後民主主義」という理念の相対的な優位性によって批判しようとしてきた、戦後日本の思想の枠組みと相似形なのである。

それが「天皇制ファシズム」批判として根底的たり得ないのは、個々の内側でそれがどのような観念として生きたかという実質を汲めず、単に、近代的なイデオロギーとしての「天皇制」を、もうひとつの近代的なイデオロギーとしての「民主主義」で裁断するからである。私たちは現在の状況の中で、まず近代的イデオロギー形態として現われた「人間」や「社会」の観念の意味そのものを考えるところから出発しなければならないのである。

李恢成が「戦後二十年以上経」って必然的に〈家〉の問題が現われたと述べたとき、はじめて私たちは、二世世代における〈在日〉の意味を、従ってまた一世たちの民衆ナショナリズムの「内実」を探り直す契機を得たといってよい。なぜならこのときようやく、二世世代が〈在日〉の〈家〉の中に生み落とされ、日本社会における生の範形を歩み出し、そこで一世たちの生活基底たる〈家〉とどういう関係をとり結ばざるを得なかったかというその内実が、文学として表現されることになったからである。

僕個人についていえば、日本の戦後民主主義は僕の主体性を準備させる上で貴重な橋渡しをし

> てくれるものであった。戦後の僕は日本人――→半朝鮮人――→朝鮮人としての意識の自己変革をともなっているが、その認識を助成し、平和と民主主義についての認識を与えてくれた点で、それはきわめて有能な師であった。ことに戦争にたいする平和、ファシズムに対する民主主義の認識は戦前の小さなファシスト僕にたいするすぐれた教科書であったといえる。（「原点としての八月」）

「在日朝鮮人文学者」としての李恢成を想い浮かべるとき、この言葉は大変象徴的に響く。なぜなら作家李恢成にオリジナルなものがあるとすれば、それはまさしく「日本人――→半朝鮮人――→朝鮮人」というプロセスの二世的リアリティにおいてであったから。つまり、先に述べた二世たちが、日本人から「一気」に朝鮮人になるという〈社会〉原理の転回の経路をたどったのに、彼はその間に「戦後民主主義」という別のモデルをさしはさむことによって、それをはじめの〈社会〉のモデルとして所有することになった戦後生まれの二世、三世世代の心情を代弁し得たのである。

　おそらく、李恢成にとっての「戦後民主主義」をファシズムや戦争に対する単なる反面教師ととってはなるまい。それはなにより、「怒鳴る父、ひっそりと手を拱ねいている義母。この親達から逃れたい」（『またふたたびの道』）という欲求において、言い換えればあのいまわしい〈家〉――〈朝鮮人〉たる自己という意識から脱け出るための、もうひとつの〈社会〉的原理として機能したのである。

「戦後民主主義」が〈在日〉の戦後世代にとって、「天皇制ファシズム」に代わる強力な〈社会〉的原理となり得た理由を、私は次のように考える。まず第一に、人間は本来個人として「自由」な存在であるという観念が封建的な〈家〉の古さに対する反抗の理念的根拠となり、同時に、〈家〉と自分とは必ずしも直結されたものではないという意識によって、あの自己につきまとった「いまわしさ」が相対化されたからである。第二に、「天皇制ファシズム」ではどうしても突き破ることのできなかった、日本人の差別的な視線に対しても、この理念は有効である。なぜなら、人間は誰も「平等」であるという観念は日本社会の差別や蔑視そのものを批判する根拠となるからである。

　先の二世たちの民族＝国家ナショナリズムという原理では、日本社会への批判の視点を持ちうるが、一世的な〈家〉の意識に対しては全く無力である。つまり李恢成が「戦後民主主義」を、「日本人――→半朝鮮人――→朝鮮人」というプロセスにおける「半朝鮮人」という項の原理として導き入れたとき、それは、「自我の確立」という課題が、〈社会〉的な自己発見と〈家〉からの離脱を同時に意味していた在日二世世代の生のかたちを、的確に表現することになったのである。そう考えると、「民主主義というものを受取った次元で、家庭をもう一度見直しますと、家の中にある古さというものに、どうしても自分が批判者としての眼差をもたざるを得ないわけです」（金石範、大江健三郎、李恢成座談会　金石範『ことばの呪縛』所収）という作家の発言をとてもよく理解することができる。彼はこれを〝半《パン》日本人《チョッパリ》」の悩み〟として描いた最初の作家であった。

　それが露《あら》わにしたものは、〈家〉と〈社会〉とにからむ〈在日〉の新世代の背立的な意識の劇である。

すでにいくぶんかは粗描したように、この世代の意識の劇は、まず大なり小なり日本人世界に対する無意識裡の罪障感の舞台で演ぜられた。そこから脱け出そうという衝動が、次に新しい〈社会〉的な原理を呼びよせることになる。おそらくここまでは、私たちは日本の近代社会における知的な生の範形を反復している。

しかし、〈在日〉における〈家〉から〈社会〉へという意識の経路は、現実の社会から彼らが絶えず拒否されているという事態によって、独自の屈折した道筋をとることになる。〈家〉からの脱出を試みた〈在日〉たちは、やがて「半日本人《パンチョッパリ》」からその先の何ものかになろうとする。このとき彼は「何ものか」であることのさまざまな可能性を目撃することになるが、この可能性の劇《ドラマ》は、もはや無意識裡の感情世界の舞台ではなく、青年期の「観念の劇」として演じられることになるだろう。

註……ここで詩人の金時鐘氏を在日二世世代として扱っているが、これを書いたあとで、氏は終戦後両親を祖国に残して日本に来たので二世ではないという指摘をうけた。確かにその通りで氏の著書『クレメンタインの歌』(文和書房)によると、氏は統治下朝鮮のもとで「皇民教育」を受けた世代であることが判る。しかし、「天皇制ファシズム」から日本の敗戦という転回を体験した世代という点で大すじの文意は変らぬように思えるので、あえて書き直すことをしなかった。

李恢成は、昭和四十五年から四十六年にかけて「青春小説」と呼ぶべき三篇《ぺん》の小説を書いている。四十五年の『伽倻子のために』、四十六年三月の『青丘の宿』、十一月『半チョッパリ』がそれである。『またふたたびの道』『われら青春の途上にて』(四十四年)、『死者の遺したもの』『証人のいない光景』(四十五年)という先行の作品群では、少年期の〈家〉にからむ負の記憶を軸として、〈家〉(=〈父〉)との確執と和解というところに作家の主題がこめられていた。そしてこの「青春小説」群では、明らかに、その和解を可能にした理念世界の創出の契機が掘り起こされている。つまり、〈朝鮮人〉としての作家の主体形成を可能にしたモメントとして、「青年期」という一時期が意識されているのだ。

作家がこれらの作品に封じようとした「青年期」の意味を抽出してみるなら、それは第一に帰属《アイデンティティ》(=自己確認)という課題であり、第二にその課題につきまとう「危機」ということになる。この二つの標識は、これらの青春小説を共通に貫く最も重要なモチーフであって、たとえば次のような言葉によって象徴されている。

自分は何者なのだろう？　思えば、この疑問はひとり大木真彦のみならず、自分自身の根源的な問いのはずであった。これまでの僕はこの問いをどのくらい真剣に受けとめてきたであろう。考えていくと心許ないおもいにおち入り、そのせいか、躰に宿っていた蛍がすうっと消えていき、暗闇を切り裂いてくる夏の稲妻に打たれるような気持になる。

（『半チョッパリ』）

「自分は何者だろう」という問いが、存在にまつわる根源的な問いとして青年の脳裡に現われるとき、彼は、時代の中ですでに観念の劇に足を一歩踏み入れているといってよい。この劇は、罪障感や自我拡張欲に律された心理世界の劇の延長線上に現われ、「ことば」において形象化される世界像の中で、自己と世界との関係の態度を問うようなものとして姿を現わす。私たちはこのとき、「ことば」が練り上げる理路の内側で世界や他者と関係し、その関係性を、また「ことば」によって抽象化された「自己」の位相で問うのである。近代以後はじめて普遍的な形で現われた生のこの階梯《かいてい》こそは、私たちの中に生きはじめる「社会」や「人間」という概念の苗床なのである。

ともあれ、あの根源的な問いに対して確信に充ちた解答を掴み出すこと、そこに李恢成にとっての「青年期」の究極的な意味があった。この自己確認の課題に失敗するなら、〈在日〉二世世代は、大木真彦——これは焼身自殺した早大生山村正明がモデルになっている——のような場所に追い込まれざるを得ない。朝鮮人であるがゆえの屈辱感、憎悪、自罰意識の混濁の中に自らを溺死させてしまうこと、それがここでの「危機」ということの意味にほかならない。

青年期を「自己確認《アイデンティフィケーション》」と「危機」のせめぎ合う場所ととらえる視点は、近代小説の発生とともに現われ、その展開につきまとって成熟してきた。池田浩士が『教養小説の崩壊』（現代書館）で指摘しているように、西洋ではそれは「教養小説」という名を与えられ、ゲーテ以来の強固な系譜をかたち造っている。池田浩士はその性格を次のように書いている。

〈教養小説〉に描かれているのは、つまり、ただ単に、ひとりの個人の自己形成の過程だけではないのである。その個人の歩みを潜在的にもせよ支えるものは、社会の現実にたいして向けられた目であり社会的現実のなかで個人はいかにして意味ある生を営むことができるかという問いなのだ。ところが、まさにこの点に〈教養小説〉のもっとも本質的な問題性もまたひそんでいる。

池田浩士のいう「問題性」とは次のようなことだ。〈教養小説〉とは本質的に、「危機」を克服して「自己確認」や「自己実現」へ向かおうとする近代的自我の物語であり、その限りで、様々な困難や危機に出合う主人公の生の意味は、彼が成功裡に自己実現を遂げるという事態によってしか明らかなものとならない。また「いかにして生きるか」という問いは、一般的に言えば、個人と社会との調和を前提としてはじめて可能になる問いであり、ところがこの調和は必ずしも保証されていない。したがって、「いかに生きるべきか」という問いは、近代以後の世界史において絶えず危険な「不可能性」につきまとわれている。

こういう考察は注目すべきものだ。近代日本の様々な理念的な「問い」の範形を思い起こしてみれば、そのことは推して知るべしである。たとえば、E・H・エリクソンは、個が社会の中で辿《たど》る「自己確認」と「危機」の劇を心理・社会学的に定式化し、その事情を「アイデンティティ」というキイワードによって示した。エリクソンの理論はいわばこの危険な「不可能性」を打ち消そうとする欲求によって性格付けられているように思える。

彼は次のように書いている。

明らかに社会は、青年に対して、イデオロギー的パースペクティヴと活動的な運動（たとえばダンス、スポーツ、パレード、デモ行進、暴動など）との様々な儀礼的コンビネーションを供与し、このことを通して青年をその社会の歴史目標に向かって動員しようとするものである。社会が仮にそれに失敗するならば、こうした運動のパターンはそれぞれ勝手に自分自身のコンビネーションを求めて小集団に自閉してゆく。（中略）こうして、生活周期の段階で、自分自身をやがて見出すことの約束（＝自己確認――引用者）と、逆に自分自身を失うことの脅威（＝危機――同）とが、こんなにも密接に連携し合っている段階はほかにはないのだ。

（「青年――その忠誠と多様性」E・H・エリクソン編『自我の冒険』より）

エリクソンのアイデンティティ論は、フロイトによる性体制の段階発展的な考え方を土台としている。つまり、性体制が、口唇期――肛門期――男根期――潜伏期という段階を通って正常な性器性欲に成熟するように、人間の心理・社会的な自我意識も、幼児期――少年期――青年期という段階での統合的な成育を経て大人の成熟した自我に至ると考えられる。彼の考えでは、青年期は正常な成人の自我に至る前段階であり、従って青年は社会が準備する適切な「歴史目標」を自我に繰り込むことによって、その本来的な課題を完成する。

注意すべきは、こういう考え方が実は教養小説的視線にほかならず、しかも、それが本質的にはらんでいた個と社会との相関の問題性を、個的な、性、社会・心理的メカニズムの問題へ解消しているということである。個人の性体制が正常な発展に失敗すると「固着」や「退行」に行きつくように、自我がこの統合に失敗すると、「小集団に自閉して」社会との適切な繋がりの意識を喪失すると、彼は言う。この喪失は、エリクソンにおいては個人の心理・社会的「病い」を意味するのだが、近代社会が構造自体として内包する個と社会の関係失調を、個の「病い」と見做すことはおそらくできないのである。

エリクソンが、現代社会における「エディプス状況の変容」という問題を転回軸として個と社会の調和的統合を夢見ているとすれば、李恢成が一連の青春小説によって試みたのは、「二世世代の現実と意識の危機」をスプリングボードとする、二世的アイデンティティの模索ということにほかならない。『青丘の宿』で、作家は得体の知れぬ「セクス」の夢に憑《つ》かれた主人公・申東仁を登場させる。彼は美しい女を犯そうとして果たせぬ夢を見る。この夢は青年期の自我感覚の核のように主人公に感じられている。彼は「祖国」への強い情熱を持つ友人に反撥心《はんぱつしん》を覚えるが、それがまたコンプレックスの裏返しにすぎぬことをも意識している。しかしこの夢の感覚は、祖国愛に満ちた友人とは対極にある、性的な被害妄想に憑かれた女性石田世津子や、兄と母との近親相姦《そうかん》の想念から女を犯して殺したという妄想に憑かれている青年李浩仁の世界に、東仁を近づける。

この小説では、抑圧されて出口を求めようとする青年の性衝動と、リゴリスティックな自己規範や倫理感との確執が中心的なモチーフになっていることが分る。一方で「祖国」と「同胞」への忠誠の世界が、社会的自己確認の道すじとして東仁によって呼び寄せられる。他方で、抑圧された「セクス」の世界に憑かれてくずおれる人間達の世界が、彼の人間理解のもうひとつの扉として提出される。この二つの世界の間を往き来することが、主人公の自己認識と人間認識に糧を与える。

東仁にとって、「祖国のために生きようとしている」張昌渉は「魅力的」な人間に違いないのだが、それはある欠落を含んでいるように見える。昌渉への違和感はたとえば次のように表現される。

「きみは夢を見るのか。どろどろした夢を。おれは人間を醜いものだとは思わぬが、醜さに触れずに生きられぬものだと思う。そうだよ、その混沌《こんとん》、危機の中から危うく逃れ出して、醜さを克服し、美しさを生み出しているのじゃないか。ほんとうにはげしく動く人間にはそのことがわかるはずなのだ。そうでなければ、偽善者だよ。李浩仁がきみを憎悪したのはそれなんだ。(略)」

青年の抑圧された「性」の想念は、ここで、混沌、危機、醜悪さという形でとらえられ、それらを「克服」することが不可欠の課題だと意識されている。またそのことは、人間を「政治」の文脈だけでとらえようとする政治至上主義的人間観への異議として主張される。昌渉は東仁の言葉に対して、自分にとっては引き裂かれた祖国の運命が第一義だが、「おれ達にとって李が軀《からだ》の一部なのもたしかだ。きっと、おれにはそういう見方が知らぬ間に欠けていたのかも知れない――」と答える。そしてそのとき主人公は「眼の前の世界がゆっくりひろがってゆくような気が」する。

おそらく、青年期の李恢成にとって、張昌渉に重ねられているような〝総連的〟政治主義はやっかいな両義性を持っていた。「祖国」こそ第一義だとする論理上の正しさ(彼にはそう思えた)に強い力で引き寄せられながら、人間には「どろどろ」とした「内面」の世界もあり、それを切り捨てるわけにはいかないという思いがある。この感覚を保持できなかったなら、彼は小説を書き始めることもなかったかも知れない。この亀裂を埋めることばは、単なる「イデオロギー的パースペクティヴ」を摑む以上の重要性があった。つまりそれは、彼を〈在日〉二世文学者として立たせる上での試金石として現われたといってよい。

『半チョッパリ』で作家は、この問題を「半チョッパリ」の存在根拠を問うという形で設定する。同胞学生の仲間達から「民族虚無主義者」と呼ばれる主人公は、組織学生や日本人学生の運動を横目で見ながら、就職への不安や世の中への不満を託《かこ》っている。友人の大木真彦の焼身自殺は彼に衝撃を与え、帰化者であった大木真彦の生き方が「半チョッパリ」である自分のそれに重ね合わされる。

彼には、大木が、本来的な「帰属場所」を奪われたために死に追いつめられたのだとみえる。それを奪ったのは、帰化していく〈在日〉の父親たちであり、帰化人という理由で彼を受け入れなかった同胞学生組織であり、朝鮮人ゆえに彼を拒否した日本人の恋人やその母親にほかならない。主人公は自分の父親の帰化宣言を契機として、自身の「帰属場所」を確認するために、祖国（韓国）を訪れる。彼はそこで「この人々もくるしんで生きており、生きることをもとめるために祖国統一をめざしている心の響きまではっきり感じ取ることができた」、と考える。

祖国よ、祖国よ！　統一祖国よ！　僕は心から叫んだ。いま僕は死ぬことも生きることもできた。そして半チョッパリとして祖国にそのように呼びかけることも自由であるに違いなかった。

（傍点引用者）

主人公がここで確認したのは、祖国の民衆との「統一」へ向けての一体感であり、そこにこそ〈在日〉とパコダ公園の民衆が共通に所有する心の欲求があるという〝実感〟にほかならない。そして作家もまた、〈在日〉も〈在日〉たる地点でその課題に向かうことができる、と言おうとしている。こうしてあの政治主義の両義性は、作家の内部で調停され、〈在日〉の本来の「帰属場所」はどこにあるかという問いに対する理念形が定められる。

ともあれ、ここで重要なのは、李恢成が青年期の性・心理的、あるいは理念的困難を、人がそこから「危うく逃がれ出して、醜さを克服し、美しさを生み出して」いくべき「混沌、危機」として描いていることだ。つまりこのような視線こそは作家の青春小説を貫いている「教養小説」的視線だといってよい。そしてこの視線は、「祖国」や〈在日〉社会のもたらす「歴史目標」は、〈在日〉青年にとって本質的に宥和的なものだ、という考え方を前提しているのである。

おそらく「教養小説」の表現水準としての「問題点」はこういう場所で現われる。「教養小説」が生み出すリアリティは、主人公の体験する様々な「困難や危機」の意味が、彼の成功裡に摑まれた人生の位置から、次々と絵巻を繙《ひもと》くように開示されるところに現われる。このとき、彼がその只中にあったときには「不可解な夢」のように現われていたことがらが時間的に整合化され、あたかも人生と社会とにまつわる秘密の一切が解き明かされるようにやってくる。

ところが実は、この意味の開示は、個と社会が調和するはずもないという時代感覚の中では、ひとびとにリアリティを与え続けることができない。たとえば武者小路実篤の小説が、大正教養主義を背景として現われ、昭和の暗い時代の中でリアリティを失うのはそのためである。作家が主人公をどのように生きさせどういう決着をつけさせるかは、従って、作家の人生観や社会観の問題であるより、彼の時代に対する現実意識の問題なのである。

つまり、読者は決して作家の錬磨された人間観を見ようとして小説を読むわけではなく、むしろ、作家の現実意識を受けとり、そこに小説表現としてのリアリティを読みとるのだ。その意味で私たちは、〈父〉や〈家〉との相克を「不可解な世界の像」へ留め置き、〈在日〉の現実を解くことのできぬ意味の世界として表現した、作家金鶴泳の現実意識に注意を払うべきである。

李恢成が、〈在日〉を克服し得る「危機」の系として描いたとき、〈在日〉の新しい存在構造が見失われかけたと私には思える。この二つの青春小説では、主人公が、石田世津子や李浩仁や大木真彦という人物を「反面教師」のようにして「危機」をすり抜けてゆく、という感を与えられる。主人公は事件に巻き込まれるというより、いわばその前をため息をつきながら通り過ぎるのであり、「危機」は他人の姿を借りて彼を外側から脅かすにすぎない。

作家が、ほんとうに深刻な形で「危機」に巻き込まれる主人公を登場させたのは、むしろこれらより先に書かれた『伽倻子のために』においてであった。日本人の少女と在日二世の青年の「恋愛」という設定の中で、「危機」は乗り越えたり回避したりできない姿で現われた。『伽倻子のために』における作家の現実意識は、『青丘の宿』や『半チョッパリ』のそれに較べてはるかに研ぎ澄まされているといってよい。

エリクソンでは、社会は、青年の自己確認の方途として「イデオロギー的パースペクティヴ」、つまりすでに流布されている様々な社会観や人生観や審美観を理念上のモデルとして与え、青年はそれらを、「ダンス、スポーツ、デモ」などと自由に結びつける（コンビネーション）ことによって個性の感覚を摑み、同時に社会の内部へ参加するという実感を得ることになる。理念やモラルや美意識を他人との共通項として、社会的共同性を自我に繰り込んでいくこのアイデンティティ確立の様式を、いま「教養小説」的問いにおきかえるなら、それは「自分は何のために、何によって生きるか」というような形になろう。

これを人間の心理・社会的な自我統合のための問いだとすると、心理・性的な統合の問いは、「自分は誰のために、誰によって、誰とともに生きるか」という形になるはずだ。つまり、前者は大なり小なり「主義」「信条」「思想」「美意識」「モラル」の模索という形で現われ、後者は「恋愛」という形で象徴的に浮かぶ。

ここで注意しなければならないのは、「誰のために、誰によって生きるか」という問いが、人間の個、的な生活意識を支える「生きがい」を意味しているのに対して、「何のために生きるか」という問いは、人間の社会的存在の意義に対する問いを意味しているという点だ。近代の「教養小説」における「いかに生きるか」という問いは、この個的な関係性から現れる意味と、社会的存在の意義を二つの極として、様々な問題の範形を刻むことになった。

『伽倻子のために』が在日作家の「青春小説」として象徴的なのは、この二面の契機が回避できぬ相で訪れているためだ。

作家は、主人公の林相俊《イムサンジュニ》が、東京での学生生活の中で理念的な帰属場所を模索し、郷里の北海道で、伽倻子との恋愛を進展させてゆくさまを周到に描いている。郷里と東京を往き来するうちに、相俊は、いわば心理・社会的自己統合と心理・性的なそれという二つの課題に同時に向き合うが、やがてその双方が複雑に絡み合い、結局伽倻子との恋愛は破局に終る。

李恢成は第一章で相俊と伽倻子との出合いをさりげなく描いたあと、大学生としての彼を青年期特有の鬱屈感の中で浮かび上らせる。下宿の隣にある幼稚園の子供を見ているうちに不安な想念にとり憑かれそうになる主人公の像は、果たせぬ「セクス」の夢に悩まされる『青丘の宿』の中東仁とほぼ相似形である。この「言いようのないけだるさ」や「ふさぎの病」が、実は「大学のクラスメートにも彼は自分の国籍を話していなかった」という事態から現われていることにやがて読者は気付かせられる。青年期の鬱屈がここでは決着のつかぬ〈家〉との確執の問題と、イデオロギー上の自己変革の問題からやってきたものだということが明らかになる。

「流亡の民」となって日本社会でひたすら不安定な生活を支えつづけてきた父親と、苛立たしい焦燥に衝かれて反抗しようとする息子たちの像が生ま生ましく映し出されている。殺す殺されると言い合って父親と相克する兄の日俊《イルジュニ》を描くとき、反抗するも地獄、反抗されるも地獄という、〈在日〉の世代間意識の深刻な乖離がはっきり伝わってくる。既に述べたように、この確執は「修身斉家」を強調しなければならぬ〈父〉の世代と、社会的な「帰属場所」をまず定めることがアイデンティティの基盤となる〈子〉の世代との確執である。〈子〉は、「孝たらんと欲すれば」近代的な自我感覚を押し潰され、自我感覚に「忠ならんと欲すれば」親を裏切らねばならぬというディレンマに向きあわなくてはならない。しかし、日本の市民社会から「拒否」されていることを漠然と知っている主人公にとって、父親の次のような言葉は今までとは違ったかたちで響いてくることになる。

「――だからおれは、ロープが糸になるくらいに酸っぱく『朝鮮人になれ、朝鮮人になれ』って言ってきたんだ。しかし、おれはがっかりした。親の言うことは一つも聞いてくれないんだ」

「朝鮮人になれ」という要請は、実は父親のそれと理念上のそれとでは大きく喰《く》い違っている。前者は一世的な生活感情の共有を求めているのに、後者は、〈在日〉社会や「祖国」への共同的な忠誠を意味するからである。作家は、〈父〉の側からの要請をこの「朝鮮人になれ」という言葉に集約させ、それを理念的な形で主人公に実現させせようとする。たとえば主人公に次のような回想がある。

高校生の頃、相俊は「高校の予備校化に反対し、学園の自由を守ろうとする進歩運動」に参加し、ある日の生徒集会で全校の生徒に向かってマイクを握る。

——相俊はいつものように自分は喋《しゃべ》るだろうと思った。矛盾は感じながらも、〈日本人学生〉としてこれまでも討論に参加してきたし、いささかでも有効な発言をすることができたのである。彼の目には進歩派がしだいに説得力を持ち出した発言の効果に満足しはじめ、運動部の連中はヤジを飛ばさねばとあせり出し、多数の学生達は不安定な中立性について考えはじめるかにうつっていた。彼は論旨に拡がりを加えるために、盛んに「ぼくらは——」と挿入しはじめ、ついには「ぼくら日本人高校生は——」と連呼するに至ったのだった。

とそのとき、相俊はきいたのだ。何者かが鋭い声で『嘘つき!』と叫んだのを。誰だろう。相俊はにわかに動揺をおぼえ、全生徒の前で足が竦《すく》むのをおぼえた。

私たちはここで、李恢成が、「天皇制ファシズム」をいまわしい〈家〉を打ち消すべき〈社会〉の原理として引き寄せ、そして「ニーキビシバラ」という呪文によって拒否されたあの体験を、いわば「反復強迫」のように繰り返しているのを目撃していないだろうか。オマエニハ「ぼくら日本人学生は――」ト言ウ資格ガナイ。従ッテマタ、日本ノ「進歩運動」ヤソノ他サマザマノコトニ口ヲ出ス権利モナイ。「嘘つき！」という声は、ここでもまた魔力を発揮しているのだ。

しかし、一般に〈在日〉が青年期に至って日本社会からの心理的な拒否感を強いられるのは、必ずしもこういう呪文によってではない。拒否されているという感覚は、むしろたいがいの場合は日常的な社会感受を通して、徐々に、しかも暗黙のうちに与えられるのである。つまり、ほとんどの場合私たちは、実際に参加を試みる前に心理的な自己規制として、あの「嘘つき」なる声を自らの内部に作り上げるのだと言ってよい。しかしながら、いずれにせよこの自己規制が日本社会からもたらされるものであることは言うまでもない。

おそらくここに、〈在日〉青年の第一の「危機」があった。「戦後民主主義」という〈社会〉的アイデンティティのモデルは、この心理的拒絶感に突き当って滅びる。それでも日本人と同じような顔つきで生きようとするなら、「朝鮮人」であることの無意識的な後めたさを絶えず背中に負わなければならない。その場合、彼は「実は自分は日本人ではない」ことを半ば認めながら、その反動として、自分が「朝鮮人」であることを絶えず打ち消そうとする衝動につきまとわれる。

この「危機」の打開は、今までのところ理念的には一筋の道しか持たなかった。つまり、「日本人トカ朝鮮人トカイウノハ関係ナイ、ワタシハ『人間』デアル」という自己確認によって「民主主義」的モデルを固守するか、それとも「民族トシテ、民族ノタメニ生キル」という、もうひとつのモデルを受け入れるかである。

主人公はここで新しい理念としての「祖国」「民族」という原理を受け入れる道をとる。それを準備するのは「在日本朝鮮留学生同盟」という組織であり、その友人たちであり、彼らとともになされる演劇活動やその他さまざまな「儀礼的コンビネーション」なのである。

留学生だって？　はじめ相俊は「留学生」という言葉に違和感を抱かされた。なぜこのおれが留学生になるのだろう。

朴楚は笑って言ったものだった。

「たしかに日本で生れて育った俺達にしてみれば、この『留学生』って言葉はピンとこないさ。けど、俺達にゃ帰るべき祖国があるじゃないか。帰るってのはつまり、いまは留学してるってことだよ。だから、俺達は留学生ってことになる」

その三段論法みたいな言い方に相俊はへんに感心したが、なにか逆立ちして世界をみるような気分だった。どこか寸法の合わない真新しい学生服を着せられたようでしっくりしない。

「それは俺だってはじめはそんな気分だったよ。（略）でも、うまい言葉だと思わんか。これくらい、俺達の盲点を衝いている言葉もないや。どうも留学生って実感が乏しいのは、それだけ俺達が気持の上で富士山を見て暮していて白頭山を見つめていなかったせいだと思うんだな。これはやはり主体性の問題だよ」

そんな会話を朴楚とかわしたのは有益であった。相俊はこの数ヶ月のうちに自分の内部でじょじょに芽ぶいてくるものを感じていた。昨年の春にS市の友達と会ったとき、メルクマールを持たねばといった友人がいたのをおぼえている。その指標が生じてきたような気持であった。

スタンダールは、「結晶作用《クリスタライゼーション》」という言葉によって、人間の心理・性的欲求が、趣味、美意識、感受性等を媒介として美への憧れというかたちを取ることを示したが、相俊が「留学生同盟」の仲間たちの世界で体験しているのは、いわば「言葉の結晶作用」というべき事態である。恋の結晶作用が、感嘆、芽生え、希望というプロセスを踏んでゆくように、ここではまず「留学生」「祖国」「白頭山」「主体性」という言葉が、主人公の観念の中で徐々に生命を吹き込まれ、自分にとってなにか重要な意味を持ったものとして生きはじめる。

スタンダールによると、結晶作用は「彼女だけが、この世でただひとり自分にたのしみを与えるだろう」という確信を作り出すことにおいて完成する。つまり、それは人間の心理・性的欲求の対象を、特定の人間にさし向けることによって、彼の生活上のアイデンティティを、社会的な規範に則った形で成就させる。同様に、言葉の結晶作用は、人間の心理・社会的欲求を特定のことばの群に結びつけ、そのことによって彼を社会や人間理解のある党派性へ組み入れるのである。フーコーは『言語表現の秩序』でそれを次のように言い表わしている。

> 学説（＝言葉――引用者）はそれが恒常的に、あらかじめ存在する帰属――階級、社会的規約、民族、国籍、利害、闘争、叛逆《はんぎゃく》、抵抗、許容などと関わる帰属――の表徴、表示、道具としての価値をもつに応じて、語る主体から出発して言表を問題にすることになる。学説は、個々人を言表行為の或る一定の型に結びつけ、したがって他のすべての型をとることを禁じます。しかし学説は、そのかわりに、言表行為の或る一定の型を用いて、個々人を相互に結びつけ、まさにそのことによって、かれらを他のすべての人々から区別するのであります。
> （傍点引用者）

言語理論にとっては、言葉というものは、観念の中で起こる抽象的意味作用かも知れないが、実は私たちは「青年期の言葉」を決してそういうものとして体験しない。「祖国」「主体性」「愛国心」「歴史」などという一連の言葉は、主人公の中でひからびた抽象であることをやめ、彼のうちに自身と社会総体の関係を生き生きと表象させ、その関係の像を、「この現実こそ私にとって唯一の疑えぬ現実なのだ」という確信において与えるのである。

現実とは「解釈」にほかならぬと言ったのはニーチェだが、まさしく、青年期の言葉の結晶作用は、その言葉の生々しい実在感において世界を「解釈」し、そのことによって彼に生きた「現実」をもたらすのだ。しかし重要なのは、この言葉の結晶作用が言葉の共同性に向かう青年のイニシエーション（入門儀礼）を意味しているのに、青年にとってそれは、あたかも蔽われていた自己本来の存在意義が、理念上の修業や錬磨によって真に摑み出されるかのように現われる、ということである。このとき、これらの言葉は「いかにして生きるのか」、あるいは「自分は何ものか」というあの「教養小説」的な問いに、根源的な「指標」を与えるものとして再生するのである。

むろん、青年はこの「問い」と「指標」をやみくもに摑みとるのではない。私たちが既に見てきたように、それは、個人の中でせめぎあう〈家〉――〈社会〉という範形の相関としてやってくる。たとえばユングは次のように述べている。

> 私はまえにことのついでのように申しあげておきましたが、激情がなければ理念も決して人生を決定するほどの大きさになれないのであります。私はある種の精神の発生は運命の問題であるとも申しあげておきましたが、それは私たちの意識が自動的なコンプレックスを思いのままに生み出せる立場にないことをいおうとしたからであります。精神は、それが私たちに衝きあたって、意識された意志に対するその優越をはっきりとしめさないかぎり、決して自動的とならないので

あります。つまり精神もまた、くらい領域から出てくる阻害の一つであります。

（『現代人のたましい』）

理念（＝言葉）に生命を吹き込み、それを一箇の抽象から生き生きとした実在へと化すものは、「激情」なのだとユングは言っている。「朝鮮人」であることの密かな罪障感、それを明快に否定できぬことからくる同胞社会への自罰意識、「なにものか」にならねばならぬという自己実現の欲望と、それを阻害するかに見える〈父〉へのアンビバレンツ。〈在日〉二世世代の「くらい領域」が、一般的にはこういう形で感情世界を底流していたことは言を俟《ま》たない。自己を確定できぬこの宙吊《ちゅうづ》り状態が青年の鬱屈をもたらすのであり、そしてあの「いかに生きるか」という問いとそれに与えられる「指標」が、彼を屈折した違和感から救い上げるべくやってくるのである。

相俊が仲間達との世界で発見するのは、「オマエハ朝鮮民族ノタメニ、朝鮮人同胞トトモニ生キヨ」という理念的な「帰属場所」である。この規範に従い、「デハイカニシテソウ生キウルカ」という問いを積み重ねてゆくことで、彼は心の空洞を打ち消すことができるのである。

こうして私たちは、主人公が「日本人──→半朝鮮人──→朝鮮人」という自己確認の階梯を、青年期のさまざまな悩みや困難を通して着実に登ってゆくさまを目撃することになる。しかし、〈在日〉にとってこの「帰属場所」の発見は、それ自身第二の「危機」を意味していた。私たちはここで、相俊の

「恋愛」について考えてみなければならない。

李恢成は、主人公と伽倻子との恋愛のうちに、ひとつの問題を設定している。それは、〈在日〉の環境の中で「いじけて」生育した青年と、戦時中両親に捨てられた日本人の不遇な少女とを、共に「戦争」という罪過の被害者と見做し、彼らの恋愛が二つの民族の関係の倫理としてどのように結実するのか、というような実験的モチーフであった。たとえば作家は、相俊がはじめて伽倻子と口づけを交わす場面を描いたあと、主人公にこう言わせる。

「戦争に報復していると思わないかい。ぼくらの口づけが」
相俊はふとそんなおもいに駆られた。一瞬、二人を結びつけたものが時代の戦争のせいだという昂《たかぶ》りが過ぎていったのである。しかし同時に彼はあの暗い時代に自分達が知り合い、そのことがこのような感動をもたらすきっかけになったのを感謝するのであった。
（傍点引用者）

日本人伽倻子と、「朝鮮人」たる相俊の恋愛という設定そのものが、民族的同一性を課題とする主人公にとって危険なものであることは言うまでもない。しかし、作家はここで、〈在日〉の現実を掘り返そうとするときこの問題が避けては通れない懸崖《けんがい》であることを直観していたのである。

二人の恋愛は、はじめは互いに自分の身の上や悩みを打ち明け、その不幸な過去を愛惜するという仕草をとって進んでいく。ここで特徴的なのは主人公にとってこの恋愛が、自分の生き方を伽倻子の生き方に繋げ、二人の生き方をまた「社会」や「歴史」に繋げたいというプラトニックな相で現われていることである。伽倻子との恋愛を歴史の過誤への「報復」ととらえ、その成就は被害を受けたものの自己克服を意味するという意識が、相俊のうちに明らかに生きている。

恋愛のこういう形は、スタンダールの言う四つの恋愛範形（情熱恋愛、趣味恋愛、肉体恋愛、虚栄恋愛）のどれにも似ていない。むしろ北村透谷の、「想世界」と「実世界」との戦いに敗れた詩人の「牙城」という恋愛概念に近い。透谷では、恋愛とは、人間の理想が現実の中に生き場所を失ったとき、唯一の拠点として残された領域を意味していた。つまり、近代がもたらした青年期の観念の劇が、恋愛を「色恋」という場所から引き離し、そこに「理想」や「信条」や「倫理」の要素を吹き込んだのである。恋愛が近代小説において、つねに「いかに生きるか」という問いと絡まって登場するのはそのためだ。

おそらく、相俊が伽倻子との恋愛で無意識裡に夢見ていたのは、不幸な過去を克服して本来の「帰属場所」において生きようとする男と、それをいわば一世的な〈家〉の親和感と情緒によって無言のうちに支える女とが協力して創り上げる、〈在日〉の新しい〈家〉のイメージだった。伽倻子が、朝鮮の孝行物語「沈清伝」のヒロインのイメージと二重写しに描かれ、朝鮮の民族楽器に因んだ名を持つ少女であることは偶然ではない。伽倻子のイメージは、『砧をうつ女』で描かれた「生母」の像とともに、作家（あるいはその主人公）にとって潜在的なアニマ（理想女性像）のように現われている。そして、「この女性とともに、いかに生きるか」という問いにおいて、主人公は、その社会的アイデンティティと生活上の存在理由とを溶かし合わせようとするのである。

しかし、伽倻子との恋愛は、まず次のような障碍にぶつかる。伽倻子は戦時中に日本人の両親に捨てられ、相俊の父の知人松本秋男（朝鮮人）に育てられた娘である。伽倻子の母親は日本人であり、「朝鮮人と一緒になって」「一生うだつの上らぬことになっ」たと密かに考えている。この両親は今では帰化を考えており、「朝鮮人」である相俊と伽倻子の仲を快く思わない。相俊の父も「チョッパリの女とは」決して「うまくいかない」ことを絶えず息子に訴えている。

日本人伽倻子との恋愛は、こういう場面では、古い〈家〉の意識と、自由な人間観を土台とした新しい〈家〉の意識の相克を意味している。相俊が、この恋愛を伽倻子の両親や父の反対を押し切って強行することは、彼のうちの「生き方をはげしく求めよう」とする人間像の核を死守することに等しい。しかし、心理的には、そのことは同時に〈朝鮮〉的なるものとしての〈家〉に対する裏切りをも意味している。

つまり、伽倻子との恋愛は、主人公を、内心の自己規範を破るか、それとも〈朝鮮〉的母胎を見棄てるかという二律背反に陥らせる。それは主として伽倻子の両親との葛藤として描かれているが、松本秋男を見る相俊の視線はほとんど〈在日〉の〈父〉を見る李恢成の視線に等しい。そしてその視線の中に私たちは、あの決断を強いられる〈在日〉青年の身動きのとれぬ息苦しさを読みとることができる。

第二の障碍は、理念的な場所でやってくる。在日朝鮮人のあいだに高まった帰国運動が在日学生たちに波及し、学内で帰国申請に関する議論が白熱するようになる。帰国申請は「祖国」を摑もうとする青年たちにとって、いわば踏み絵のように現われる。「われわれはいま図らずも祖国への忠誠心、愛国心を試されている。申請できぬのはその心が欠けているからだし、民族虚無主義に侵されているからにちがいない」という活動家の言葉は、大鉈《おおなた》のように学生達の「保身性」を狩りとり、それを彼らの前に突きつける。相俊は次のように考える。

帰国申請が即愛国心の基準だといわれると、反撥しながらも活動家である以上そういわれるのは仕方ないと観念した気にもなる。そのような感じ方が発言をしどろもどろにしていた。（略）たとえ愛国心が欠けていていても祖国感はもっており、その気持に疑いはない。問題はいますぐ帰るかどうかなのだ。そして自分は帰れない。なぜか。おれは伽倻子を日本に置いて帰ることはできない。それが本音なのだ。

主人公はここで、青年期の観念の劇がもたらすひとつの象徴的な「問い」に触れかけている。相俊が組織学生から突きつけられた「問い」を、もしも更に鋭角的におしすすめるなら、「オマエハ祖国ノタメニ命ヲ投ゲダスカ、ソレトモ同胞ヲ裏切ッテ自分ノササヤカナ生活ヲ守ロウトスルノカ」という形で現われるはずだ。この「問い」は、近代的な観念の劇の中で、「いかに生きるか」という問いが、理想と現実を経めぐった果てに現われた「極限の問い」にほかならない。

この「問い」が意味しているのは、情況が一切のあいまいさを許さぬ形で現われたとき、人に社会的な理念か生活意識かという二者択一を決断において迫るということだけではない。むしろ、それまで禁忌、黙契、習俗、祭儀、慣習という形で成立していた人間の「共同的なるもの」への帰属性が、いまや個々人の生き方への問いへと内面化されたことを示している。

そして個と社会が、時代の中で本質的に異和の関係においてしか存在し得ないとき、「いかに生きるか」という「教養小説」的な問いは、この二者択一の問いに衝きあたって滅ぶほかない。つまりそれは「不可能な問い」となるのだ。なぜならこの理念的現実をとるか生活という現実をとるかという決断的な問いは、〈神〉のような超越性を想定しない限り、誰もが選びとりえないような問題だからである。

しかし、相俊の「問い」は必ずしもそういう究極的な形で訪れているわけではない。ここでは、母胎としての〈家〉への裏切りの意識から反動的にもたらされた〈朝鮮民族〉への忠誠心と、伽倻子と創り上げるべき新しい〈在日〉の〈家〉の像への執着が、彼の中で葛藤している。相俊の「本音」は明らかに後者にアクセントを打たれており、「愛国心が欠けていても祖国感はある」という風とおしの穴を通ることによって、彼はいわばあの「不可能な問い」に直面することを免れているのである。

しかし、そのことはまた、伽倻子との東京での密かな共同生活を、「祖国」という帰属場所に対する新たな後めたさの意識で曇らせずにおかない。帰国を決意する友人達を横目で睨《にら》みながら、二人の同《どう》棲《せい》生活は、初めの喜びに満ちた色調から、次第に暗い翳《かげ》りを帯びるようになる。相俊は、やがて伽倻子に、自分の「生き方」を理解することが二人にとって必要不可欠なものだと言いたげに振舞い始め、伽倻子の内部に細かな注意をゆき届かせる余裕を失ってゆく。

「自分の性格にある暗さは日本にいちゃ無くならぬように思っているんだ」という言葉は、伽倻子に帰国を説得するための根拠としては、あまりに薄弱であり、筋も通っていない。伽倻子は相俊に対して、「私、とうさん達を置いていけないわ。とうさんは私が頼りなんだもの。よく沈清伝の話をしてくれたのをこの頃になって思い出すの」と言う。丁度、伽倻子の「――だから」という語尾の魅力に満ちた響きが、いまや「苛立」たしいものと感ぜられるように、伽倻子に重ねられた民族の孝行娘「沈清」のイメージももはや桎梏《しっこく》として現われる。

母胎なる〈家〉への裏切りの意識、現在の自分は伽倻子との〝生活〟において「祖国」と一体たり得ぬという意識、伽倻子が日本人であることからくる密かな後めたさ、これらの幾重にも屈折した意識が、相俊を苦しめ苛立たせる。

伽倻子の風邪が直って四、五日経ったよく晴れた日の昼下り、二人は吉祥寺の商店街を歩いていた。伽倻子と並んでいた相俊はいつの間にかじりじりと後じさりするようにして伽倻子との距離をつくりはじめていた。伽倻子は前へ押し出されるようになり五米ほど先になった。その後姿をまじまじと見つめていた相俊がとつぜん意地の悪そうな声をあげた。

「ビッコを引いている。伽倻ちゃん、君はビッコなのかい」

（中略）

伽倻子は怨むような眼附で相俊をみた。

「ビッコじゃないわ」

「じゃあ、もう一度歩いてごらん。……ほら、やはりおかしい」

歩きかけた伽倻子はその声で竦んだ。それから自分でたしかめようと二、三歩あるきだしたが、ほんとうによろけてビッコになった。暗示にかけられ、もう自然には歩けなくなったように。

「ビッコ」という言葉は、直接的には、東京の〝生活〟で一人だちして歩くことのできない伽倻子への、相俊の焦燥感を表現しているだろう。しかし、この言葉は二人の共同生活に向けられた主人公の不安の念をも表象しているように見える。相俊は、伽倻子を自分の帰属場所に引き込むことによって、母胎の〈家〉への裏切りの意識と「祖国」への背反感を共に宥和しようという心の動きにとらえられている。しかし伽倻子の方は、相俊の要求がエゴイスティックな性格を含んでいることを感じており、彼の生き方が伽倻子の生活意識にとってどこかそぐわないものになっていることに気づいている。

つまり相俊は、伽倻子との「恋愛」に密かに封じ込めていたあの〈在日〉の新しい〈家〉への夢が、全く想像もつかなかった形へ変形されかけているのに苛立ち、「ビッコ」という言葉でその焦燥感を表現しているのである。

選挙がはじまっているのか、遠くの路地でスピーカーのなる声がいやにはっきりと聴こえていた。（略）やがてだみ声で政見をのべる立候補者の声がひびいてきた。伽倻子はきいているのか眠っているのかわからなかった。片方の足の膝を立てているのでスカートがずれ露に脚がのぞけていた。彼は欲情に駆られ、手を伸ばした。伽倻子は歓びもなくかるく腰をよじって受け入れるだけだった。何かがそのとき二人の体のあいだでぐにゃりとつぶれていったようだった。

こういう場面は、生活する男女の日常的な感情のアヤとしてだけ描かれているのではない。相俊の「祖国」というアイデンティティが、日本人伽倻子との〝生活〟の中で強行されるなら、二人の（＝共同的な）生活意識は「ぐにゃり」と押し潰されるほかはない。なぜなら、ここでは、主人公の「この女といかに生きるか」という問いは、「ワタシヲトルカ祖国ヲトルカ」という生活意識の側からの「極限の問い」の形で脅かされており、またしても「不可能な問い」となるからである。

青年期の観念の劇は、それがどれほど錯綜した形で現われようと、必ず人間の社会的生存の意義と、個的な生活意識上の意味と、そして時代状況との三つの項の相関図の上を巡る。そして「教養小説」的な問いが可能なのは、それが人生や社会の意味を最終的に開示するものであるからではない。むしろ、この問いは、ただあの極限の問いに出合わないことによって可能であると言うほかはない。言い換えれば、もし現実の状況がきびしい場合には、人間の個的な生活の意味と社会的原理とは決して調和の形をとりえないのである。

つまり、アイデンティティの「危機」を救うのは理念上の錬磨や戒律の遵守ではあり得ない。帰国運動の熱がおさまり、〈在日〉の中で同胞のために働くこともよいことだという考え方が徐々に認められたとき、ようやく、相俊の「朝鮮人」たるアイデンティティは、〈在日〉のなかで生き延びるべき通路を与えられるのである。同様に、相俊が伽倻子との生活の中で直面した「危機」は、伽倻子の両親が彼女を取り戻しに現われ、彼女をとりあえず引き連れていくという事態によって救われる。彼はそれを黙認し、そのことにおいて伽倻子の心は相俊から離れるように見える。作家は小説の最後で、主人公に次のような感慨を抱かせている。

伽倻子をあのような道に駆り立てたのは自分のせいだともいえる。周囲の壁はともあれ、自分の愛がたしかであれば伽倻子があゝなるのを防ぐことができたはずなのである。いまならわかるのだ。おそすぎた実感であるとしても、つたなかった自分の愛に悔いを抱いたまま振り返ることができる。だが、と彼は思う。あの時代にはそれが精いっぱいでもあったのだ。あの学生時代は未熟なりに生きることにあこがれ、心せいて過ちを犯すこともあったのだ。世界を自分の回りに引きつけようとして数多くの先人の言葉から意味を索《もと》めようとし、模倣したり反撥しながら生き方を見つけようとしたのではなかったろうか。しかし伽倻子との愛だけは、模倣ではなく、この時代に自分達が刻んだまぎれもない一つの青春であった。たとえ、いまは心の墓碑として思い返されてもそれだけは一つの真実であったのだ。

ここに浮かび上っているのは、作家の遠慮がちな、しかし疑うことのできないあの「教養小説」的視線である。私には、作家はこのとき、〈在日〉の回避不可能な「危機」を「未熟ゆえの過ち」として葬ろうとしているように思える。じつは、〈在日〉における理念的な自己確認の道は、近代日本の理念上の「問い」がそうだったように、それが生き延びるべき現実的基盤を欠いたまま、倫理と生活と情況との相関の中で「不可能な問い」を問い続けるという道しかもてなかったのだ。相俊と伽倻子の恋愛の墓碑は、未熟な青春のモニュメントというより、〈在日〉二世世代における日本社会でのアイデンティティの本質的な不可能性の痕跡なのである。

既に見たように、李恢成は、この痕跡を大急ぎで癒すように、『青丘の宿』と『半チョッパリ』の二つの青春小説を書き継ぐ。「祖国」の民衆との現実的な連帯という理念を一時保留し、それを心情的な繫がりの意識において再生することで、彼は〈在日〉のアイデンティティを保持しようとしたのだ。しかし、相俟に生起しかけていたのは、アイデンティティそのものの本質的な「危機」であり、それこそ、〈在日〉における青年期の観念の劇が「自分は何ものか」という問いを強行したとき、露呈させたものにほかならなかった。

李恢成は、あの異和の痕跡を消し去ることで、〈在日〉のアイデンティティそのものの「危機」を密かに埋葬しようとする。彼が三つの青春小説でなし遂げたのは、「日本人──→半朝鮮人──→朝鮮人」というアイデンティティの経路を保守し、それを後続世代への新しい〈社会〉のモデルとして示すことである。しかしそれは、分断された二つの国家と〈在日〉という相関の中で、新たな「問い」を生み出していくことになる。「自分は何ものか」という問いは、社会、政治的脈絡の中で「世界はいかなるものでなければならないか」という問いに転化され、この問いの中で、この問いにおいて、彼は自分の存在の意義を摑まなくてはならない。しかし〈在日〉の「危機」は、依然その生活領域から暗い不安な翳りを垣間見せる。私たちは、まだ作家の理念の軌跡から離れるわけにいかない。そこに〈在日〉の〈社会〉的モデルの現代的な一典型が出現することになるからだ。

三　成熟する理念

李恢成は、昭和四十七年六月に韓国を訪れたあと、堰《せき》を切ったように評論的著作やエッセイを書き出している。これらの論述は、四十九年のエッセイ集『北であれ南であれわが祖国』、対話集『参加する言葉』、五十年のエッセイ集『イムジン河をめざすとき』にまとめられている。そこには訪韓に関する著作をはじめとして、韓国の政治状勢、〈在日〉の差別問題、あるいはまた自己の文学理念などが語られており、総じて、社会的な諸問題に対する積極的なコミットメントの姿勢が見られる。

それらを通読すると、作家の理念の展開にとって、当地の新聞社から招待され、それを受けて韓国を訪れるというできごとが（なぜかその経緯を作家はあまり詳しく書いていない）、決して小さなことでなかったことが判る。

先に挙げた一連の著作は、いわば在日作家李恢成の理念的マニフェストといえるものであるが、訪韓が、作家をしてこれらの著作を書かしめるひきがねの役割を果たしたことは疑うことができない。なぜなら、後に述べるように、訪韓をめぐる問題は、彼が一時所属していた〝民族組織〟と作家との帰属の論理をめぐる確執として現われ、李恢成はこの問題を起点として「総連的」な帰属の論理から自立することを余儀なくされることになったからだ。ソウル大学での講演記録「物神と抵抗精神」は、次のような言葉を伝えている。

ところで、きのうぼくは、「民族文化」というテーマで、自分がいかなる立場で文学をしようとしているかなどの問題について語る機会をもちました。その席で、「民族と国家」の関係について若干触れている。この「民族と国家」の関係について考えてみるとき、まず民族は自然的な存在である。（略）民族が自然存在だとすれば国家はそれぞれの時代につれ人間が形成してきた人為的存在である。ですから、かりに国家は変ることがあっても、民族はそのまま存在していく。そこで、わが国のように二つの国家が存在し、分断状況がつづいている現実のなかで、われわれはまかり間違うと、国家の論理であらゆる事物を考察し行動しがちなものですが、そうではなく、つまり分断された片方の国家的論理でもって思考し行動するのではなく、全民族の立場でわが民族のすすむ道をまさぐるべきではないか、とのべたわけです。（『北であれ南であれわが祖国』所収）

国家よりも民族が自然な存在であり、従って人間がほんとうに依拠すべきは民族という原理であるという理路は、李恢成の理念の重要な指標となっている。しかし、私の考えを言うなら、個と〈社会〉との近代的な関係づけの意識として現われる帰属意識において、国家と民族のどちらが自然かと問うことは無意味である。それはマルクス的な文脈で言えば、権力（法）と宗教のどちらが自然かと問うようなものであり、もっと卑俗に言えば、性と愛とではどちらが自然かと議論するのに似ている。ともあれ、国家ではなく民族こそ自然な原理であるという作家の立論は、作家が社会的なアイデンティティの現実的基盤をどこに見いだすかにかかわっており、象徴的に言えば、このとき彼の視野の中に、〈在日〉の民衆ではなく〝南の民衆〟という理念の新しい土壌が登場して来た、と考えればいいように思われる。

　エリクソンは、アイデンティティの意識が「自明の真理」として受けとられるための条件として、「事実性」「現実感覚」「実在性」という三点を挙げている（『歴史のなかのアイデンティティ』）。そういう意味では、〈在日〉の、「祖国」を帰属場所とするようなアイデンティティの意識は、一般的にいって最後の「実在性」という条件、つまり「他の人間との協同において確定された社会生活」という条件において、本質的に「不安」にさらされていると考えることができる。そしてこの「不安」は、彼が本国の方に帰属原理の大きな比重をかけるその度合に応じて、一層深刻さを増すことになる。

　李恢成が韓国の学生や知識人を前にして、国家ではなく民族だと語ったとき、彼は、ほとんど初めて、自己の理念を受け入れその現実性を「自明の真理」として確証するような社会の実在を感じていたかも知れない。ここで作家は、オマエハ韓国ノ民衆ヤ韓国ノ政治ヤ、マタ韓国ノソノ他諸々ノ事ガラニツイテ語ル資格ガナイ、という声を聞かなかったのである。

しかし、現地での座談会で韓国の作家李浩哲《イホチョル》は、李恢成にとって今回の「帰国」はひとつのあたらしい試験台であり、その切実さは一九二〇年代の中国におけるマルローの場合とは比較にならぬと前置きしながら、「まさにこの点において、作家としての李恢成氏は、祖国の問題としだいに切実にぶつかりはじめるのだと思えますし、国内で活動する作家ともより堅い連帯によってつながれるものと思います。まさにこの点において作家李恢成氏は、祖国の問題としだいに深く、そして困難さにうちあたることになるのではないでしょうか。われわれの困難さをそのままわけもとうというのではないが、困難さの面もまた李恢成氏の方から深く介入してきた点でしょう」（「祖国の土に触れて」──『参加する言葉』所収──傍点引用者）と述べている。

　私には、李浩哲のいう「困難」とは、単に祖国統一の問題のむずかしさということであるより、むしろ、李恢成が南の政治的社会的現実から切り離されており、そういう条件の上で「祖国」や「統一」の問題を作家として選びとって表現してゆかねばならぬことの「困難」を意味しているように思える。つまり、君が「祖国」や「統一」をわれわれと共に課題にすることをわれわれは拒否しない、しかし君の「困難」は、君が君の立っている現実そのものの内側から、独力でその課題に向かわねばならぬところにある。そう李浩哲は言っているように思える。

　こういう態度はむろん正当なものであろう。ところがしばしば日本の知識人はそういう態度をとらない。彼らはたいてい、「君が日本の現実や社会をわれわれと共に課題とすることをわれわれは拒否しない。ただ君の困難は、君が君の現実そのものの内側からその課題に向かわねばならぬ点にある」と言うかわりに、「君の問題はこの日本の内側にではなく、むしろ君の祖国にある。しかし君の努力は、われわれがわれわれの問題を考えるに与って大いに力となる」という具合に言うのである。

ともあれ、李恢成がこの友人でもある韓国の文学者の言葉をどのように引き受けたか、大変興味深い。というのは、訪韓を契機として展開された作家の新しい帰属理念は、〈在日〉のアイデンティティの現実的基盤（＝実在性）の欠落を〝南の民衆〟との繋がりの意識によって埋めようというモチーフを隠しており、にもかかわらず、韓国の作家の言葉はこのモチーフにやんわりと釘《くぎ》をさしているように見えるからだ。

先に述べた李恢成の一連の評論やエッセイに私なりの力点を打つなら、だいたい次のようなことになる。

A　イギリス人の作家、ジョージ・オーエルの文学的エッセーに「右であれ左であれ、わが祖国」というのがあります。そのいい方を借りていいますと、「北であれ南であれ、わが祖国」というのが、ぼくの所感です。ここで自分の祖国観についてのべてみます。ぼくの真の祖国は統一された国家である。このことからいえば、現在の分断された祖国における南北の政権は過渡的な性格を帯びているとみています。分断国家がなくなる日が早ければ早いほど望ましく、統一国家は心から待たれます。

（「時代と女性の役割」）

言葉をかえると、民族は永久的存在であり、国家は時間的存在といえる。これは普遍的真理である。

（「北であれ南であれわが祖国」）

在日朝鮮人文学というのは何か、（略）どういう理論としてあらわれるにせよ、在日朝鮮人文学の運命という面で考えますとこれはいつかなくなる文学なんですね。（略）そしていずれは朝鮮人の文学そのものの中に回収されていかなくちゃいけない文学としての志向性をもっているわけです。

（「文学者と祖国」）

B　ただし、同時に〈同化少年〉であった僕が一在日朝鮮人として、祖国をもつ主体者として存在し得るためには日本の民主教育が僕にとってやはり容《うつわ》の違う日本人そのもののモノであったと思わずにはいられない。民族的知覚を促し、自分の祖国に責任をもつ最高の教育は民族教育であり、民主的民族教育こそ僕に必要なものであった。

（「原点としての八月」）

だからこそ、ぼくは梁政明《リャンジョンミョン》が生きつづけ、帰化者としての逆境を止揚してほしかったと思わずにはいられない。パターンとしての宿命ではなく、たとえば日本人として両民族の橋渡しとなる独自の存在者として不屈に青春を持続させること、その至難さに生きることこそ現代の青春を深めてくれるものではなかったのか。

（「二つの祖国所有者の叫び」）

情熱と愛国心がこの青年を死地に赴かせている。そこに自己劇化の傾向や英雄主義《ヒロイズム》の芽があったとしても、それはみずからの青春を祖国の救済のために償おうとする人間の避けがたい感懐といえる。その行為は、けっしてファナティックではなく、選び抜かれた行動であった。

（「文世光の挫折」）

C　現実認識、という場合、それは現実社会にかかわる作家の主体的な想像力という風に表現してかまわないとぼくは思う。つまり作家の現実社会への想像力が豊かにはたらくか貧困であるかが問題なのだ。

（「真の体験について」）

Aでは、彼の帰属の拠点が〈在日〉や「北の祖国」から、「統一された国家」という場所へと移動していることが示されており、いわば現実の「国家」より理念としての「民族」が重要視されていることがわかる。しかし先に述べたように、この「民族」への重要視は、一方では〝南の民衆〟の生ま生ましい〝現実性〟に呼び醒まされたものであって、実は韓国の民衆と、と、も、に「統一国家」を目ざすという姿勢と一体である。「ソウル・ファシズムの冬」「フカに人間はいつまでくわれているか」「南の地の反乱の詩人・金芝河」「夢は枯野をかけめぐる」等は、金大中事件や民青学連事件など、韓国の政治状況と民主化の課題に関するコミットメントであり、これらの言説は「国家より民族」という論理と表裏の関係をなしていると見てよい。

Bは、「日本人──→半朝鮮人──→朝鮮人」という「自己変革」の道すじを、在日二世、三世世代の「生き方」の新しいモデルとして示したいというモチーフを表わしている。すでに「青年期」の問題として取り上げたが、「逆境」を力強く乗り超えることによって〈在日〉は真の民族的主体へと自己を造り変えることができるという作家のメッセージが聞こえる。この道すじは「同化」や「風化」に対する唯一の歯止めであり、それを完成するのが〝南の民主化の課題を自己のものとして生きる〟というアイデンティティのあり方なのである。

Cは、いわば戦後作家としての李恢成の位置であり、同世代文学としての「内向の世代」への違和感、大江健三郎的な文学的想像力による現実参加という立場において特徴的である。

訪韓を契機として一種やむにやまれぬ情熱によって書きつがれたこのような理念形は、単なる文学者の社会的コミットメントという以上の重要な意味を持っているように思われる。それは一見したところ、〈在日〉という独自の状況におかれた朝鮮人作家が、その状況の中で彼固有のテーマとモチーフを個性的な方法で織っているように見える。たとえば作家李恢成に対する日本の知識人の視線は、大むねそういう場所に集約されよう。しかし、私にとっては、李恢成のこういう理念形は、むしろ全く反対に日本の戦後的な文学や政治の理念とほとんど同形のものと見える。

たとえば次のような言葉がある。

いま、私たちが《祖国》というとき、その《祖国》という実在は、とりもなおさず民衆ということになる。（略）こうしたあらまほしい《祖国》と《国家》の現実をめざして、その概念を下からしっかり支える民主主義の実現のために、知識人はその知的手段を行使せねばならないだろう。

（「身勢《シンセ》打鈴《タリョン》を排す」）

人間とは何なのか——この普遍的な問いに向かって作品を書きながら、どんな人間としてあり得るのかという生き方の問題を私はまさぐっていきたい。私は自分のアイデンティティを大切にしたいと思っているが、そのことは人間をとらえていく基礎になり得ても、人間をとらえることそのものではないと感じているからだ。

（「容疑者の言葉」）

こういうところに、ほかならぬ二世としての彼の肉声が現われている。彼が「祖国」というとき、それは、「お国のためにつくすのが人間としての立派な生き方だ」というような現世的秩序志向ではなく、むしろ、虐げられた「民衆」への倫理的な自己帰一として現われている。またアイデンティティという言葉は、「生き方」をそこで試すべき実存的な決断の意識として生きていることがわかる。即ち、作家の「祖国」とか「人間」とか「民衆」という言葉は、その実質としては、戦後教育を受けた日本人が社会意識の核心として身につけた「自由」「人間」「主体」「責任と権利」「民衆」「変革」というような言葉の実質とほとんど別物ではないのである。

しかしもちろん、李恢成の言説は、現われとしては日本人の「反体制」――「反国家」という文脈と大きく異なっているようにみえる。たとえば五味川純平との対談（「原野からの出発」――『参加する言葉』所収）で、彼は、『人間の条件』の主人公と五味川純平を重ね合わせて、「二十八年の歳月を費やして、なお祖国に対する愛着を持たないということは、僕はやはり梶上等兵の思想の怠慢だと思う」と述べ、五味川のそこには李恢成氏の誤解があるような気がするという返答に対し、今度は次のように答えている。

李　それは誤解はいたしません。自分の祖国に対して、朝鮮人であれ、日本人であれ、完全な責任のもとにしゃべり合うのでなければ、われわれの話はかみ合わない、僕は絶えずそういう視点でのべ合いたいということです。

一般的な感覚でいえば、李恢成はやや古典的なナショナリストで、五味川純平がインタナショナルな感覚を持っているということになるかもしれないが、実はそうではない。李恢成が〈在日〉の場所から理念的な「統一祖国」に対して、「完全な責任のもとにしゃべる」というのは、五味川純平が、日本の場所から「アメリカの世界侵略のほうに多くのウェイトをもって」、歴史のなかの人間としての責任のもとに語る、というのとなんら異なってはいないからである。

これもまた後に述べることになるが、李恢成の「祖国」という言葉は、どれだけそう見えないとしても、日本の反体制的、革新的理念と対立しているのではなく、むしろ総連的な党派の理念と対立しているのである。それはまた、戦後の社会意識に特有の自由な人間どうしの真正な共同体への夢と通底しているのであり、それにもかかわらず彼の理念が「祖国」や「反国家」という標識において日本の知識人と齟齬《そご》するように見えるとすれば、その理由は、李恢成の理念が〈在日〉の中で絶えず「実在性」のリアリティの不安にさらされているために「祖国」という〝実在物〟を指向せざるを得ないためなのである。

五味川純平やその他の日本の知識人にとっては、自分が日本の現実の中で日本人とともに社会を構成しているということは「自明の理」であり、それ故に、ことさら「国家」や「社会」という「実在性」の標識を呼び寄せる必要がないのだ。

李恢成が訪韓を転機として練り上げた新しい理念形は、日本の戦後的な政治、文学理念と結び合ったのものだと言える。そしてこの理念の現実的な意味合いは、彼が総連的な帰属の理念に対して、二世的なリアリティを帯びた新しいアイデンティティの論理を提出したところにある。私たちが李恢成を新しい世代のトップランナーとして評価するとき、この二つの点はどうしても押さえておかなければならない。

作家は、四十八年の四月、つまり訪韓の翌年に、先にのべた評論やエッセイのあい間を縫うように、長編『約束の土地』を『群像』に発表する。この作品は、李恢成にとって、〝組織〟との訣別《けつべつ》の書とも言えるものであるが、それだけではない。組織と訣別することによって〈在日〉の新たなアイデンティティの論理を生み出そうとする主人公の姿から、私たちはあの二世的社会意識の時代的な意味合いを読み取ることができる。

小説は、李恢成自身を思わせる作家の家庭が、二重国籍を持つ松本浩萬なる人物にタダ同然の家賃でぜいたくな貸し家を提供されるが、やがて家の所有権をめぐるいざこざに巻き込まれ、最後にはこの〝仮の安住の地〟を捨てて出てゆくという展開をたどる。この分不相応な貸し家は〈在日〉を意味するし、貸し主である松本浩萬は、本当のアイデンティティを見失いつつ日本で生活の欲望にとらえられている「風化」する同胞の象徴であり、また貸し家を捨ててゆくという最後の条《くだ》りは、〈在日〉から「祖国」へという作家の理念的な転回をメタファーするものであることはすぐに分る。だがさらに重要な流れは、主人公重吉《ジュンギル》が（あるいは作家自身が）、「組織」との思想的な葛藤を通して新しい理念に至る過程におかれている。

しかし、この葛藤は、単に帰属原理や政治、文学理念に関する論理上の問題として現われているわけではない。たとえば、小説の冒頭に描かれている眠る妻の描写は、そういう意味で象徴的だ。

真夜中に、妻はうなった。乳房をメスで切開されているようなくるしげな声である。ぎりぎりとロープが締っていく音にも似ている。その断続的なうなり声がだんだんと重吉のまどろみを奪い出し、ついには窒息しそうな気分にさせた。無意識のうちに、「おい、おい。やめてくれよ」と不機嫌な声をあげ、妻のかいなをさぐった。すると、道子はハッとしたように瞼《まぶた》をあけ、「うなった？　ほんと？」と訊《たず》ねる。なんでこんな真夜中に嘘をいう必要があるのか。重吉はそう心の中で呟《つぶや》く。

この滲《にじ》み出すような重苦しい感覚が既になじみ深いものであり、それは『青丘の宿』における東仁の夢や、『伽倻子のために』の相俊の憂鬱の中に漂っていた気分と底で通じ合っていることに気付くはずである。すでに見て来たように、東仁や相俊の悪夢や憂鬱は、生活意識と理念との分裂というかたちでの、主人公のアイデンティティの不安を象徴するものであった。しかしそれはまた、克服さるべき「危機」として、彼等の内部でねじふせられたはずのものだった。

いうまでもなく、小説を底流するこの重苦しさの影は、主人公重吉の新たなアイデンティティの不安に相関している。またこの影は、過去の傷ついた記憶から現在の意味を確証し、現在の暗闇から未来の光明を絶えず織り上げずにはおかない李恢成文学の原調にほかならない。それは、主人公たちが日本社会から受けとる抑圧感情の象徴的な風景であり、実は、それなしに、彼等のどんな社会意識や自我感覚もあり得ないような何かである。つまり、彼等は、青年期以後に訪れるあの重苦しい「気分」のうちに、歪《ゆが》んだ社会の像や存在の意味を渇望する自己の像を直観するのである。

李恢成の文学の方法的定型は、この重苦しさの「気分」にアイデンティティ不安という「症例」を見いだし、そこに「生き方」の意味を注ぎ込むことによってこの「症例」を克服する、という形で現われていることは疑うことができない。そしてそれこそ彼の文学が本質的に教養小説的たることのゆえんなのである。

ともあれ、私たちはここでもまた、あの〈在日〉に特有の不安な「気分」と出合っており、作家がどういう意味づけの行為によってそれを克服するかという場面に立ち合う。注意すべきなのは、東仁や相俊には内心の気分として現われていた邪悪なものの影が、ここでは妻の方に転移して再生されているということである。おそろしい夢にさいなまれるのは、ここでは主人公ではなく妻であり、しかも目覚めた妻は重吉に対して「うなった？　ほんと？」と訊ねる。つまり、邪悪なものの影は、いまや、あたかもそれが結婚し、子を持ち、生活することの意味であるといわんばかりに妻の方へ乗り移り、しかも妻はそれを意識しておらずに主人公だけがそれを確認するのである。

『約束の土地』が李恢成の青春小説群と異なっているのは、アイデンティティの不安とその意味づけの行為が、もはや個的な自意識の内側では成立しえないような局面に立ち至っているという点にある。組織との理念上の葛藤が、単に個と社会との繋がりの意味づけをめぐってではなく、夫婦の共同的な生活意識とそのアイデンティティの問題にからんで浮かび上がる。おそらくそういう点にこの小説の重心を求めるのでなくては、作家李恢成の新しい理念形をうまく理解することはできない。

主人公の重吉は、大学を卒業したあと〝同胞組織〟の仕事につき、今は組織を離れて小説を書いて暮している。彼が組織をやめた直接の原因は、「小説を書きたい」というやみくもな気持にあった。組織の職場はさまざまな活動や学習を彼に課し、「すべてを累積すると、創作の時間はほとんど入る余地がない」。職場をやめたいという重吉の訴えに対して、上司である編集局長は、民族新聞の記者という仕事が重吉にとっての「本心（基本）事業」であり、「分心事業」たる文学活動はあくまで従の位置になければならないと答える。

つまり、「小説を書きたい」というやみがたい欲求に押されている重吉にとっては、組織は、「祖国」への貢献と、文学という「私的な営み」のどちらを選ぶかという二者択一的な決断を迫ってくるものと感じられる。重吉はそこに、組織のあまりに「政治」主義的な体質を感じとる。組織においては「文学」は副次的な価値しかもたず、彼の内面が「文学」もまた重要な意味をもつはずではないかと声を上げると、たちまち「個人利己主義」「個人英雄主義」というレッテルを貼られることになる。

もし重吉に組織だけが唯一の世界だと感じられていたなら、彼は「政治」と「文学」の対立を永遠の謎として考えつづけるほかなかったかも知れない。しかし、実際には組織の外側に、「文学」もまた重要な社会的価値だと公認する世界（＝日本社会）が存在しており、彼はその世界に近づくことで辛うじて内的な文学的自我を保持している。重吉と日本社会の文学概念を繋いでいるのは、戦後の民主主義的個我意識の系であり、それは個人の自由な生き方が同時に社会的な意味を持ち得るという意識において文学の価値を確認させているのである。

重吉がそのような自己の文学の意識を保持しようとするほど、組織は、逆に、いわば悪しき「政治」主義的体質を帯びたものとして彼に現われる。重吉の組織への批判の視線は、そういう回路を通っていくつかの論理へゆきつくことになる。

思想純化事業は、日々に厳しくなり、「犯罪的行為」とか「敵性分子」という言葉さえでてきた。容疑者は孤立させられる。同じ部屋の活動家が結婚したとき、その配偶者が被批判対象であるために、同僚達が祝いにもいけないという現象もあらわれていた。

同志愛とは何なのだろうと重吉は考える。中央ではどのような指導をしようとしているのか？その中央では、とっくに名誉回復した金丙植が組織部長の要職からさらに事務局長へと昇格し、韓議長の片腕として辣腕をふるっていた。編集局の会議では、彼がもっとも議長に忠実な活動家として喧伝《けんでん》され、彼に反対するものは「非組織策動分子」として追放され、降等され、左遷されつつあった。そして、もし会議の場所でかりにも金丙植事務局長への疑念を洩らそうものなら、たちまち選別され指弾されそうな空気が漂っている。

なぜ、こうなるのだ。重吉はその原因が官僚主義のせいではないかと思っている。官僚主義といっても、はっきりと目にわかる形で大衆の中に瀰漫《びまん》しているわけではないところに複雑さ、捉えにくさがある。

帰国運動が盛りあがっていた頃を思い出す。当時は発言が自由にできた。組織内民主主義があった。

金日成がそこにいる。しかし、重吉は彼が全知全能ではないと思っていた。いわば、人間としての欠陥をも持っている筈《はず》であった。金日成伝をよんでいて、重吉は首をかしげる。その宣伝物には、人々に彼の偉業を宣伝するよりは、しばしば逆効果をもたらしているところがある。彼の伝記作家達は、実像よりも偶像を叙述する才能をもっている。個人崇拝を行きすぎたものに変えていく作業がそこにある。

権力抗争、官僚主義（あるいはスターリニズム）、個人崇拝、それらが組織に対する主人公の批判的視線のキイワードである。しかし、実はこれらのキイワードだけで組織の体質の謎を押し開いてゆくことはむずかしい。たとえば、重吉は、もと親友であったIの、「不純分子が清算されれば、組織は強化される」という言葉に、「スターリンの粛清理論の影」を感じる。しかし重吉も、「I自身はきわめて真面目で誠実な活動家」であることを認めないわけにいかず、したがって彼は、「功名心も出世欲」もなく、上部にへつらったり下部を威圧することが性格的にできないような人間であるIがそう信じているところに、問題の深刻さがあるのだと考える。

私たちは、たとえば丸山真男ふうにIのような人間が、個人崇拝や粛清理論を支える現実的な土壌なのだと考えることもできる。しかしこの考えを引き延ばせば、Iが欠いているのは真の民主主義的な人間観であり、彼がそれを獲得するためには開かれた近代的な社会関係が必要であるという議論にしかゆきつかないだろう。

Iは自己の社会的、倫理的、心理的価値の一切を「祖国建設」という至上の目的に収斂《しゅうれん》し、この目的に全霊を投げ込むほど、自己の存在の意味が確証されると信じて生きている。そして、彼にこの確信を吹き込んだのは、社会的存在の意義という点にこそ人間の存在の根拠があると呟く近代的な政治観念《イデオロギー》にほかならない。

　人間は世界に対して何をなすべきかという「問い」が設定され、この「問い」に対する正しい真理は唯一つしかないという信仰が成立するや、彼の確信は「自明の真理」となる。そして、組織がこのような「政治」の概念を真理として掲げ、「祖国」へ貢献する「事業」に一切の価値の基準を置く以上、人間の行為や思想の一切は、「事業」的価値の度数のようなものに換算されるほかないのである。

　日本の戦後的な個の意識は、ある点では古典的な政治党派の共同性を相対化した。人間は誰でも「自由」な生き方の中で社会に繋がる道を見出してよいという意識は、全ての人間にとって生き方の真理は唯一同一のものである、という古典的党派性の硬直性を否定するからだ。この真理は唯一のものだという信仰は、キリスト教的な「真理」の観念として、明治期以後に輸入されたものだ。しかし、この観念にリアリティを与えるのは、芽生えかけた自意識の理想に挫折を与える明治期以降の近代社会の物質的貧困なのである。つまり、現実の前での理想の挫折が現実世界と精神世界を分裂させてそれを対立として現象させ、その対立の構図の中でキリスト教的な純粋プラトニズムが育てられるのである。

私はかつて、戦後の社会意識の指標として、「生活意識そのものの中に食い込むように現われた構成的意識」という言い方をしたことがあるが（「戦後意識の強迫」『流動』一九七九年五月号）、それをわかり易くいうなら、「誰でも自由な生き方（＝生活の仕方）の中で社会との繋がりを見つけようとしてよい」という意識であって、このような意識が私たちの世代の政治概念への現われとして、古典的なスターリニズムを撃つ根拠にもなったのだ。

しかし重吉の場合問題は一層錯綜している。読者は読み進むにつれて、主人公が、小説を書くことによって生きるという欲望と、祖国のために一切をなげ打たねばならぬという使命感の間に引き裂かれていくのを目撃する。この二つの生き方は、重吉にはともに欠くことのできぬアイデンティティだと感じられている。しかし、組織の内側にはいわばそれを「止揚」するような道は存在しない。彼はこれを「止揚」せよという課題に絶えずさいなまれる。彼の中に「祖国」のために生きることこそ人間の真理であるという規範が生き続けており、そうである限り重吉には組織に対するうしろめたさの感覚を払拭し切ることができない。たとえば、彼が「宗派」という言葉に脅えざるを得ないのはそのためだ。

宗派《ジョンパ》！　怖ろしい言葉だ。同義語は、民族反逆者だ。この言葉は朝鮮人の心臓を縮みこませる。この言葉を投げつけられるのは雷にあたるよりこわい。（略）宗派が民族反逆者を意味し、民族反逆者は死を意味する。死をまぬがれても、それは確実な祖国喪失者を意味する。斃死《へいし》するよりも、祖国喪失者になることの方が日本生れの重吉には一層こわい気がする。

「宗派」という言葉が重吉になお呪術的な効力を持つのは、いうまでもなく彼が「祖国」のために生きるという第一義を組織と共有しているためである。その限りで重吉は、「ではいかにして祖国のために生きるか」という問いにおいて組織と対立するほかない。またそうである以上、「文学によって」という答えは、「組織の強化によって」という「政治」の論理に決して打ち勝つことができない。だから結局重吉は「宗派」の呪力を決定的に無化することができず、ただ、自分はほんとうは「宗派」ではないと言うことしかできない。そこで彼はこう考えるほかない。

本当にある人間が宗派に相当したら、その報酬をうけるのは致し方ないだろう。　（傍点引用者）

この言い方だけから判断するなら、重吉は正真正銘のスターリニストというほかない。ただ酌量するならば、こういう言葉は、「祖国喪失」の不安が彼をして強迫的に組織の「政治」の論理に加担させてしまうところから現われている。自分の帰属場所を空気のような自明性として所有している日本人がこのような発想を持っているなら、彼は確実にスターリニストであるといってよい。

重吉が、組織への批判の念を持ちながら、組織批判をことあるごとに口にする柳春宙に対して「組織の内部事情を外部にやたら話すようなことは恥」ではないかという気持を持ち、また、組織に戻ることを勧めるために重吉を訪れた宣伝部長の、組織の状況を心配しているならなぜ組織を離れたか、組織を離れた人間の言うことがどれだけ人々の感動をよぶかと言う言葉に対して、「一理とおっている」と感じてしまうのも同じような理由によっている。要するに、組織だけが「祖国」への唯一のつなぎ目であると信じられているかぎり、その腐敗がいかにひどく見えようと「組織なんか知らないよ」と言うことは「祖国」そのものを否認することになるのである。

こうして、重吉のアイデンティティの危機意識が、『約束の土地』の重苦しい音調をたぐり出している。そしてこの不安の意識は、作家によって周到に重吉の家庭の「気分」へ打ち返されている点に注意しなくてはならない。たとえば次のような一節がある。

だが、重吉はときどきうつろになった。夫婦のあいだに目に見えぬ膜が生じ、不透明なその部分を二人は知らぬ気に振舞っているところがある。しかしその漠然とした憂鬱は、重吉がその膜を破らなければ本当の自分を摑み出せないと感じるような膜の環の部分として朧《おぼ》ろに感じられるものだった。

「うつろ」さは、もはや主人公の自意識の核を脅かすような形で侵入してくるのではなく、重吉と道子の心の繋がりを遮るものとして感じられていることが判る。「危機」の様相は、新たな〈家〉という局面において、個人の理念的危機としてではなく、現実的な他者との結び目を断ち切られる「不安」の意識という形で再生する。

青年期の自我を特徴付けるのは、自己を自立的なものと措定するデカルト的自我だが、これはもちろん純粋なかたちでどこまでも生き延びることはできない。新しくやってきた〈家〉という局面で、ひとは自立的な自我感覚を解きほぐして、妻や子供を含む家族という領域にこれを押し拡げることになる。重吉と道子が出合っているのは、このような〈家〉の生活意識における「危機」である。

彼らは学生時代に知り合い、重吉が組織活動に入る頃に結婚する。彼女は自然科学を研究する一学究として、主婦の役割を果たしながら大学の研究室に通っている。道子もまた「学問を祖国の平和統一に役立たせようとする志向をもって」いるが、生活の条件は彼女にとって苛酷であり、研究の情熱をともすれば失いがちになる。

いうまでもなく、自由な男と女がともに「生き方」の理想を求めて歩むというところに、彼らの「共同体の夢」が見定められている。しかし重吉は、そういう考えとは裏腹に「大抵は育児を道子に押しつけ、家事万端を押しつけ、やみくもに小説をかこうとしていた」。このとき重吉に、小説によって身を立てることが、あの「共同体の夢」へ近づく唯一の迂回路《うかいろ》であると「朧ろに」感じられていたことは疑えないように思える。また次のような描写がある。

夜のその時間、妻はほとんど口を利かない。閉じた瞼に表情がこもってくるが、睫毛《しょうもう》を揺らさない。地下道で黙々と工事をしている電気工夫と、麻酔をかけられて横たわっている眠りの精。不意に腕を巻きつけた妻が、「私を愛しているの?」と聞いたら、重吉はどう答えるとよいのだろう。十年選手のず太さと無神経さで、「何だ、いまさら」とにが笑いするのだろうか。

「電気工夫と眠りの精」という喩えで表現される夫婦の現在が、二人が結婚して間もない頃の「夜の熱い時間を共有」した過去と巧みに対照されている。この〝仮の安住の地〟では、「もうあのような灼《しゃく》熱《ねつ》はやってこないのではないか」という苦い思いが、重吉の生活の夢を朽ち果てさせようとする。「社会の歪み」という観念が青年期において重苦しい自我の「気分」において可能となるように、ここでは、もうやってこない「灼熱」への苦々しい思いが世界を解釈する原風景となる。こういう場面で、重吉にとって組織の論理は、人間の生活意識を脅かす悪しき「政治」主義という相で現われるのである。

たとえば、重吉は息子たちを組織が営む民族学校に通わせているが、組織を離れた父親にとって、息子たちが教室から持ち帰る金日成崇拝や過激な〝国語〟使用運動は、夜の時間のひび割れの感触とともに、彼の生活の夢に鋭い亀裂を走らせるようななにかと感じられる。作家はそれを次のように描いている。

食卓の上にも祖国がやってくる、と重吉は思った。その祖国は北からも南からもやってくる。そして家族達の祖国観の微妙な違いが照らし出され、その違和感が親と子、夫と妻のあいだに醸《かも》し出され、親が日本語で小説を書き、子供が朝鮮語で喋りつづける。どいつもこいつも日本生れの家族達の頭上から、その粒子はきらめいていた。

ここでは、「北からも南からもやって」きて、「親と子、夫と妻の」真正な関係を脅かすものこそ、「国家」に内属する「政治」の論理であり、同時にそういうところにこそ「分断された民族」という事態の真の意味がある、と感じられている。そこから次のような感慨まで、ほとんど半歩の距離しかない。

ふと何かへの郷愁を覚えた。幾重にも荒縄でくくりつけられている現実の拘禁からぬけ出してどこか遠い夢の土地に出かけたいような郷愁が湧いた。言葉の説明を必要としない土地、自分の存在を祖国とか民族とか言語で説明しなくてもすむ土地。

祖国の土地がみえる。祖国の中に祖国がみえる。美しい理想の土地。まだ誰も訪れたことのない土地。民族の垣根を取りはらった土地。あたらしい産褥《さんじょく》の汗ばみ出す土地。人々が邂逅《かいこう》し、はじめて疑念をはらし、抱擁し、しずしずと歩みはじめる土地。

主人公によって「美しい理想の土地」という形で憧憬されている「統一祖国」のイメージは、実は戦後の市民社会の中で日本人が独自の社会意識として育てた「自由な生活意欲と真の共同体との統合の夢（＝関係づけの意識）」と、見事に釣り合っていると私は思う。

この戦後的な社会意識は、繰り返し述べて来たように、政治理念として言えば古典的な党派（政治的共同性）の論理を解体するような性格をもっていた。また文学理念として言えば、人間を現実世界から閉ざされた「内面」において特権化する私小説的系譜への反措定として現われたのだ。

ともあれ、主人公にとって「国家」原理への帰属を捨て「統一祖国」の夢につくことは、「祖国喪失者」たることの不安に由来する新しい〈家〉の「危機」を救い（なぜなら、そこでは、組織を離れることはもはや彼の一家が「民族的反逆者」であり「宗派」であることを意味しないから）、同時に小説を書くという彼の「生き方」を新しい意味で満たすことになる。ただしそのことは、作家としての彼が、自力であの総連的呪縛を破り、同時に〈在日〉のアイデンティティの新しい原理を文学的に生み出すことによって、はじめて可能となるのである。こうして彼の帰属の中心点は、北の「国家」から南の「民衆」へと急転回する。こうして重吉は次のような思いにゆきつく。

もしかしたら……北や南の知識人にできぬような役割を、日本にいる知識人が担う可能性があるのではないだろうか？　そのはしくれとして自分にできることはないのか？　それがあるとすれば、そしてその行為が統一にまさしく貢献するのであれば、禁断の土地にむかうのは、もはや私情ではない。

統一へ、統一へ。すべてをその日の実現へむすびつけていく情念。日本人の偏見や差別を指摘するのに熱心になるよりは、統一への努力こそ。祖国が分裂しているがために、他者に民族的偏見と差別をゆるしている要素があるのではないか、とすれば、祖国の統一運動に参加していき、実質的に意味をもたらしていくことが根本として提起され、その実りをさまたげる偏見と差別をきびしく指摘していくのが、日本にいる知識人の行動といえはしないか。これでもかこれでもかと日本人の咽喉に手を突っこみ腸を絞り、繊毛を洗い立てることより、統一の情念を磨き、その運動を募らせていき、日本人の友人達と深く手をにぎるその地平に立つことが、今日のあり方ではないのか。

（傍点引用者）

『約束の土地』は、作家李恢成が、〈在日〉の新しい理念を育て上げるための文字通り陣痛の書であった。それが、前世代の帰属の論理から自立するための思想的文学的苦闘であったことを認めないわけにはいかない。しかし、統一祖国に向けて本国の民衆と一体性を持とうとするこの新しい理念は、〈在日〉における「差別」の文脈の中でどういう意味を持つだろうか。

李恢成の新しい理念では、日本社会の「差別」の問題は、祖国の統一によって解消されるような問題と見なされる。差別や偏見は、いわば祖国の分裂の所産にすぎず、さらにそれは祖国統一の事業をさまたげるものだという理由で批判されるべきものなのである。だが、このような理路はやはり根本的な顚倒《てんとう》が隠されているように思える。

もともと〈在日〉がその理念的なアイデンティティを渇望するのは、日本社会の中での「差別」の意識に圧迫されたためである。つまり、統一の理念は、「差別」によるアイデンティティ不安の打ち消しとして呼び寄せられたものであって、けっしてその逆ではない。だが、李恢成の新しい理念では、この原因と結果が見事に逆転してしまうのである。

〈在日〉の被差別感は、そのアイデンティティ不安の源泉なのだが、作家の理念の中では「差別」の問題は、〈在日〉がその本来のアイデンティティを確立する上でのさまざまな試練のうちのひとつにすぎなくなっている。だから、李恢成の文学では、アイデンティティ不安を抱える〈在日〉にその確立のための一モデルを示すことはできるが、私たちがこの社会でこうむる差別の深い本質それ自体を十分にえぐり出すことがむずかしくなっているのである。

李恢成的な理念が戦後（日本の）理念のパラダイムの中を生き続けており、ただ、あの「実在性」の欠落を埋めるために、「ファシズム」「民主主義」「民族」「祖国」「統一」という理念的〈社会〉を絶えず呼び寄せるような、その変奏形態であることはいまや明らかだろう。そこには、〈社会〉に対する「意味への欲望」を強いられ、それを生活意識に溶かし込むことで成熟した「人間」たろうとする、〈在日〉二世世代の生に対する欲望の形がはっきりと浮かんでくる。この欲望の形は、〈家〉——〈社会〉——〈家〉という生の範形のただ中から現われ、「政治」や「文学」やその他諸々の情熱の中で、時代的な言説の対立構図を作り上げる。だがこの情熱の内側では、この対立構図が〈在日〉のどのような心の動機から現われたものなのか、もはや辿り直すことができないのである。

つまり注意すべきなのは、〈在日〉の戦後意識が、社会や自己という問題に突き当りながら、あの「実在性」の不安に脅えて理念的な中心点を「祖国」統一という夢の方に求める限り、「差別」は統一の問題に解消され、日本社会のこの現実は「夢」の問題へと還元されるほかないということだ。〈在日〉の真の危機とは、私たちが自らが現に生きている「差別されるもの」としての実質を密かに「埋葬」してしまうことの「危機」にほかならない。

むろん、ひとはどういう通路からどういう問題（＝問い）に入り込むことも自由であり、〈在日〉が祖国への問いを立て、日本人が韓国の民主化を問おうと決して非難されるべきことではない。ただ困難はいつでも、それを現に生きられている問題の形で「問う」ことにある。そのことはもちろん、単に日本に生きている以上は日本の問題を問うべきだといったことを意味しない。私たちはただ次のことをよく心にとどめておくべきであろう。誰かがある問い（=問題）を設定するとき、それが自己存在の意味への欲望につきまとわれていることに無自覚であるなら、その問いは本質的に心情の問いであることを超えられず、結局人間の心情そのものを紡ぎ出している現実の構造に届くことは決してできない、と。

金石範

一　イデーとしての済州島

朝鮮最南端の火山島——済州島へ、日本で生れ育った私が最初に行ったのは十三歳のときであり、それは太平洋戦争の始る前年であった。朝鮮を見たこともない私のまえに、そのけわしく美しい漢拏《ハルラ》山や豊かな紺碧《こんぺき》の海のひろがる雄大な自然のたたずまいと朴訥《ぼくとつ》な人間の姿をもって現れた済州島は私を圧倒しつくした。それはいままでの「皇国」少年だった私の内部世界を打ちこわし、私を根本から変えてしまうくらいの力を持つものだった、といえる。

半年ばかりの滞在から日本へ帰ってきた私はまもなく小さい民族主義者として目覚めてゆき、さらに何回かの朝鮮への往来を重ねるようになるのだが、その私の「朝鮮人」の自我の形成をなすものとして「済州島」があったのだ。済州島はまさにその意味で私のふるさとであり、朝鮮そのものである。そして済州島はそのときから地理的空間としての実体を越えはじめ、私にとってのイデー的存在となってゆく。私の「ふるさと」はこのようにして作りあげられた。

（「済州島のこと」『ことばの呪縛』所収）

金石範は自らを「その青少年期を植民地時代の日本に置いた」「怨みの世代」と呼んでいるが、そのような日本に対する根本的な感情を青年期の「自我の形成」の過程で自らの精神に焼きつけることになった。彼の「皇国」少年から民族主義者への「覚醒」が具体的にどのような体験を契機としたのか私には定かでないが、エッセーなどを見る限り、「主義者《ジュイジャ》」（思想運動をするもの）であった兄や、その息子を守ろうとする母親の像が、彼が蒙《こうむ》った「皇民」教育の枠を取り払うのに力を及ぼしたであろうことは想像に難くない。

いずれにせよ、彼の「覚醒」が日本の敗戦に伴う「解放」（朝鮮人にとって）の一時期に時代の趨勢《すうせい》として訪れたのでないことは、重要な意味を持っている。金時鐘などが証言するように、戦時下の真実たる「皇民」の理念をいわば一挙に蹴破られて「解放」と「祖国」に直面させられた二世世代にとっては、「社会主義祖国」への忠誠が「見せかけの真実に真理を追い求めていた自己の負い目」に「もうれつにせかれるかたちで」、一種の倫理的強迫力を持って現われざるを得なかった。そういう場所では思想の問題は、おうおうにして、ある理念（の価値）に加担するか否かという問題に収斂されてしまうのである。

しかし金石範はそういう場所から出発したわけではない。「社会主義祖国」という理念的要請の手前に「済州島」という「ふるさと」の生ま生ましい像を所有しており、この像を手掛りに、人間や社会に関する理想を彼なりに織ってゆくことができた。彼にとって決定的な重さを持ったのは、日本の敗戦――解放という事態であるより、むしろその直後に現われた朝鮮本国における歴史の動向だったと思われる。一九四七年の「解放」は、本来ならば「民族主義者」として目覚めた金石範に、その本質的な生の可能性を与えるはずのものだった。しかし彼のそのような希望を嘲るように、朝鮮半島をめぐる歴史の動向は予想外の方向へ動くことになる。


当時アメリカは一九四八年五月十日を期して「国連」の名のもとに自らの軍政下にある南朝鮮だけに、李承晩《りしょうばん》を大統領とする単独政府をつくるための単独選挙を強行しようとした。それは朝鮮を外国の意見によって三十八度線で永遠に分断してしまうものであり、その文化や生きている人間や、そして生活そのものを引き裂き破壊してしまうことにほかならなかった。

こうして南北朝鮮全体での大きな反対運動が起った。（略）四月三日の四・三済州島民武装蜂起はこれら全朝鮮人民の反対闘争の一環であり、テロ統治への反抗である。（「済州島とベトナムと」）

金石範はその「済州島」連作（『鴉《からす》の死』）を書くきっかけを、済州島からの密航者による、済州島四・三事件の目撃談によって与えられたと述べている。「これらの人びとによって知らされた虐殺と残虐の事実は、そこをふるさととする私のなかに大きな怒りをつくり上げた」（『口あるものは語れ』所収）。彼にとって「済州島」事件が決定的であったのは、アメリカ軍と李承晩軍の悲惨をきわめた弾圧と殺戮《さつりく》の行為が、彼の「イデー的存在」にほかならぬものへの侵犯と感じられたためだけではなかったろう。おそらく済州島の動向とは、彼にとって、「解放」によって与えられるべきであった新たな生への希望が、邪悪なものの力によってねじ曲げられ奪われてゆくような体験として現われたのである。「祖国」と自己との喪失されていた絆《きずな》を回復すべき契機としての日本の敗戦――解放という事態は、朝鮮本土における南北分断政策によって、それが本来ゆきつくべきはずだった到達点から無際限に引き離されてゆくことになる。このような歴史の動向は、金石範には世界のたがが外れてゆくような光景と映ったに違いない。なぜなら、彼はまさしくこの「済州島」に象徴される歴史の動きによって、自己の、民族主義者あるいは朝鮮人たる本領を封じられ、〈在日〉という不透明な世界に閉じ込められることになったからである。

済州島が彼の中で「イデー的存在」となったのはこのような光景の内部においてだった。そして作家金石範にとっては、歴史のこのような悪意に満ちた光景こそ、世界がその意味を開示しはじめる原初の構図として現われた。彼の「済州島」連作が、そのような歴史の悪意に対する苛烈な否定の意志として書きつがれたことは疑うことができない。

二　原民衆

『鴉の死』に収められた五編の小説のうち、『看守朴書房《パクソバン》』『鴉の死』『観徳亭《クアンドクチョン》』の三編は一般に済州島連作と呼ばれ、いずれも、四・三蜂起下の弾圧にさらされた済州島を舞台としている。このうち、『看守朴書房』、『観徳亭』では、無名の民衆が主人公として登場し、その背後に、あたかも影絵のように済州島の動乱の状況が映し出されている。無名の民衆と歴史状況のこのようなパースペクティヴは、たとえば金史良《キムサリャン》の初期の作品（『土城廊《トソンラン》』、『箕子林《きしりん》』など）をまず想い起こさせるが、そこで一層特徴的なのは、朴百善《パクベクソン》（『看守朴書房』）やでんぼう爺《じ》い（『観徳亭』――彼は『鴉の死』にも登場する）などの民衆像と、魯迅《ろじん》の阿Q《あきゅう》との近似性であろう。たとえば金石範の民衆朴百善は次のように登場してくる。

「縁がある？」あの犯罪女におれが縁がある？　看守は考えなおした。〈おんな？　あれは済州島だぞ、――済州島の女が相手じゃ、センゾが墓の下でわめきたてらあ〉しかし、彼の先祖はそれこそ済州島かも知れなかった。彼は自分の姓を知らないのだ。看守は「縁」をなくしてしまうのが何だか淋《さび》しくなった。すると考えるのが面倒になった。なあに縁というほどのものでもないではないか、あれはおれのおもちゃみたいなものなのだ。彼はこう考えると眠気がしてきて、酒嗅い口でその指をぺろりとなめた。　（『看守朴書房』）

『看守朴書房』は、済州島に流れついた浮浪者で独身老人の朴百善が、幸運な偶然でこの地の警備隊長にひろわれ、大韓民国への忠誠を誓って看守の仕事をあてがわれるが、女囚明順《メンスニ》に抱いた恋ごころのためにその「忠誠」を疑われて処刑される、という物語である。ここで朴百善は、まず「おんな」との「機縁」に沿ってのみ世界を生き、またこの「機縁」におされるままに行為することによって、最後に大韓民国と抵触してしまうような人物として描き出される。こういう性格は『観徳亭』におけるでんぼう爺いにも、あるいは『万徳幽霊奇譚《きたん》』における万徳《マンドギ》にも移し込まれていると考えてよい。

朴百善にとっては、現実とは、ただ彼の感情の起伏の世界としてのみ現われるものだ。つまりそれは瞬間ごとに良いと悪いの意味を変貌させるだけで、決して構成的な意味を描き出すことはない。たとえば百善には自分の氏素姓も定かでないのだが、単に本土から流れて来たという理由で、済州島人を軽蔑することにかけては彼も人後に落ちない。また百善は、田舎から都会へ出て来たときひとりの支械《チゲ》クン（荷担ぎ人夫）にひろわれてようやく仕事にありつくのだが、看守になった今ではこの仕事を馬鹿にしている。つまり彼の生活感情は、いわば序列づけのシステムそのものとして存在し、強きもの、高貴なものと、弱きもの、下賤《げせん》なものを絶えず区別し、前者に服従する代りに後者を踏みにじろうと身構えているといってよい。

善悪の規範の「てまえ」で世界を受けとってしまうこのような民衆の像を、阿Q的と呼ぶことはおそらく可能であろう。実際多くの論者が、金石範的民衆の中に阿Q的なものを見出そうとしている。たとえば磯貝治良《いそがいじろう》は在日朝鮮人文学論『始源の光』で、金石範の民衆を「原民衆」と呼び、次のように書いている。


原民衆・朴書房はいわば「事実として在る実在」といってよい存在である。かれの自己詐術から覚醒へのプロセスは、その「事実として在る実在」が倫理やイデオロギーによってではなく、「自然」を媒介として、あるがままの形態で回帰してゆくプロセスであったといっていいだろう。

(「金石範の〈原〉民衆像――朴書房から万徳へ」)


金石範が描く原民衆は、つねに「愚鈍」から「覚醒」への変革過程として描かれている。いいかえるならば「抵抗的」ということである。朴書房とでんぼう爺いはその可能性であった。龍白と万徳は、その実現であるといってよかろう。「愚鈍」から「覚醒」への変革過程、ないしは「抵抗的」であるという意味において、金石範の原民衆像は、阿Q的であって、阿Q的ではないともいえよう。

(同)

「事実として在る実在」としての民衆という概念が、阿Q的なものを意味していることはいうまでもない。ただしここでは一層大きな力点が、その「覚醒」への変革過程ということに打たれている。たとえば西田勝は、『文学的立場』四号の「済州島の鴉」で「繰り返せば、わが万徳と阿Qや朴達を分かつ根本的なメルクマールは、前者の徹底した主体性ということにほかならぬ」と書いているが、彼もまた別のことを言っているのではない。こういうところで金石範的民衆は、阿Q的な土台から出発して、さらに〈抵抗〉への可能性を押し開くようなものとして受けとめられているのである。

むろん、それを金石範的民衆の持つ文学的意味ととらえることは不可能ではないし、おそらく作家もまたこのような理解を拒否しないであろう。しかしここで問題なのはそういう受けとり方が可能か否かということではない。重要なのは、金石範が日本の戦後文学の土壌に現われたとき、このような読まれ方に象徴される文学概念が、あらかじめ作家にとっても読者にとっても共通の了解事項として存在していた、ということなのである。つまりおよそ金石範の「済州島」が読まれるような場所では、〈民衆〉の像に作家のどのような〈意志〉が託され、またそこに現実世界に対するどのような〈可能性〉を発見するかというような〈問い〉が、あらかじめ暗黙の前提として成立していたということが、注意されねばならないのである。

磯貝のような読み方、すなわち金石範的民衆を、阿Q（アジア的原民衆とでもいうべきか）との親近性においてとらえ、更にそこからの脱自、飛躍と見るような受けとめ方は、多少のニュアンスの差はあれ、私の読み得た限りでは極めて普遍的な現象だといえる。それを誤った〈読み方〉と言うことはあるいはできないかも知れない。ただそこには、作家と読者が共に身を浸しているある種の「文学」概念が存在しており、それが一体どういうものなのかと問うて見る必要はあるように思われる。

たとえば、私の考えでは、阿Qという人物に籠《こ》められた魯迅の「文学」概念と、朴百善や万徳に封じられた金石範のそれとは、かなり異質なものであるように思われる。魯迅には、民衆を「愚鈍」とか「覚醒」とかいう規定の中で摑もうとするような発想はもともとあり得なかった。彼はむしろそういう観念のあり方をうさん臭く思っていたのであり、彼が民衆と自己を一体化して考えようとする当時の「左翼文学」の通念に、絶えず苦々しい気持を抱いていたことは、彼の評論活動などを見渡して見れば明らかである。

むしろ魯迅にとっては、中国という政治社会風土の基層をなす民衆の生活感情のかたちを、忍耐強く観察し続けることがまず肝要なことであった。「暴君の臣民は、暴政が他人の頭上で暴れてくれるのを望むだけだ。自分はおもしろがって眺め、『残酷』を娯楽とし、『他人の苦痛』を見世物にして、慰安にするだけだ」とか、「死ぬものが『キャッ！』とわめくと、生きているものはおもしろがるのだ」（「随感録」）というのが魯迅の目に映じた中国の大衆の姿であった。魯迅は別にそのような大衆に絶望したわけでもなければ、そこに「逆転の契機」（岡庭昇）のようなものを見ようとしていたわけでもない。

「このような大衆に対しましては、その見る芝居をなくしてしまうより方法がないので、そのほうがかえって救済になります。つまり、一時パッと驚かすような犠牲はムダでありまして、じっくりと、ねばり強く闘ったほうがよろしいのであります」（「ノラは家出してからどうなったか」）というのがその基本の姿勢であった。むろん魯迅にとって、革命が「労働者・農民」の生活構造に関与するものであり、彼らによって担われねばならぬものであることを疑うべき理由はなにもなかった。しかし、そのこと、中国の大衆の基盤の上では「変革がきわめて容易でない」という認識とは、彼には別に背立的なものとは感じられなかったのである。

魯迅はただ、この巨大な乖離が避けられないものであり、そうである限りこの乖離を埋めるべき手だてを「ねばり強く」探るほかはないと覚悟していたにすぎない。だから彼は、文学において「大衆」と性急に一体化して見せたり、その像に知識人の「革命」への衝動を注ぎ込むような当時の「左翼文学」者達に同ずることができなかったのである。阿Qに封ぜられているのは、もちろん魯迅におけるそのような「文学」や「革命」概念の認識のかたちにほかならない。

金石範の〈民衆〉は、魯迅におけるような、あるいはまたチェーホフにおけるような〈民衆〉とははじめから異質なものであった。魯迅やチェーホフの作品では、ひとりひとりの民衆が孤独に織りつづける夢や欲望を、リアリズムの手法の中でいかなる像に練り上げ得るかという観察力と筆の鍛練がかけられていた。金石範の民衆は、そのはじめの性格上の枠付けとして阿Q的なもののかたわらを通ったかも知れないが、彼らがゆきつくべき場所は、おそらく違ったところに設定されていたように思える。

　つまり、朴百善——でんぼう爺い——龍白——万徳という民衆像の推移において、作家は彼らを徐々に倫理化してゆき、龍白や万徳などは、ほとんど性善説的民衆というにふさわしい人物として描かれているのである。民衆・龍白は、磯貝治良が言うように、「非・民衆」ないし「知識階級にちかい」成太《ソンテ》一《イル》に対して、「自己苛責と自己投企をうながす存在」として現われ、万徳は無垢《むく》な心のままに、真の〈抵抗者〉として立ち上がる。こういう場所で龍白は何者か、万徳とは何者か、済州島とは何であるかと問うことは実はほとんど同義反復をしか意味しないといってよい。たとえば多くの論者が引いている次のような描写がある。

　刑は残虐であった。群衆のおしつぶした沈黙に穴があいてざわめきがもれだした。「良民」の群衆が山に上った者の家族とみなされた群衆を、持ってきた手製の「竹槍《たけやり》」で刺し殺すのである。隣人が隣人を刺し、親戚がその親戚を突き殺さねばならない。小さい部落なので顔見知りでない者はなかった。

（『看守朴書房』）

岡庭昇は「金石範　比喩をのりこえるもの」（『鴉の死』講談社文庫巻末解説）で、ここで作家は「絶望を表現しようとしたのでは、ない。むしろ状況にくらべるなら、絶望とはどんなに小さなものであるかという、鮮かな驚きをこそ、ことばに転化しようとした」のであり、また、「この逆説的な発見のなかに、悲嘆でも虚無でもなく、人間の新たな全体性へむけての、思想的な手がかりをとらえなおそうとしている」のだと書いている。

しかし、「逆説」を発見する必要などないように思われる。実はこういう光景で、読者は作家のほとんど素朴といってよい問いかけを聞いているといってよい。それは「なぜこういう事態が存在するのか、この人間を圧殺する力がなぜ許されており、歴史を貫通してゆくのか？　これこそが〈侵略国家〉〈体制〉〈権力〉の露出された本質ではないか？」という問いかけであるばかりでない。たとえば〈在日〉二世である私には、さらに「これがわれわれの祖国が蒙った歴史であり、われわれがそこに住んでいる国家（日本）の隠された本性ではないか」というような声としても聞こえるのである。

この問いかけは、決して聞く側の受容器に応じて現われるのではなく、構造的な力を持っているといってよい。なぜなら私たちはあのような光景の前で一種の畏怖の感情に打ち留められるのだが、この畏怖は、私たちがそこで、あたかも竹槍に刺し殺される民衆とともに、自分たちが保持している精神的諸価値をも「突き殺」されるように感じるところからやってくる。そしてこの畏怖の感情を打ち消すために、私たちは政治的権力が振るう凶暴な力を憎み、それを否定せずにはいられないからである。つまり作家の問いかけが強い力を持つのは、それが私たちの畏怖の裂け目から侵入して、この邪悪な力に対する思想的態度決定を迫るからなのである。

注意すべきなのは次のようなことだ。私たちが作家とともにこの問いの内部に入り込むとき、それは世界に対するある思想的態度を作家と共有することを必ずしも意味しない。それが意味するのは、むしろ「文学」というものに対するある思想的態度の共有なのである。つまり、これらの問いを作家と共有する限り、私たちはそこからどんな〈問い〉や〈逆説〉を見出そうと、すでに前提されている〈文学的〉な問いの中心を同義反復的にめぐるほかないのである。

しかしおそらく現在私たちにとって必要なのは、一旦この問いから身をずらしてみることである。金石範の「済州島」においてあの〈文学的〉な問いを現実化したもの、それが何であったかととりあえず問うてみなければならない。

三　在日の根拠

つねに日本から飛び去ろうともがきながら、私はまた逆戻りをし、一九四五年八月十五日を東京で迎えることになる。このように、結局は日本に残って在日朝鮮人の一人になり、そうでありながら、心はいつも飛翔《ひしょう》しようとする、——個々の人びとの歩んできた道はちがうにしても、これはほとんどの在日朝鮮人の心情ではあるまいかと私は思う。

（「一在日朝鮮人の独白」『ことばの呪縛』所収）

――日本の地を「ふるさと」にするということに対する内在的な反発が、いまも私の中に生きているが、それはまたいままでの生活の大半を、日本以外のところで営為できなかったということを軸にしている。つまり足は日本にあり心はつねに飛躍しようとする、この二つがせめぎ合う混沌に似た心情でしか、私はまだ日本に対することができないこととからみ合っている。（同）

これらの言葉の中に、金石範にとっての〈在日〉なるものの感触がよく現われている。『鴉の死』におさめられた『虚夢譚』という小説で、無数のやどかりにはらわたを食い取られる夢を見る〈私〉が登場するが、「心」が日本を離れているという感触が、そこではらわたが「空洞」になっているという身体感覚として表象されている。彼はまた、エッセイ「言語と自由」で、サルトルの「人間存在は欠如である」という命題を引いて、民族解放闘争が人間にとっての「自由のための闘い」であるゆえんを説いているが、おそらく彼にとってこれほど切実な命題はなかった。

既に述べたようにあの済州島動乱以降の朝鮮半島の動向は、彼がその本来の生活をそこで「営為」すべきであった土地を、彼から絶望的に引き離してしまうような出来事だった。しかし同時にまた、彼の生が本来的に「祖国」やその「民衆」に向かうべきものであることこそは、作家の青年期の精神に刻みつけられたいわば天啓にほかならなかった。向かうべき「全体性」がかの地に封じられたまま、彼は仮住いとしての〈在日〉を耐え続けなければならなかったのである。そういう場面では、〈在日〉とは文字通り本来的なものの「欠如」であると同時に、また全体的なものへ向かおうとする「欠如」でもある。だから彼が〝言葉〟の想像力の世界で「祖国」や「民族」に向かおうとすることは、絶えざる自己投企であり、自由を分泌するような行為を意味したのである。

しかしここで注意しておかねばならぬことは、このような状況が、必ずしも、「ほとんどの在日朝鮮人の心情」の土台となったわけではないということだ。つまり、金石範が所有したような〈在日〉の「空虚」、「欠如」の感覚は、実は、彼が青年期に自己に課した〈問い〉を生きようとすることにおいてはじめて現われ出たものだ。なぜなら一世が体験することになった生活の現実性の中で、〈在日〉をあくまで「仮住い」「欠如」として観念の内部に純化しておくことはまず不可能にちかいからである。

といって、私は一世世代の「祖国」への心情を否認するのではない。日本が〈異邦〉にほかならぬことを一世たちが忘れるはずがない。彼らは生来所有していた言語の中で肉体的な朝鮮民族として以外に生きられず、生活の困難さという回路から、自分が朝鮮人にほかならぬことを、忘れようとしても日々思い知らされるからである。しかし金石範にとっては、問題は別の道をとって現われたのだ。つまり、「民族主義者」として生き、「祖国」およびその「民衆」の中で、彼らとともに、彼らのために生きよという倫理的な命題が現われ、この命題を生きることが第一義であるような観念の空間においては、彼の〈在日〉は、「欠如」、「空虚」、本質的なものからの逸脱として表象されるほかなかったのである。

日本の侵略統治から敗戦、解放へと続くような時代の中で、彼が直面したような〈問い〉を、誤まったものであったと言うことはできない。青年がその時代の中で巻き込まれ直面するような倫理的、思想的な〈問い〉は、むしろいつでも必ずその時代の、社会構造と個々の人間の総体的な欲求の〈ズレ〉、異和を表象していると考えることができる。青年期に現われるこの〈問い〉は、その時代におけるひとびとの生活感情の核を感じとって、それを、個の倫理的、思想的な情熱の形で措定するのである。だが、この〈問い〉はその性格上、いつも個的な自意識が〈社会〉と自己とを関係付けようとする情熱において生き、そのためおうおうにして現実的な社会構造のあり方から離れて、心情的な意味の劇を織り上げてしまうのだ。たとえば『夜』という小説に次のような一節が見える。

――彼女の遠くを見る眼はあるものを拒否していたが、私にはそれが分る。彼女は先刻の老婆たちの念仏にも、ふるさとを呼ぶ唱和にも参加しなかったのだ。何がふるさとなものか、あたしたちはもうふるさとなんかありはしないんだよ、数限りない屍体《したい》に蔽われたふるさとの地にも美しい虹は立つだろう、けれども虹は消える、屍《しかばね》はよみがえらない、ふるさとに幻をたずねていくことはないんだ。（略）私は彼女の跛《びっこ》がふるさとの警察での拷問のそれでも命拾いをした結果だということを知ったときから、自らのふるさとを拒否するその姿勢が分るような気がしたのだった。しかしそれでもだ、それでも、ふるさとでは無数の屍体をついばむままにまかせられたとしても、それはそれ、この安上りの葬式もこれはこれといわざるをえないだろう。それが生活というものだ。ちょうどもう雨以外の日の母の葬式の日は思い浮べられないだろう私のように。（『夜』）

ここでは、一方に青年期の精神に感光された「済州島」の光景があり、一方で「安上りの葬式」によって母を見送る〈在日〉の生活があるのだが、この二つのものの間にはさまっている様々な現実、あるいは歴史のようなものを、作家はどうしてもうまく納得できない。否むしろ、あの「済州島」の光景が、作家が〈在日〉の生活をその現実性の内部で諒解《りょうかい》することを頑なに阻んでいるのである。

たとえば李恢成の『死者の遺したもの』では、父親の死は、一世たる父親と二世たる息子の距離を確定し、兄弟の間に潜んでいた「祖国分断」の影を調停するような体験として現われる。つまりそれは息子の世代にとって、歴史の諒解の契機として現われるのである。しかし金石範の『夜』にあっては、母の死は主人公を一層不明瞭な問いの中に投げ入れるというほかはない。それは、なぜ自分は〈在日〉しているのかという問いであり、これこそは、主人公が〈在日〉の生活を積み重ねてゆくほどますます謎を深めるような問いにほかならないのである。

この問いの形はたとえば金時鐘のような詩人にも見てとれるものだが、李恢成以後の二世世代と彼らとを明確に区別しているもののように見える。新しい世代にとっては、〈在日〉していることそれ自体は、まず疑いをさしはさむ余地のない事態である。この世代がはじめに直面するのは、「なぜ自分は〈朝鮮人〉なのか」という問いであり、どういう形をとるにせよ、いずれ決着をつけられねばならないものとして彼らを襲う。

しかし金石範の世代にとっては、事情は丁度逆になる。彼らには自分が〈朝鮮人〉であることは自明なのだが、むしろそうであるがゆえに、今度は、「なぜ自分は〈在日〉するのか」という問いが重要な意味を帯びて現われるのである。

しかし、この問いが単に彼らの〈在日〉の来歴を問うているものではないことはいうまでもなかろう。既に述べたように、金石範が出会ったような青年期の体験の中では、〈在日〉という事態は、一種の猶予、つまり彼の本質的な生のあり方が余儀なく押しとどめられている期間として感じられている。だがこの猶予期間が引き延ばされるにつれて、予期しなかった次のような事態が現われることになる。〈在日〉の生活がいやが応でも積み重ねられるにしたがって、ひとびとの生活の中でそれなりの〈欲望〉や〈意味〉の系が紡ぎ出され、新しい世代がまた独自の道を生きはじめる中で、作家の世代にとってのあの固有の問題は、徐々にその現実感《リアリティ》を相対化されることになるのである。

金石範にとっては、日本と朝鮮半島をめぐる戦後の歴史状況が、あるいはまた、〈在日〉の社会の内側からの「風化」傾向などが、あの根源的な〈光景〉を蔽い隠す原因であると感じられていたろう。しかし、おそらくそういうことではなかった。金石範にとって、「祖国」「民族」「抵抗」「革命」「解放」「統一」という枠組みと脈絡で現われたような〈世界認知〉と〈生き方〉への問いは、新しい世代では、「劣等感」「家」「差別」「社会」「自己確認」というような形で現われざるを得なかったのだ。

　金石範に現われたような問題の枠組みの中では、自己と「祖国」、自己と「民衆」とをいかに強固に関係づけて生きるかという問いこそが、生き方の第一義として把握された。そういう場所から見ると、いわゆる戦後世代の「民族」に対する新しい感受性は、要するにこの第一義を相対化し、曖昧化してゆくような現象と見える。作家がこの問いを純化したかたちで生きようとすればするほど、戦後の〈在日〉社会は、一層奇妙な不透明さを増すのである。あの「私はなぜ〈在日〉するのか」という問いが、金石範の世代にとって切実な意味を持ったのは、おそらく、そのような環境においてであった。それは従って、なによりまず〈問い〉の現実性《リアリティ》に対する不安の意識を表象するのだが、同時にまた、その打ち消しの試みとしても存在するのだ。次のような文章は象徴的であろう。

　私はスリッパ履きで病院の屋上に立ったときや、九時の消灯後の眠れぬ暗い時間に、祖国喪失のあの怨みの時代に、ソウルの禅学院ではじめて会って、ともに誓いをたてた北の国の出身の友のことを考えた。私はまもなく日本に逆戻りをし、彼は解放後の南朝鮮のたたかいの中に、その短い二十余年の生涯の末期の何年間かの生命を焼きつくして消えていったのであるが、その張龍《チャンヨン》錫《ソック》のことなどが忘れられないのである。

分断された祖国の現実に慟哭《どうこく》した二十歳《はたち》の魂は、革命のためにたたかい、傷つき、飢え、追われ、悩みぬき、ついにはじめての日本に渡航を企てて手筈《てはず》もととのえたのであるが、同志をのこして一人祖国を去ることはできぬと、その祖国でのたたかいをつづける決心を、一九四九年のある日、それが最後になった手紙で告げてきたまま、行方不明になった。

その彼のことを私はよく考えた。そして生きつづけている、少しでも長生きしようと思うようになっている自分のことを、自嘲ともつかぬ心で考える。あいつはとうとうやってこなかったが、あの時、日本にきていたならば、彼はおれと同じく年をとり、生きのびているだろうに――。

（「一在日朝鮮人の独白」）

このような感慨の背後に流れているのが、あの「私はなぜ〈在日〉するのか」という問いであることはいうまでもない。注意すべきなのは、作家がここで、まるで〈転向者〉のように自己を感じているという点である。彼は後に『往生異聞』で〈転向者〉黄太寿《ファンテス》を描くことになるが、そこでもまた同じ問いの形が反復されている。

張龍錫のような生き方に義の本来のかたちが存在するとすれば、〈在日〉して生きながらえていること自体が、すでにひとつの倫理的負い目であり、義からの逸脱にほかならない。作家があの根源的な〈問い〉の内部を生きようと欲する限り、「分断された祖国の現実」に身を投げ入れそこで「生命を焼きつくして消えていった」張龍錫のような人物こそ、義の最高の体現者として現われることになる。だから、ここにおいて「なぜ〈在日〉するか」という問いは、一方では作家に倫理的な自責を強いるものとして現われるのだが、また一方では〈在日〉の現在的安逸を絶えず裁くような審判者（張龍錫のような）の声としても存在するのである。

だがそのことこそ金石範にとって必要なことだった。かつて磯田《いそだ》光一は、「日本近代の逆説」という名高い評論で、「日本の転向者」には「自己を背教者として断罪することによってキリストの栄光を逆証明する形」があると書いたが、ほぼそれに似たことがここでも言えるのである。

たとえば、この張龍錫なる人物のイメージが、『鴉の死』におけるパルチザン張龍石に重ねられていることは明らかである。『鴉の死』で、作家は、済州島米軍政庁に通訳として勤務する丁基俊なる主人公を登場させるが、彼が戦後「解放された民族としての歓びと希望を祖国の土に託して日本から帰った」人物であることは象徴的だ。基俊もまた、金石範同様、朝鮮民族の一員としての自己の本領に目覚めながら、その「歓びと希望」を米軍と李承晩政権によって奪われたと感じている人間なのだが、しかしそれだけではない。彼はパルチザンのスパイとして民衆のたたかいに投じようとするが、「つねに鏡のまえで生き、鏡の中で眠らねばならぬ自己の立場」に苛立っており、「この啞《おし》のような存在から解放されて」、張龍石のように「銃をもって思いきりたたかってみたい」という叫びを内心に禁じ得ない人間として描かれている。このような設定に暗喩されているのが、作家にとっての〈在日〉性それ自体であることはいうまでもない。

——親友である張龍石こそは丁基俊と漢拏山をつなぐただ一つの絆であった。城内にあるいは村里に地下組織があっても、それらは基俊と何の関係もなかった。龍石はいわば透明な瓶の狭い口のような存在であった。それを通じてのみ辛うじて基俊はその瓶の中から大気の世界にふれ合うことができた。そうでなかったらそれが基俊の任務であるとはいえ、栓をつめた瓶の真空の中に棲息《せいそく》する機械にすぎなかったのである。（『鴉の死』）

〈在日〉社会が本国における現実的な社会、政治的動向から隔離されており、〈在日〉の知識人たちのどんな行動も、実質としてはほとんど本国の動向に関与できないという状況を、丁基俊のおかれた〝真空状態〟に重ね合わせてみることができる。丁基俊はスパイという役割の中で、「裏切者」を装って生きねばならず、したがって、自分が「民衆」の側に立っているという〈意味〉を、他人との間に明瞭に所有していることが許されないような存在である。そして、丁度張龍錫なる人物が、金石範にとってあの〈問い〉の正当性を確証する者として現われたように、張龍石は、丁基俊の存在の正当性を証す唯一の人物として存在するのである。

同じことを、作家はまた、張龍石の妹亮順《ヤンスニ》と基俊との奇妙に屈折した恋愛関係の設定の中でも描いている。基俊は自分がパルチザンのスパイであることを、それが組織から課せられた「極秘の任務」であるという理由で、亮順に打ち明けることができない。亮順は基俊が米軍の通訳という仕事についていることが許せず、彼にひかれる気持との間で思い悩む。基俊は結局「告白の衝動」を押し殺したまま、「ふっと突きあげる何か本能のようなもの」に動かされて亮順を犯してしまう。こうして主人公は、あたかも亮順への罪をその代償とするかのようにして、辛うじて「スパイ」たる任務を全うすることになる。

この構図は、通訳としての基俊が処刑されてゆく亮順と最後に対面する、物語のクライマックスというべき場面で、その意味を集約的に露わにする。女子囚人の収容所を警備部長たちと見回った基俊は、そこに捕えられて処刑を待つ亮順とその両親を見いだすことになるが、それは基俊にとって、亮順に自分の内心を告げる最後の機会として現われる。しかし「大声をはりあげて廊下にひれ伏し、すべてを告白したい大きな衝動に突きあげら」れながら、彼はこの衝動に耐える。そして「彼女に証しをたてる機会は永遠に死んだ」と感じる。

――党のために祖国のために！　これがこの一瞬の彼をなお不幸にし、おのれを空しゅうできなかったのだ。恐るべき良心の安泰のために、彼は自分の人間を殺し、亮順の良心を殺した。すればその間に介在するものはいったい何であるか――。その名において亮順の心を殺した党も祖国も彼女の涙の一滴に価するもののさえつぐなえないのだ。基俊は張龍石を憎み、党を憎んだ。そして祖国を憎んだ。

（略）

――所長の声に基俊は、自分がやっと耐えぬいたことをさとった。――すべては終ったのだ。そして自分を耐えぬかせたもの、自分の暗い心の奥に氷のように坐っていたものをあらためて力強く感じた。

岡庭昇は前述した「金石範　比喩をのりこえるもの」の中で、主人公はこのとき、「彼女の一滴の涙に価する先験的な価値などどこにも存在しえないことを」「はっきりと確認」しており、「彼は信念の絶対性に拠ってではなく、むしろその根拠の欠如に負うて、『仮面』であり『鏡のまえの生』である自己を貫徹させてゆく。彼が二重存在者であるということの、ほんとうの意味は、こういう『自己対象化』をおいては、ない」と書いている。

岡庭の言わんとするのは、次のようなことであろう。ほんとうに現実的な抵抗の根拠は、「党」とか

「祖国」とかいう「先験的な価値」概念とは全く別な形で現われるし、ほとんど理屈抜きに人間を強いるようなものとして存在している、そして「原理」的な価値ではなくそういうものこそが、「亮順の涙」にようやく拮抗《きっこう》し得るなにものかである。だから、「こういう覚悟の前では、私たちの『流行』である、さかしげな貌の（略）スターリニズム批判など、ずいぶん甘ったれた、特権的な『知』の産物にすぎない」と。

確かに、作家はこういう場面で、主人公の非情を支えたのが「党」や「祖国」への忠誠心ではないことを強調しているように見える。つまりそれは、基俊の「暗い心の奥に氷のように坐っていたもの」と呼ばれているのである。岡庭昇はまさしくそれを「原理」的価値や、「知の産物」を超えるようななにかと措定して、スターリニズムおよびその「知」的批判の上位におくのだが、しかしこういう論理操作は私には全く無意味に見える。

なぜなら、基俊と亮順の関係に象徴されている問題は、実は「党」や「祖国」という価値を超えたなにかが主人公にやってきて彼を支える、というようなことではあり得ないからだ。既に示唆したように、ここではむしろ、基俊と亮順の間から、「彼もまた彼女と同じ立場に立っている」という〈意味〉が奪われていることこそ、決定的なのである。つまり、この物語の葛藤の中心を生み出しているのは、主人公の存在（スパイ）が、その真実の〈意味〉（関係性）を他者との間に流通させることができないということにほかならないのであって、そのことは、物語の構成を注意して辿れば容易に理解することができるはずである。

基俊が〈スパイ〉という二重存在者であることの「ほんとうの意味」は、別に彼がスターリニストやその批判者を超え得る、〈抵抗〉の特権的拠点に立っているというようなことではない。存在がその根拠（意味）を確証《アイデンティファイ》できないこと（それは根拠の欠如ではあり得ない）に耐えつつ、なおその根拠（意味）を守りつづけようとする意志、それこそ作家が〈スパイ〉という設定において示そうとしたものだった。そしてこのことが作家の〈在日〉において何を意味するか、もはやいうまでもあるまい。だから金石範は、スパイとしての基俊を幾度か危機に追い込み、それによく耐えさせた後、最後に次のような感慨に到らせている。

> すべては終り、すべては始まったのだ——彼は生きねばならぬと思った。そしてこの土地こそは自分が義務を果し、その命を埋めるにもっともふさわしい土地だと思った。でんぼう爺いの悲しい声をききながら彼は歯をくいしばった——おれは泣いてはならぬ、と。

こういう地点で作家にとっての「済州島」という光景が、一巡して完了する。金石範はここで、あの青年期の精神に強く感光された「世界」や「歴史」の固有の意味をもう一度再生し、その意味、その〈問い〉こそに、〈在日〉における自分の生をかけるべき拠点が存在するのだということを確認しようとしているのである。「済州島」の中で強固に生きている、人間の生き方の〈意味〉の照明において〈在日〉を照らすこと、そのことによって曖昧化した〈在日〉の現実を、もう一度輪郭づけること、それらのことはまた同時に、あの青年期における根源的な〈問い〉によって、作家自身の生の〈意味〉をも輪郭づけることにほかならない。

伊《い》藤成彦《とうなりひこ》は「解体と創造の弁証法」（『共苦する想像力』所収）という金石範論の中で、『在日』という外的条件からくる内面の風化との抗争」を「済州島」連作の「内的動機」のひとつとして挙げながら、そうだからといって「この作品が作者自身の個人的な自己救済を目的とした」ものとはいえず、作品自体として独立した意義を持っているのだ、という意味のことを書いている。このような構えは一見正当に見えるかも知れないが、おそらくそうではない。

なぜなら、私たちが見てきたようなことがらは、決して作品の単なる「内的動機」ではあり得ず、むしろ「済州島」連作が作品として持っている力がどこから現われたかという問題だからである。そしてなにより、伊藤成彦、磯貝治良、岡庭昇などの評論家が、作家のあの〈問い〉かけの仕方にうたれて、そこから各々の問題を触発されていることは明らかなのである。彼らはあの〈問い〉のあり方を「文学」の意味の中心点として作家と共有しており、しかもそこにどんな異和も持たないために、既に述べたような同義反復的言説を重ねているのである。

重要なのは次のようなことだ。作家が「済州島」連作によって果たしたのは、戦後の〈在日〉社会や日本の市民社会の只中に、彼がその青年期に出逢《であ》ってしまった〈世界〉や〈人間の生き方〉に対する根源的な〈問い〉を、楔《くさび》のように打ち込むということだった。そこに、〈在日〉社会内部の様々な地層変動（同化、風化傾向を中心とする）からくる作家自身の〈在日〉の根拠の曖昧化という息苦しさがあったことは否めないにせよ、この楔は少なくとも、戦後社会の安逸のムードの中に〈戦争〉や〈権力〉のなまなましい像を絶えず喚起するような役割を果たした。しかしそれにもかかわらず、作家があくまであの青年期に訪れた〈問い〉の範形のパースペクティヴから〈在日〉の現在の意味や輪郭を汲みとろうとしたとき（そのことによって「済州島」連作は戦後社会へのある種の楔の役割を果たし得たのだが）、金石範がその作家的肉眼を〈在日〉社会の新たな地層に届かせることはほとんど不可能となったと言わねばならない。

なぜなら、作家が握りしめているのは「民族」「祖国」「民衆」「解放」というような問題の系なのだが、このパースペクティヴは、「否認」「差別」「不遇性」「家との確執」「自己確認」「和解」というような戦後的な〈在日〉の生の領域を、強引に削り取ってしまわずにはおかないからである。

注意すべきなのは、近代的な思想のあり方として、このようなことはほとんど普遍的な構造となっているという点である。ひとが青年期の〈問い〉の範形の内部へ向かって問い続けるかぎり、様々な〈問い〉が、どのような「生」の内実によって支えられて生きているのかということは見失われてしまう。すると前の世代はいつも、彼の時代にリアリティを保って生きていた〈問い〉の命題によって、あとの世代の「生」の意味を裁断することになってしまうのである。

おそらくこのことは、あの「文学」的な〈問い〉が孕《はら》んでいる本質的な陥穽《かんせい》でもある。それは、人間の生き方の意味を、絶えずあの青年期に突き当った世界の〈光景〉の中で再生しようと目論《もくろ》むが、まさしくそのことにおいて彼を常に現在から隔ててしまう。しかしこのような事態は、〈在日〉の思想的自意識がどうしても突き当らざるを得ない必然的な困難でもあった。〈在日〉の新しい世代は、この困難を正面から超えてゆくほかには自分たちの新しい時代のリアリティを表現する術を決して持てないのである。

金鶴泳

一　〈吃音〉——不遇の意識

『冬の光』（昭和五十一年）という小説の冒頭に、作家は、主人公の父親の記憶として次のような印象深いエピソードを置いている。

国民学校二年生になる顕吉は、ある日友達の俊六と遊んでいて、俊六から、二人の父親の職場である中島飛行機工場まで「父ちゃんを迎えにいこう」と誘われる。中島飛行機工場は隣町の下町にあり、歩いてゆくと一時間はかかるほどの所なのだが、俊六は、工場の仕事が終る五時までに工場の門のところまでゆき、出て来る父親を驚かせ、そして自転車に乗せてもらって一緒に帰ってくればいいということ。

顕吉は「一種の負けん気から」友達の提案を受け入れ、数キロの知らない道を歩いて中島飛行機工場までゆく。やがて五時になって仕事を終えた大人たちが門から出て帰路につきはじめ、まず俊六の父が姿を現わす。俊六は小躍りして手を振り、「父ちゃあん！」という大きな声を挙げて父親の方に走ってゆく。俊六の父もちょっと驚きつつそれに答え、やがて二人は自転車に跨《また》がってひと足先に帰ってしまう。

しばらくして今度は顕吉の父が姿を見せる。しかし顕吉は、なぜか俊六のように無邪気な声で父親を呼ぶことができない。彼には、友達のしたように父親の前にでてゆくのは「自分と父とのふだんの関係からそぐわない」ことのように感じられる。そういう逡巡《しゅんじゅん》のうちに、顕吉は父親に声を掛けるきっかけを失ってしまう。父親も顕吉に気付かぬまま仲間たちと自転車に乗って姿を消し、彼はひとり残されて、重苦しい、みじめな気持で自分の町までの遠い道のりを引き返してゆくことになる。

すっかり暮れてしまってから家に戻り着いた顕吉は、俊六親子から事情を聞いた母親に、お前はなぜ父ちゃんに会えなかったのかと聞かれ、返答に窮してしまう。すると傍で濁酒を飲みながら様子を見ていた父親は、彼の顔をじろりと見つめ、呟くように「変な野郎だな」と言う。

こういう記憶の感触に、金鶴泳という作家の、世界に対する最も根底的な感受の仕方といったものが封ぜられているように思える。「変な野郎だな」と呟く父親の顔付きや仕草を思い浮かべてみると、読者は、あたかも自分が疎まれた存在として生まれついたとでも感じているような少年の屈折した心象を受けとらないわけにゆかないし、またこういう心象の風景が、作家の記憶の中に、友達や父親に

「置き去り」にされた自分の「みじめな」姿の印象を一層強く焼きつけたというふうに見える。
個人的な心理機制の問題としていえば、彼がまずはじめに拒まれたのが母親でなく父親であったということには、それなりの意味があるかもしれない。しかし、ここではそういう側面よりむしろ、作家がまず世界から拒まれた（疎まれた）存在として自己を認知しはじめたということが重要なのである。〈父親〉から〈拒まれている〉こと。これが作家の自己認知の雛形《ひながた》であることは疑うことができない。たとえば、金鶴泳の主人公たちは、いつでもかならず、あるいは〈父親〉あるいは〈恋人〉あるいは〈他者〉あるいは〈社会〉といった対象から、なにかよく判らないような（またはどうすることもできないような）理由で拒まれていると感じているのである。このとき、彼らを拒んでいる対象がなんであるかということより、主人公にとってその拒否の理由がなにか不透明で不可触なものであるということ、おそらくそのことの方に金鶴泳の小説世界の核心のようなものがあるのだ。

父は吃音《きつおん》者である私にしばしば我慢ならないというふうなのだが、吃音者であることを余儀なくされている私にとってそれはまったく途方に暮れることであった。自分は否定されている。自分は、あるがままの形では存在することを拒否されているという意識は、中学生の私をして、ひどく孤独な、不安な気持にさせた。生きる場がないといったふうであった。そのあるがままの自分は否定されているという意識、あるがままの自分に安住することを禁じられているという思いは、その後ながく、私が成人してのちも、私をとらえつづけていた不安であったと思う。

（エッセイ「一匹の羊」――『新鋭作家叢書《そうしょ》 金鶴泳集』所収）

私たちは、こういう作家自身の声から、彼は〈吃音〉であったために父親から拒まれ、また父親から拒まれたことが〈他人〉や〈社会〉との関係障害のひきがねになった、という具合に考えない方がいい。なぜなら、そういう因果の順序はこの作家の文学的リアリティにとってどんな意味も持っていないからである。

たとえば李恢成のような作家では、自分が〈朝鮮人〉であるということが、世界のはじめの認知にとって疑いなく決定的な意味を持っていた。〈朝鮮人であること〉とは、なによりもまずまわりの仲間たちから〈拒否〉されるということにほかならない。〈朝鮮人であること〉につきまとううしろめたさ〈罪障感〉は、子供にとっては、〈家〉や〈父〉に由来するもののように感じられるから、ここでまず、〈家〉あるいは〈父〉と自分との一体性を心理的に否認しようとする心の動きが現われることになる。

つまり、李恢成における「ファシスト少年」（『証人のいない光景』）とは、自分の〈家〉や〈父〉を、それが仲間たちからの〈拒否〉の原因であるという理由で、心理的に否認しようとする少年の謂《い》いなのである。だから、日本社会で日本人の仲間のうちへと投げ出される〈在日〉の子弟たちは、あの〈拒否〉の感覚に脅かされて、誰でも大なり小なり本質的には「ファシスト少年」たらざるを得ないと言ってよい。したがってまた〈在日〉の子弟たちは、いったん心の底で否認した〈家〉をどういう形で認知し直すかという心理的課題を、育成の過程で必ず抱え込むことになるのである。

李恢成はこの課題を、〈世界〉と自分とを隔てている悪しき関係性を過去に遡って修正してゆく、というような方向で引き受けようとした。だから彼の文学にあっては、「民族的自覚」が歴史的に奪われているために劣等感につきまとわれ、劣等感のために〈家〉や〈父〉を否認することになった、という理路（因果の順序）が重要な意味を持っているのである。

しかし金鶴泳の文学の空間では、そういう理路はほとんど意味を持たない。作家を動かしているのは、なぜ〈世界〉が彼を拒否し、またその拒否の理由を彼がどう処置するのかということであるより、〈世界〉が彼を拒否するその仕方、その感触なのである。

金鶴泳はその処女作である『凍える口』を、理科系大学院生崔圭植の吃音の苦しみから始めている。そしてこのことは象徴的な意味を持っている。つまりのちに一層明らかになるだろうが、李恢成の自己認識が〈朝鮮人たること〉のうしろめたさという地点から出発したとすれば、金鶴泳には〈吃音者であること〉が丁度そのような場所を占めた。この場合、〈吃音者であること〉が単に〈朝鮮人たること〉に先行したということもできず、困難が二重になったということもできない。金鶴泳にとって、それは生の端緒に現われた「不遇の意識」にほかならず、おそらく置き換えのきかないような性質をもっていたのである。
この吃音の苦しみは、たとえば次のように描かれている。主人公の圭植は周期的に訪れる「吃音の谷」に苦しめられており、間もなく行なわれるはずの自分に課せられている研究報告への不安のために、重苦しい鬱屈に閉じ込められている。この鬱屈は、単に研究報告への不安によってのみ訪れているのではない。「実験することは、ぼくにとって、空しいことである。未知の新しい物質の合成に成功したところで、それがぼくにとって、何だというのだろう」とか、「生きること自体が、認めようと認めまいとにかかわらず、本当はすでに無意味であり、空虚であ」る、というような慢性的な空漠感が彼を蔽っている。だがこの空漠感も、もとを糺《ただ》せば自分が〈吃音者〉であることからくる〈世界〉への堆積された違和感にほかならない。

無数の要素が複雑に入り混じって、吃音の原因となるのだが、その吃音の正体は、しかし、当の吃音者にも、よくわからない。ただ痛いほどにわかっていることは、吃音者であることが、いかに不便で、不都合なことであるか、そして吃音のためにいかに深い苦悶《くもん》を舐《な》めさせられているか、ということだけだ。じっさい、ぼくはこれまで、吃音のために、どれほどの嘲笑を浴び、屈辱を舐めてきたことだろう。どれほど惨めな、寂しい気持に突き落とされてきたことだろう。

（略）

――思うことを思うとおり伝えられないということは、それが不便なことでなくして何であろう。いやそれはもう不便なというようなものではない。それはもはや一つの、しかし吃音者にとってはほとんど全部を占めるところの深い悲しみである。自分の意思をありのままに他人に伝えられないということは、自分をありのままに他人に理解してもらえないということであり、それは、つまり、他人とのあいだに常に溝が横たわっているということである。それが、悲しいことでなくて何であろう。苦痛でなくて何であろう。しかも、その原因の下らなさが、いっそうぼくを堪え難くする。

（『凍える口』）

吃音の苦しみとは、要するに「思うことを思うとおり伝えられないということ」の不便さである、とは言えそうもないことがわかる。『凍える口』に見る限り、〈吃音者であることの苦しみ〉は、〈朝鮮人であることのうしろめたさ〉と本質的にはそれほど異なったものではないように思える。つまり、ひとはまず〈吃音〉を発した瞬間、ある異質なもの（＝吃音者）として、普通の人間たちの絶えざる視線のもとにさらされることになる。この眼差は彼にとってある独特の〈世界〉として表象される。それはすなわち、本来ならば彼がそこに属しておらねばならないにも拘《かかわ》らず、〈吃音者〉であるという理由でそこから排除されており、しかもそのために絶えざる罪責感を彼に押しつけずにはいないような〈世界〉なのである。

つまり、極めて単純化して言えば、吃音者とは、いわゆる〈吃音者〉以外の存在であり得ないにも拘らず普通の人間たろうと切望し、そしてそれが不可能であることが〈世界〉のせいなのか、それとも自分の非なのかを決定できず、結局そのようにして自分自身を〈世界〉と〈吃音者としての存在〉の間に引き裂いてしまうような人間なのである。それはたとえば次のような具合である。

> いつもと同じであった。それは一つの悪循環であった。思うように声が出ないから、黙っている。すると、そのように一人黙りこくっている自分を、皆は、口にこそ出さないが、内心ひそかに、変な奴だと思っているであろう、とぼくは思う。あるいはぼくが黙ったまま話に加らないのは、それは、ぼくが彼らを無視している、詰らないことをしゃべっている彼らを軽蔑《けいべつ》している、あるいは、彼らに反感を抱いている、そのためだと誤解しているかも知れない。そう思うことがさらにぼくの心を収縮させ、（略）ぼくはいっそう固く押し黙ったままになる。すると、さらに、そんな自分を皆はいっそう変に思っているであろう、という思いが、ますます重くぼくの上に襲いかぶさり、ぼくの心を縛り、締めつけていく——。
>
> （『凍える口』）

ほんとうに深刻なのは、だから、話すということにおける普通の人間との能力の落差なのではない。むしろ、この落差の割れ目から忍び入って蛇のように彼の中に棲《す》みつく〈不遇の意識〉である。それこそがここであの悪循環を深めてゆく中心点にほかならない。だから主人公も「吃ることそれ自体はたいしたことではない」と考えながら、「吃ることによって受ける精神的神経的衝撃、その屈辱を」「何よりも恐れ」るために、結局あの研究報告で一層惨めなまでに吃ることになるのだ。

　ところで、〈吃音〉の苦しみと〈朝鮮人〉であることの苦しみは、もちろん全く同じものとは言えない。ただそれは、その罪障感や抑圧感がまぎれもなく自分に固有のものであると意識されている場面では、いずれにせよひとつの〈不遇の意識〉として彼の中に棲みついていると言えるだけだ。そして金鶴泳のような作家では、吃音に由来する〈不遇の意識〉が、朝鮮人であることからくるそれを圧倒し、排除してしまっていたように見える。のちに明らかになるが、このため作家にとって〈朝鮮人〉という問題は、全く別な形をとって現われることになるのである。

　ともあれ、ここで今、この二つの〈不遇の意識〉の差異といったものを粗描してみるなら、次のようなことになるだろう。つまり、まず「ファシスト少年」の〈不遇性〉は、もともと彼が〈日本人社会〉と自分の〈家〉（＝〈朝鮮人〉）との間に心理的に引き裂かれることに由来する。だからそれは、彼が日本社会から暗々裡に押しつけられていた〈朝鮮人〉たることのネガティヴな意味合いを否定して、自分と〈家〉との一体性を積極的に確認するならば心理的に克服することが可能である、と言える。しかし〈吃音〉の場合はそうはいかない。なぜならこちらの〈不遇性〉には、「ファシスト少年」において存在したような、今のところ抑圧され潜伏しているがやがて発見されるべき積極的な帰属の原理

（たとえば「民族性」というような）は、決して存在し得ないからである。

たとえば私たちは「民族の誇り」や「民族文化の美しさ」を積極的な原理として所有することができるが、「吃音者としての誇り」とか「吃音の美しさ」というものを想像することさえできない。だから吃音者の苦しみはあくまで閉じられており、社会的な問題の通路によってそれを了解することは不可能である。したがって崔圭植は、たとえば次のように呟く。

> それにしても、吃音ごときにかくも呪縛されている自分を感ずることは、忌々しいことだ。たとえばぼくがどのように苦悶を訴えても、その原因が吃音だと聞けば人はあるいは苦笑するかも知れない。（略）だがぼくは幸か不幸か、たとえば死んだ磯貝のように、吃音以上の苦悩に出会っていないのだ。ぼくはむしろ、吃音以上の苦悩、吃音の苦悩など吹き飛ばし、忘れしめてくれるような、大きな苦悩に出会いたいと思う。しかし、そんなふうに思うのは、ナンセンスかも知れない。なぜなら、それは唖の人間が、せめて唖のかわりにつんぼだったら、と切願するのと同列だからだ。
>
> （『凍える口』――傍点引用者）

主人公はここで、自分の苦しみの原因が〈吃音〉というとるに足りないものなので、同じ苦しむならもっと大きな、とるに足るような苦しみを味わってみたいというふうに考えているわけではない。

ここで表現されているのはむしろ、たとえば「民族問題」の苦悩が一般に表現に価するものと考えられているのに、なぜ「吃音者であることの苦しみ」はしばしば「苦笑」されるにすぎないのか、という心のしこりである。

『凍える口』のモチーフとして、〈在日〉における〝民族問題中心主義〟への反撥は、「吃音の問題」と並ぶもう一本の柱であり、しかもこの二つは分ちがたくからみ合っている。作家は主人公の崔圭植を〈吃音〉に悩む人間として描くだけではなく、たとえば在日朝鮮人K同盟東大研究所の金文基のような人間との交渉において、「民族問題」に悩む人間として描く。しかし先に示唆したごとく、圭植にとって〈朝鮮人〉であることは決して第一義的な問題ではない。たとえば圭植は、電車の中では、「朝鮮関係の本を読むことにしている」のだが、その理由は、自分がずっと日本の学校に通っていたので「自然ぼくは朝鮮のことに疎く、また民族意識も稀薄《きはく》だ」といったものであり、彼は「とかく忘れがちな自分のなかの朝鮮人を、その電車の中の学習によって、少しでも回復」しようとするのだが、しかし朝鮮関係の本を読むことは彼にとって「なぜか、ひどく億劫《おっくう》」で「妙に大儀でならない」ことと感じられているのである。

ここで注意すべきなのは、たとえば主人公によって「政治的人間」と名づけられる金文基のような人間や、在日朝鮮人K同盟という存在が、圭植には、「民族」や「政治」の問題を強いてくるものとして受けとめられているということである。この「民族主義」の問題については後に触れることになるが、「錯迷」において特徴的なのは、この「民族主義」の問題がむしろ〈吃音〉にまつわる自意識の問題を注釈し、浮かび上がらせるような役割を果たしているという点にほかならない。

作者はたとえば『まなざしの壁』（昭和四十四年）で、「じっさい彼が小説を書くようになったのは吃りだったからであって、朝鮮人だからではなかった」と書いている。「民族」の問題はむろん作家を悩ませはしたろうが、作家が「書く」という情熱の中でほんとうに動かされていたのは、あくまで自己の〈吃音〉にまつわる問題であった。

吃音者は、自分が吃音者として理解されるのを拒む、吃音者としての自分は、いわば仮りの自分、嘘の自分であって、本当の自分は吃りではない。自分から吃音を除いた部分、その部分の自分こそ本当の自分であると思うゆえに、吃音者は、ぼくは、自分が吃音者として理解され、吃音者として遇せられるのを、拒否する。むしろ、吃音者として遇せられることを、屈辱と感じ、嫌悪する。

（『凍える口』――傍点引用者）

主人公がここでいわんとするところを、もう少し押しひろげてみよう。吃音者が「吃音者として理解されること」を受け入れるとき、それは世界に対する彼の全き降伏を意味している。なぜなら、彼はそのとき、世界が彼に投げつける「劣ったもの」「奇妙なもの」「うさんくさいもの」「異質なもの」

「汚《けが》れたもの」「罪あるもの」という諸規定の中に、永遠に閉じ込められることになるからである。

それはいわば、他者たちの眼差のなかでこわばり、鉛の中に封じられた蝶《チョウ》のように〈生〉の自由の意識を失うことである。流れ動く自由の意識を石化させられること、意味づけることを禁じられて、ただ一方的に意味づけられる存在となること、これこそ〈吃音者〉の意識が間断なくさらされている最も重大な危機にほかならず、それゆえ〈吃音者〉は、「吃音者として理解され、吃音者として遇せられるのを」、頑なに拒否しようとするのだ。

これはいうまでもなく一種の自意識上の危機にほかならない。既に示唆したように、〈朝鮮人であること〉にまつわる自意識上の危機は、人間の平等とか自由とかいう社会理念上の「問題」の通路を辿って、外部へと解放され得る。しかし吃音ではこの通路は遮断されているため、危機は内部を環流することになる。「差別はよくない」というような言説は、この自意識の危機にとってはなんの意味ももたない。なぜなら、たとえば『凍える口』にも描かれているように、「差別してはいけない」という他人の意識それ自体が、〈吃音者〉には、普通の人間と自己の〝差異〟を新たに証明するようなものとして現われるからである。

おそらくこういう場所で、李恢成的な範形と金鶴泳的な範形が決定的に分岐してゆくと考えてよい。このとき、金鶴泳が通ってこなければならなかった精神上の危機の中では、〈吃音〉のために父に拒まれ、父親からの拒否によって〈他者〉との関係障害がもたらされたというような理路は、ほとんど重要な意味を持たない。劣等感や屈辱感を「民族」的自覚において克服してゆくといった、一種の遡行的な論理もまた同様であるといってよい。金鶴泳にとっては、従ってそれとは全く異なった形の回路が必要とされたのである。

ここで注意すべきなのは、主人公崔圭植が、〈吃音者〉であるという自己認定を拒否するための根拠として、「本当の自分」といった観念を摑んでいるという点だ。この場合、実は、「吃音者であること」から生み落される様々な苦悩や呻吟《しんぎん》の堆積が、「本当の自分」という〈内面〉的な自意識を生み出しているのだが、主人公にはそれは、「自分から吃音を除いた部分」といった転倒された形で表象されていることが判る。しかし重要なのは、外部へ向かう通路を閉ざされた〈不遇の意識〉にとっては、この転倒こそが精神の石化を回避するための第一の条件となる、ということである。

彼の自意識を自意識たらしめている最も大きなものは、いうまでもなく自分が〈吃音者〉であることからくる様々な想念である。だがこの自意識は、やがてそれ自体において独自の、「価値あるもの」と見做されるようになる。なぜならこの自意識は、一般の人間以上に多くの苦悩や呻吟や感懐を生み落し、そのことによって自己と他を区別するようなものであるからだ。そして最後にこの自意識は、それを生み出した母胎である〈吃音〉としての自分を自己自身から「とり除く」ことにおいて、「本当の自分」という〈内面〉の意識に到達する。

要するに、彼はこういう作業のうちに「自分」を〈吃音者〉である自分と〈本当の自分〉に分割し、

〈本当の自分〉に自意識の根拠を求めてそこに立て籠もるのだ。〈在日〉の子の世代が、自分を「自由」であり「コスモポリタン」であると考えるとき、彼は「自分から〈朝鮮人〉を除いた部分」を「本当の自分」であると考えていることになる。そして逆に、「朝鮮民族」の一員として自己規定する人間は、いわば〈吃音〉(=〈朝鮮人〉)に与えられている負の規定を理念の世界のうちで転倒するのだと言える。だがそれはあくまで理念上の逆転にすぎない。なぜなら日本社会に存在する限り、だれにとっても〈朝鮮人〉であることは負の規定としてまず登場し、そしてそれは現実的には決して転倒することができないからである。

ともあれ、金鶴泳においては、この「本当の自分」という自意識のあり方があの危機を克服するための大きな拠点となる。たとえば『凍える口』において、作家は物語の途中から突然もうひとりの一層重要な主人公、磯貝新治を登場させる。

崔圭植と磯貝新治は同期に東大に入学したクラスメートだが、圭植は最初の授業で磯貝が強度の「吃り」であることを知り、友達づきあいを始めるようになる。しかし磯貝の方では圭植が「吃り」であることを知らない。圭植は磯貝の「日本版ラスコーリニコフ」のような印象にひかれるのだが、彼は、磯貝が自分の崔という姓によってその内閉的な心を自分に向け始めたというふうに感じている。

圭植から見られた磯貝は、いつでも一種謎めいた人物として描かれているが、それはたとえば、多くの日本人が圭植に対して「朝鮮の方なんですね」とか「国籍は朝鮮なんですね」とかいった言い方をするのに、磯貝はずばりと「朝鮮人なんだね」と言ってのけたりするところに現われる。あるいはまた磯貝は、圭植の「ぼくは、日本人がなぜ朝鮮人を偏見の目で見るのか、よくわからないんだ。というより、人間というものがよくわからないというべきかな。人間は、ぼくが思っている以上に愚かであるらしい、という気がするんだよ」というような言葉に対して、まるで、君はいまごろそんなことに気づいたのかねとでもいうように、至極あっさり、「そうだよ、人間は愚かだよ」と答えるような人間として描かれる。

磯貝という主人公が現われてからの『凍える口』は、どこか漱石の『こころ』を連想させるところがある。つまり、まずある謎めいた主人公が登場し、物語の語り手と交渉しながら徐々に謎を深め、やがて突然事件が起こって主人公が死ぬ。主人公はこの語り手に手紙を遺しており、彼はそこに主人公の「魂の秘密」あるいは「心の秘密」を発見することになるのである。

たとえば夏休みに郷里に戻った磯貝は秋になっても大学に姿を見せず、やがて圭植は突然磯貝の母親から彼の死を告げる速達を受けとる。磯貝は圭植に遺書を残して自殺しており、圭植はその遺書の中に、磯貝という謎めいた人間の秘密といったものを発見することになる。そして圭植はここで、磯貝の両親の不和、つまり父親の母親に対する「陰惨凄烈」な暴力が、彼の内閉的な性格に大きな影を落としていることを知り、あるいはまた、磯貝がなぜ崔という姓によって圭植を友人として受け入れたか、ということの理由などを知る。すなわち、崔とは、父親に苛め抜かれた母親にとって唯一の慰めとなった人物の姓にほかならず、母親はこの人物との関係を夫に疑われて自殺することになるのである。圭植が知るのはしかし、単にそのような磯貝の「過去」の秘密だけではない。


聖書の中で、訥弁《とつべん》のモーセがこんなことをいうところがある。

『我は口に割礼を受けざる者なれば――』

俺はこれをひそかにこういい換えて呟いたものだ。

『我は心に割礼を受けざる者なれば――』

俺の心は遂に割礼を受けることなく終わり、したがって俺は、女にかぎらず、いかなる他人とも、遂に真の意味で心と心を触れ合わしたことがなかった。

あるいはまた、

俺は物心ついたときから、すでに精神的にだめな人間だった。さらに性病を得たことによって、俺は肉体的にもだめになってしまった。(略)しかしそれは、俺が世のいわゆる劣等な人間、破廉恥な人間だということではない――俺はそれを証明したいと思った。それを証明してから死にたいと思った。そして、それを証明するには、(略)大学の入学試験において東大に合格すれば、事足りたのだ。それだけで世人は決して俺を愚弄も嘲笑もできなければ、彼らの意味で『だめな人間』だと、後ろ指をさすこともできないのだ。世人は他愛なく、そして本当に『だめ』なのは世人の方だと、俺は思っている。

（傍点引用者）

こういうところで、圭植は磯貝の「心の秘密」といったものに突き当っていると言ってよい。たとえば漱石の「こころ」において、主人公はやはり「先生」の「魂の秘密」を発見することになる。それは、過去の様々な事情から「極めて高尚な愛の理論家」（『こころ』）とならざるを得なかった「先生」が、それにもかかわらず青年期の恋愛事件の中で親友のKを裏切ってしまい、いわば人間が「真の意味で心と心を触れ合わ」すことの不可能性にむき会ってしまう、というようなことにほかならない。「先生」はそこから「人間の罪というものを深く感じ」、「自分で自分を殺すべきだという考《かんがえ》」につきまとわれるのであり、こうして「先生」の自殺の謎に照明が当てられることになる。

同様に、磯貝もまた「心を触れ合わ」せることの不可能性につきあたった人物として、圭植の前に姿を現わす。彼は、自分は「おふくろの悲しみのために死ぬのでは」なく、「俺はただ、俺の寂しさのために死ぬのだ」という言葉を残して自殺する。そしてそれは、「先生」がKの自殺を、「失恋のため」だけではなく、「Kが私のようにたった一人で淋しくって仕方がなくなった結果」と考えるところとほとんど呼応している。こうして圭植は、「こころ」における語り手の「私」と同じく、なぜ磯貝は自殺したのかという謎の答えを見ることになるのである。

しかしこのような形で光をあてられた主人公たちの「心の秘密」とは、一体何を意味しているだろうか。

ここで磯貝は、自分は「心に割礼を」受けぬ（他人と心を触れ合わすことのできぬ）人間であるだけでなく、肉体的にも不具者だといってよいが、それでも自分は、「世人」よりましな存在なのだ、と言う。彼はそのことを東大入学ということにおいて証明しようとするのだが、しかしそれは、東大入試に合格することが「世人」に対する自分の頭脳の優秀さを証明するという理由によるのではない。おそらくこのとき磯貝の「世人」への優越を支えていたのは、むしろ、自分（だけ）が人間の心の関係性といったものを目撃し、そしてそれについて語ることのできる人間なのだという意識だった。つまり磯貝にとっては、「世人」が「他愛なく」「だめ」な存在であるのは、彼らがただ現実的な利害関係しか見ようとせぬ心の盲者にほかならないからなのである。

重要なのは、訥弁のモーセがユダヤ民族の信仰上の祭司であったように、ここで磯貝が、いわば精神的肉体的な不具性を代償として、人間の心の関係の祭司とでもいうべきものとして自分を見いだしているという点である。そしてこういう場所に、〈吃音者〉につきまとう精神的な危機を転倒する根拠が、作家によって直観されていた。したがって極《ご》く一般的に言えば、主人公の「心の秘密」とは、彼らが「心の触れ合い」を熱望したにもかかわらず、遂にむしろその不可能性を発見してしまったというようなことである。むろんその構えは金鶴泳と漱石ではかなり違っており、漱石的範形では明らかに「文明」とか「近代としての明治」という文脈が、この主題の中に流れ込んでいるといえよう。

しかしいずれにせよ、それらは単に「人間は真の意味で心を触れ合わせることができない」という作家の哲学（あるいは覚悟）を表象しているのではない。またそういう人生上の哲学や覚悟について真面目に考えることは、いまやほとんど不可能であるといわねばならない。むしろここで肝要なのは、「心の秘密」という問題を作者とともに追うことによって、ひとびとは、人間の「心の関係性」という領域を作り出し、その関係性の見者となる、ということである。いやそれだけでは足りない。心の関係性の領域に入り込んでその見者となることにおいて、ひとびとははじめて、あの〈内面〉的自意識（本当の自分）を〈世界〉の眼差に対立しうる根拠として所有することになる、ということだ。

このように見てくるなら、磯貝なる人物における「心の秘密」の物語が、実は作家によって、あの〈吃音者であること〉にまつわる精神の危機を切り抜けるべきものとして必然的に呼び寄せられたものであることが明らかだろう。たとえば次のような言葉はそのことを如実に表わしている。

『凍える口』は、私自身の吃音の苦しみを書いたものだが、これを書いたことによって吃音の苦しみが消えてしまったことについては、その三年後の『まなざしの壁』の中で、ちょっと触れたことがある。三十年近くのあいだ、いかようにしても逃れることのできなかった吃音の苦しみ、そこから派生するさまざまな神経症的苦痛が、ただそれをありのままに書いたというだけで消滅してしまったということ、それは私にとって、書くことの意味、文学の持つありがたさについて考えさせられた、象徴的な体験であった。（「一匹の羊」）

象徴的に言えば、この「解放」は、一般に言われているように吃音者が世界の中の自己のあり方を客観化することによって訪れたわけではない。それはむしろ、彼が書くという行為を通じて、自分が単なる吃音者でないことを世界に向かって証明したことによって現われたのである。つまりそこで彼は、「世人」や「俗人」には見えない人間の心の関係を見、それを表現するような存在として「本当の自分」を措定している。そしてそれはまた「自分から吃音を除いた部分」にほかならないのである。

ところで作家は『凍える口』のあと、『緩衝溶液』（昭和四十二年）、『遊離層』（四十三年）という中編を書くが、読者はそこでも、あの「心の秘密」の物語が同じような形で反復されているのを見ることができる。『緩衝溶液』と『遊離層』は、ともに作家の本格的青春小説というべき力作だが、たとえば前者では、主人公で語り手の申敏彦が藤波玲子といういかにも謎めいた女性に恋をし、やがて最後に彼女の驚くべき秘密（彼女が朝鮮人であったという）を、彼女自身の手紙によって知らされることになる。また後者においては、やはり語り手の朴貴映が、兄貴春の自殺の謎を恋人博子の驚くべき告白によって解き明かされることになる。

この二つの中編では、〈吃音〉の苦しみという主題は姿を消し、その代わりにという感じで〈朝鮮人〉であることの苦悩が浮かび上がっている。つまりここでは〈吃音〉のために〈世界〉から拒否されるという形ではなく、〈朝鮮人〉であることによって〈恋人〉から拒否されるという図式が現われるのだが、それが同じ基本型の反復であることはいうまでもない。たとえば、『まなざしの壁』の中で、作家は主人公李寿永に次のように表白させている。ここでの「まなざし」とは、〈朝鮮人〉たる自分に投げられる〈世界〉のあの石化しようとする眼差にほかならない。

> 吃音を隠そうとすればするほど、かえって吃音は昂《こう》じていくように、そのまなざしはこちらが目をそらそうとすればするほど、かえって自分の周囲でその密度を増していく。吃音を書くことによって吃音を忘れたように、その厭わしいまなざしも、逆に居直って見返してやれば、日なたに干された菌のように、養分を失って消滅するかも知れない。そのまなざしで見られることが苦にならなくなり、自分はあの忌まわしさと不愉快さから解放されるかも知れない――。
>
> （『まなざしの壁』――傍点引用者）

ここで私たちは、作家が〈朝鮮人〉たることの「不遇性」にどう対処したかを、明瞭に理解することができる。すなわち、金鶴泳は、〈朝鮮人〉たることの「不遇性」を、社会理念上の通路を辿ることで（つまり〈民族〉的自覚を得るというような形で）克服するのではなく、丁度〈吃音〉に対したと同じ仕方で扱おうとしたのである。『緩衝溶液』や『遊離層』において、主人公たちは、今度は〈朝鮮人〉たることの「不遇性」を代償として人間の「心の秘密」の見者たることを得ることになるからである。

ところで、すでに示唆したように、金鶴泳は初期作品におけるこのような構成上の着想を、漱石から強く汲んだように思える。たとえば江藤淳《じゅん》が言っているように、「『彼岸過迄《ひがんすぎまで》』に於《お》ては敬太郎が、『行人』に於ては二郎が、『心』に於ては『私』があたかも探偵のように主人公の秘密をかぎあてようとする」（『夏目漱石』）のだが、これらの諸作品が前提しているのはいつでも、探られるべき、「人間の心の秘密」が存在するということである。そして更に言うなら、この前提は明治以降の日本近代文学における最も重要な土台のひとつであった。

藤村の『破戒』は丑松《うしまつ》の「告白」の物語であり、花袋の『蒲団《ふとん》』は作家の自己告白にほかならない。それはまた透谷や四迷にあり、漱石において最も純化された形で現われ、さらに明治四十年代以降の自然主義文学における、人間の〈自然〉や〈真実〉という形に変形されて生き延びることになる。またたとえば山口昌男《まさお》風に、日本の自然主義文学を構造分析してみれば、それは世界を絶えず「現実的関係の世界」（＝世俗）と「心の関係性の世界」（＝聖）という二項対立性として描き出そうとした、と言うことも不可能ではない。しかしここで「構造分析」というようなあいまいな言葉を使う必要はないように思える。

もっと一般的に、たとえば平野謙、伊藤整、中村光夫という戦後の代表的な近代文学史家たちの見識を重ね合わせるなら、私たちは、日本近代文学に関する次のような骨格を受けとることになる。つまりまず第一に、日本の近代文学に固有の問題として、俗世間に対する文学者の〈不遇の意識〉が存在し、それは自然主義から私小説という日本特有の系譜を作ったということ。第二に、このような日本の近代文学のあり方は、様々な理由で西欧文学的「成熟」から妨げられているということ。そして第三に、昭和以降の「政治」的、「芸術」的、「個人倫理」的文学の諸系譜は、そのような私小説の系譜の修正の試みとして現われたが、結局いずれも根本的にはそれを乗り越えることができなかったということ、などである。

作家金鶴泳が〈吃音〉にまつわる自意識上の危機に動かされて表現の水面へやって来たとき、それはまずはじめに、あの比較的古典的な物語の範形を辿ってみるほかなかった。自己を規定し石化しようとする〈世界〉の眼差に対して、「人間の心の関係性」というもうひとつの世界を設定してみせること、それがあの〈不遇の意識〉におけるほとんど唯一の現実転倒の試みであったからである。そういう物語のかたちがいわば初期の金鶴泳の表現の衝動を摑んでおり、『緩衝溶液』や『遊離層』におけるあの定型的反復が意味するのもそのようなことである。

しかし、金鶴泳という作家において重要なのは、彼がつねにそういう物語に近づこうという欲望を持ちながら、最終的にはそれに決して成功しないという点なのである。たとえば彼は〈吃音〉を書くことによって、その苦しみから「解放」されるのだが、〈朝鮮人〉を書くことによってその苦しみから「解放」されたとは見えない。作家の予感に反して、この二つの「不遇の意識」は決して同じものではあり得なかったからだ。つまり作家は、〈朝鮮人〉たることを問題にするとき、もはやあの「心の関係」の見者となるような地点から追いはらわれることになる。この道すじを辿ってみるために、私たちは次に、作家における「民族問題」に踏み込んでみなくてはならない。

二　民族主義

人はほぼ二十歳のあたりから、第二の人生を歩みはじめるのではないだろうか。つまり、ほぼその年齢において、人は自我に目覚め、生を自覚的に生きはじめるのではないだろうか。自我に目覚めるとは、また世界内存在としての自分を自覚することであり、自分と世界との関係の仕方について、考えはじめることである。そして私が二十歳を過ぎて、世界（外部現実）を注視しはじめたとき、その世界は目まぐるしい勢いで揺れ動いていた。

（「一匹の羊」）

金鶴泳にとって「民族問題」はこういう仕方で、つまり、「ほぼ二十歳のあたり」になってはじめて、「自分と世界との関係の仕方について考え」させるようなものとして現われた。しかしそのことは、彼がそれまで自己の朝鮮人性からどんな影響も蒙ることなく生きてきたということを意味するわけではない。作家もまた、〈在日〉のだれもが体験するような「差別」や、それにまつわる屈辱感から無縁ではなかったろう。しかし彼においては、〈吃音〉に由来する世界への違和感がまず端緒の問題として成育期の自意識を巡ったということが決定的であり、したがって「民族問題」はそのあとでやって来た問題だったのである。

たとえば、少年期が描かれた『冬の光』で、主人公の顕吉が最後に辿りつくのは〈朝鮮〉や〈差別〉の問題ではない。それは「顕吉は、いつもの屈辱が待ち構えているに違いない、明日の英語の時間のことを考えた。またさきほどの新聞の朗読の苦痛を思い返し、それがこれからも毎日続くのだと考えた」というような、〈吃音〉にかかわる場所である。

また、同じく少年期を扱った『あるこーるらんぷ』では、〈朝鮮〉という問題は父親と兄の思想上の南北分裂といった形をとるが、たとえば李恢成の『死者の遺したもの』のように、国家＝家族の統一というあらまほしいイメージが提出されるわけではない。「この家はばらばらなのだ、と俊吉は正面の試薬瓶に目をやりながら胸の内で呟いた。朝鮮が分裂しているように、この家も分裂しているのだ」といった具合に、それはただ〈家〉の存立を脅かす得体の知れぬものとして、俊吉に感じられるにすぎない。

要するに、作家にとって最も切実だったのはあの〈吃音〉にまつわる〝自意識上の危機〟というべきことがらであって、この主題が、彼のうちの〈朝鮮〉や〈差別〉にかかわる問題を圧倒し抑圧していたといえる。だから、一般には二世にとって「民族問題」が成育期の中心テーマとなることは必然と考えられているのだが、金鶴泳の場合それはまったく別の形をとって現われることになった。

たとえば作家がここで、「目まぐるしい勢いで揺れ動いていた」と書いているのは、一九六〇年の韓国における四・一九蜂起事件のことだが、『緩衝溶液』の主人公中敏彦は、この事件の衝撃を次のように表白している。

> 大変なことが起った。それにちがいなかった。池を見下す丘の上に立ちながら、僕はただわけもなく亢奮《こうふん》し、ガクガクと身を震わしているばかりだった。（略）しかしその中には、大変なことが起ったと思わなければいけないという実感の伴わない義務感のようなものが混じっているようだった。何かが僕の中で空廻《からまわ》りし、互いに嚙《か》み合うことのない二つの歯車が非常な勢いでそれぞれ勝手に回転しているように、僕はただいたずらに亢奮し、混乱し、焦躁《しょうそう》するばかりだった。
>
> （『緩衝溶液』――傍点引用者）

韓国におけるいわゆる「四月革命」が、当時在日のとくに学生・青年層にもたらした衝撃の大きさは、計り知れぬものがあったらしい。作家によれば、その頃の雰囲気はたとえば、「ちょうどその騒乱のさなかにあった四月下旬のある日、私の通っていた大学で、同胞学生による同窓会が持たれた。数十人の同胞学生が、会場に当てられた学内の喫茶店に集まったのだが、会における話題は当然、韓国の学生蜂起に集中し、皆が皆、口ぐちに、学生デモを支持する熱烈な言辞を吐いていた。ある者などは、亢奮のあまりテーブルを叩《たた》きつつ、祖国で同胞たちが血を流している折も折、異郷の地でこのようにコーヒーを飲みながら、ラジオに耳を傾けているよりほかないわが身を激しい口調で慷慨《こうがい》し、私はその勢いに圧倒されて何らの言葉も発せられなかったものだった」(「一匹の羊」)、といった具合であったらしい。

ともあれ、青年にとって「政治的事件」はしばしばこのような相において現われる。一般にこういう場所で、青年は、「自分と世界の関係」についての客観化され展開された「世界像」を、生き生きとした形で所有することになる。だがとりあえず重要なのは、まさしくこのような「事件」を契機として、多くの〈在日〉青年が〝民族的自覚〟に目醒め、そしてその中で〈在日〉することの〈不遇の意識〉についての強力な社会的、歴史的注釈を得るということにほかならない。〈在日〉社会においてこの「民族的覚醒」は、個々人がその本来あるべきものと成ってゆくことという形において存在している。つまりこのとき青年は「自分は本来何に属するのか」という問いに明瞭な答えを与える機会をつかむのである。

ところで、作家金鶴泳がこのような問いそのものから一種疎外されていたことは明らかだろう。作家にとってこの「事件」は、いわば「民族的覚醒」を強いるものとして訪れたのであって、そのことが「大変なことが起ったと思わなければいけないという実感の伴わない義務感」という形で表明されているのである。「二十歳のあたり」にやって来た「民族問題」は、金鶴泳には、自分が本来あるべきものに成るというあの〈在日〉的範形とは、全く違った形で現われたのである。だが、さしあたってこの〈在日〉における「民族問題」についてもう少し考えておこう。

たとえば「四・一九革命」、あるいは「韓日協定」、また「平和統一に関する南北共同声明」といったものが、〈在日〉世界における「政治的事件」の大きな結節をなしている。またそこに「小松川事件」、「金嬉《きんき》老《ろう》事件」、「山村政明の抗議自殺」というような象徴的事件をつけ加えることも可能であろう。これらの出来事は〈在日〉の青年にとって、いつでも、あの「自分と世界の関係の仕方」についての〈世界像〉を、自覚的に所有する契機として現われる。

いうまでもなく、青年とその時代における「大変な」事件の関係は、ある固有のそして普遍的な意味を近代社会において持っている。それはたとえば、スタンダールとナポレオンという「事件」、ドストエフスキイと「ペトラシェフスキイ事件」、透谷と「自由民権運動」といった象徴的な例を考えてみれば想像がつくだろう。

一般的に言ってこれらの「事件」は、ひとが青年期に差しかかって所有する客観化された〈世界像〉に強力な生命を吹き込んで、それを生き生きとした相において現前させるような役割を果たす。それは青年がそれまで抱えていたぼんやりした〈世界像〉に、いわば根底的な中心点を与えて生きた現実性として動き出させるのである。たとえば「黒船事件」とは単に異邦人の来訪ではなく、日本国家の脅威、危機を意味し、従ってこの危機の時代を天下国家のためにどう生きるかという態度決定を青年に迫るようなものだからである。

この近代的な〈世界像〉の意味合いは様々な形で汲みとることができるが、とりあえずここで問題なのは、このような形で形成された〈世界像〉こそが、個人が自己と〈社会〉とを関係づける近代的な様式を本質的に表現しているという点である。この〈世界像〉は、要するに世界のなりたちを説くひとつの原理的な像と、それからそのなりたちの原理に対する個人の根本的な態度を含んでいる。つまり、彼が生き生きとした〈世界像〉を所有するや否や、彼はそれに対する〈根本的な態度〉をあるひとびとと共有することになり、まさしくそういう通路を通って〈社会〉と自己との関係づけの仕方を確定してゆくのである。

〈世界像〉はしかしまた、青年が意識下に抑圧している感情世界を暗々裡の〝土台〟として持っている。〈世界像〉を構成する諸観念を生ま生ましい言葉たらしめているのは、実はこの意識下に追いやられた暗い心情世界である。たとえば、多くの〈在日〉青年にとって「民族」という言葉が独特の輝きをもって現われるのは、そこに、あの〈不遇の意識〉からくる抑圧感なり自意識上の危機なりを打ち消すものがあると直覚されるからなのだ。つまり、〈在日〉の青年たちの感情世界の共構造が、「民族」ということばを彼らのうちに生ま生ましく生かすのであって、「民族」という観念の真理性が〈在日〉青年の存在理由を照らし出すというわけではないのだ。

しかし、青年期における〈観念の劇〉のうちがわでは、むしろこの逆転されたものこそが見出された真理性として現われる。すなわちここでは、「民族とは何か?」といった問いは、「民族」という観念が含むはずの〈真理〉を巡る問いを意味する。こういう経緯のなかで、この「民族」を巡る問いは、ひとが自己の本来性を発見しいかにその本来あるべきものとなるか、といった「生き方」の問いになるのである。

それはニーチェの言葉を借りると「この視点(=本来あるべきものと成ることという……引用者)から見れば、様々の人生の失策でさえそれ独特の意味や価値をもっている」(『この人を見よ』)というような観点にほかならない。いうまでもなく、ここでは「人は本来何に属するのか」「いかに、そして何のために生きるのか」という問いが、「民族」という観念を中心にして巡っている。それはもはや純粋に、「民族」や「同一性」や「生き方」という諸観念をめぐる問いとして自立しており、そしてそのことは、この諸観念に現実性を与えていた感情世界のあり方を抑圧(忘却)することによって可能となっているのである。

だからおそらく次のように言うことができよう。〈在日〉の青年にとって「民族問題」が不可避のこととして現われるのは、それが〈朝鮮人〉たることの〈不遇の意識〉に社会的歴史的な対自化の回路を差し示すからである。しかしそれにも拘らず、「民族問題」は青年にとっていつでも、「自分は本来何であり、どう生きるべきか」という形而上《けいじじょう》的な観念の問題として、つまり転倒された問題の形で姿を現わすと。感情世界の諸関係を抑圧することによって自立するこの〈観念の劇〉は、制度としての教育過程を通過する近代社会の人間においてはじめて普遍的となるものであり、また、彼らが〈社会〉と自らを関係づけるその基本的な仕方を、基礎づけている。

ともあれ、注意すべきは、〈在日〉における「民族問題」の意味は、日本の近代において「自由民権運動」や「白樺派」や「プロレタリア文学運動」等々が持った意味合いと決して別ものではないということだ。だから、金鶴泳のような資質にとって、この問題は非常にやっかいな、幾重にも屈曲した問題として現われざるを得なかった。なぜなら、彼にあっては自分を〈社会〉（あるいは「世の中」）と積極的に関係づけるということ自体が、どこかうさん臭いものと感じられていたからである。たとえば『凍える口』の主人公崔圭植は、S同盟の活動家金文基に対して、次のような感情を持つ。

> 政治的人間が来た、とぼくは心の中で呟く。金文基は政治的人間なのだ。そしてあらゆる人間を判断するのに、その人間の政治的立場をもってする。彼にとって、ある人間を認めるか認めないかは、その人間が共産主義者であるか否かによる。そして彼によれば、すべての朝鮮人は共産主義者でなければならないというのだ。朝鮮人から政治を除いたら何も残らないというのが彼の

説であり、そして彼において政治とは共産主義と同義語である。そんな彼に、ぼくは当然認められていないと、ぼくは思う。だが、彼がぼくを認めていないと同様に、ぼくは彼を認めておらず、あるいは、ぼくの中の政治的部分の割合においてしか認めておらず、彼が内心冷笑をもってぼくを見つめているであろうと同様に、ぼくは内心冷笑をもって彼を見る。ぼくは真の意味における共産主義者に対し、一種畏敬と憧憬の感情を抱いている。だが、政治を除いたら何も残らないような干からびた共産主義者を、ぼくは認めることはできないのだ。

（『凍える口』）

ここで、金文基のような人間がその「民族意識」において一世に近く、崔圭植は同化的である点で典型的に二世世代である、といった言い方には大した意味がない。重要なのは、圭植にとって金文基は「政治」という観念に憑かれた人間と見えており、そのことは金文基を〈世界〉を代表するような人間として主人公の前に現わしている、という点である。たとえば圭植はこのすぐあとで、朝鮮人に共産主義者は多いが、その理由は歴史的な事情によるだけでなく〈朝鮮人にとって、共産主義の側は「体制」の側でもあるから〉だ、と考える。つまり、圭植にとって「政治的人間」とは、〈吃音〉の不遇性の中に閉じ籠もっている自分に対して、「なぜ君のハンデを心理的肉体的に克服してこの〈世界〉に入ってこないのか」と絶えず問い詰めてくるような人間の謂いにほかならない。なぜなら金文基は常に〈朝鮮人〉たることの負性を克服して〈世界〉の中心へ近づこうとする人間であり、そのことにおいて、また常に〈世界〉を代表する人間として圭植に接するからである。
「父は吃音者である私にしばしば我慢ならないというふうなのだが、吃音者であることを余儀なくされている私にとって、それはまったく途方に暮れることであった」と書き、また、「一人の人間の前に、まず世界を代表する形で立ち現れるのは普通その父親ではないだろうか。私の場合にも、心に武装を施さねばならなかった最初の対象は、父親であったと思う」とも書いた作家にとって、「政治的人間」やそれが強いてくる「民族問題」とは、彼が彼自身であることを許容しないような、「世界」の新たな代表者として現われたのである。

すなわち〈吃音〉が自意識上の端緒の問題となった作家にとっては、「民族問題」は、自分の存在のあり方を生き生きと像化して摑み出す契機となることはできず、むしろ、自意識上の劇からつかまれた〈内面〉の原理を、脅かすようなものにほかならなかった。理念としての「民族問題」は、したがって彼を許容せずに拒否しつづけて来た〈父〉や〈他人〉とほとんど同じ位相で作家に現われているのである。

たとえば作家は『凍える口』『緩衝溶液』『遊離層』という初期の作品で、繰り返し青年期の「民族問題」を描いているが、このとき、〈社会〉や〈恋人〉とともに〈民族主義〉からも拒否される主人公という構図が浮かび上がる。たとえば、『緩衝溶液』の主人公申敏彦は、大学に入ってはじめて学生達の「民族問題」の様々な議論に触れることになるが、大学祭のための朝文研（北系）と韓文研（南系）

の合同企画会議に参加し、そこで「極めて異様なもの」を見る。朝文研の人間は、大学祭において共和国における国家建設の進展ぶりと帰国事業実現のアピールを中心にすべきだと主張し、韓文研の側は韓日会談に焦点を合わせることがまず急務であるという。そしてそこから彼らは、北と南の国家体制の是非をめぐって、飽くことのない「水掛け論」を延々と繰り返す。

その光景はいかにも奇異であった。と同時に驚異でもあった。皆の熱っぽい議論の間に僕の考えていたことといえば、彼らがなぜそのようなことについてそのように熱っぽく議論できるのかということだった。そして、金相徳の考えがなぜ金相徳のであって李箕範のそれでないのか、なぜ李箕範の考えでなくて金相徳の考えでなければならないのか、その必然性はどこにあるのか。つまり、金相徳はなぜ李箕範とちがう金相徳の思想を持つにいたったのかというようなことについてであった。そして、さらに、同じ朝鮮人でありながら、金相徳ほど北朝鮮に執着を感ずることもなく、李箕範ほどに韓国に執着を感ずることもなく、そのどちらに対しても自分はほとんど関心を持てないでいる。それは一体どうしてなのか、ということについてであった。

（『緩衝溶液』）

主人公はここで別に、金相徳（北）的思想や李箕範（南）的思想の内容性を、超越的立場（たとえば反イデオロギーというような）から無化しようとしているわけではない。彼が抱くのはもっと素朴な疑問であって、なぜ二人の人間がかくも対極的な思想をなにか絶対的な真理として主張し得るのかということである。

おそらく主人公が握っている〈内面〉の原理からは、ここでは「驚くべきこと」が議論されている。なぜなら彼らには〈内面〉以前に属すべき国家が先行しており、しかもそれは「北」が真理であれば「南」は恐るべき虚偽にほかならず、「南」が真理なら「北」は全くの虚妄にすぎないという形で存在しているからである。

なによりもまず自分の〈内面〉が存在するという自意識からは、属すべきものとしての〈社会〉や〈国家〉は大なり小なり非本質的なものとして表象される。そればかりでなく、主人公にとってそれは「心に武装を施さねばなら」ぬような圧制的〈世界〉でもある。だから彼はむしろ、そのような〈真理〉がなぜ彼らに（あるいは人間に）可能なのか、と問わざるをえないのだ。

主人公がここで見ているのは、いわば意見（理念）による世界分割とでもいうべき光景である。彼の青年期的な〈世界像〉においても、すでに自分が〈在日〉に属し、この日本社会からは拒否されているという確信は動かしえないものになっている。ところが彼が〈在日〉世界へ目を向けると、今度はそこが、まっこうから対立する意見によって、明確に異なった二つの〈真理〉の世界に分割されている。そしてこの世界は、彼がこの二つの真理のうちのどちらかを選択することなしには、決して入ることを許されない世界なのだ。世界を〈日本社会〉と〈在日社会〉に分割しているのは、目に見えぬ血の徴《しるし》のようなものだが、〈在日〉を分割しているのは「北」と「南」という二つの言説（理念）であり、二つの〈真理〉なのである。

実はここで主人公が直面している「言説における世界分割」という事態も、やはり近代社会の「観念の劇」の中では普遍的な構造をもつ。青年は誰でも大なり小なり「理念」における、あるいは「感受性」「審美性」「趣味」「モラル」における世界分割に参加し、そのことによって〈世界〉と自分との関係の仕方を整序し確定する。それだけではない。ひとはそれを様々な意見（しゃべること）によって不断に輪郭付け、そのことによって〈言葉の世界〉というものを、否、〈世界〉という言葉の海にほかならぬものを不断に作り上げているといえる。

だからたとえば、ここで主人公が出会っている二つの真理によって分割された〈世界〉は、必ずしも〈在日〉の総体性を正確に反映しているわけではない。もともと民族意識に目醒めて「民族」や「主体性」や「自己発見」という主題に入り込むに至る人間は、まず〈在日〉の少数部分にほかならず、より多くの人間はむしろそういった問題に触れ合わないようにして生きているのが実情だからである。しかしそれにも拘らず作家が目撃したあの、「言説における世界分割」という事態になんらかの意味があるとすれば、それはこの領域がいわば純粋な「言説」の領域であるという点である。

それを言い換えれば次のようなことだ。私たちはごく一般的には、あの〈真理〉や〈理念〉や〈論理〉の世界（つまり南北の国家のいずれが正しいか、いかに生きるかといった問題の世界）を、〈感受性〉や〈趣味〉や日常的〈欲望〉の世界と対立し、相反する世界、つまり全く原理的に相異なるような世界であると考えている。簡単に言えば私たちはそこに、観念と感覚、理念と現実、論理世界と生活世界、知と身体といった、まだまだいくらでも並べられるはずの周知の対立の構図をイメージしているのである。

だが、私たちが「感覚」や「現実」や「生活」や「身体」という、要する「言葉」に反するような原理として見ているものも、厳密にいえば実はまた「言表《ディスクール》」の世界にほかならない。だがそれは「現実」とか「身体」というものも観念としてのみ存在するのだ、という意味ではない。私が言いたいのは、たとえばあの「民族問題」にほとんど触れ合わずに生きるような〈在日〉が多くいるとして、では彼らが「言説」の世界と全く異なった原理として〈感受性〉〈肉体〉〈欲望〉〈実生活〉の世界を生きるのかというと、そうではなく、彼らが生きているのもやはり言葉によって様々な「アイデンティティ」を作り出すような世界であるということだ。

つまり、どんなレベルであれ、誰もが必ず何らかの形で〈世界像〉を持ち、それへの態度をつねに言葉によって輪郭づけながら生きている、ということである。およそ個々人による〈世界〉への相関は、大なり小なり言葉によってなされるのであり、そういう構図の中では、あの〈真理〉をめぐる言説の世界は、いわば純粋な言説の領域として現われて来るのである。

それが純粋な言説の領域であるというのは、まず第一に、そこにおいてつねに〈社会〉全体が欲望しているような社会倫理のあり方が表象されるということ。そして第二に、この領域だけがいつでもまず公共的な表現として浮かび上がり、そのことにおいて他の様々なレベルの言説の世界に対して特権的な立場に立つということ、を意味する。おそらく金鶴泳は自己の〈吃音〉の不遇性を、描くに足るものとしてはじめて表現の水位へ押し上げたとき、この〈真理〉をめぐる言説世界の特権性といったものを意識していた。だから彼の〈世界〉に対する違和感は、いつもあの〈真理〉をめぐる言説の〈世界〉への違和感と重ねられていた。

たとえば『遊離層』の中心テーマをなしているのは、主人公朴貴映の兄貴春がなぜ自殺したのかという謎なのだが、恋人博子の告白によって、貴春はまず日本の企業が韓国へ進出しているという理由で就職を自ら肯じ得ず、しかも自分は共産主義者でないという理由で民族組織へ入ることもできなかったということが明らかになる。貴映は「日本の風土と文化に深く馴染《なじ》みながらも、やはり自分を朝鮮人として生きるほかない人間として意識」した兄が、「まず共産主義と直面しなければならなかったのにちがいない」と考え、「さらに兄の交際範囲における朝鮮人の皆が皆北朝鮮系のそれであってみれば、それは正しいとか正しくないとかの問題ではなく、受け入れるか受け入れないかの問題として兄に迫っていた」、という感懐を抱く。

このとき貴春の自殺は、いわば〈社会〉の不在というところに由来していることになるだろう。つまり貴春は、実は単に「共産主義」という言説世界から拒否されているだけでなく、日本社会からも、言説上の問題において拒否されているからである。貴春は自分の生きるべき〈社会〉がどこにもないという「ぼんやりした不安のために」自殺するのだが、このときの〈社会〉なるものが、あるレベルでの言説の問題であることは明らかだ。だから作家が〈民族主義〉のうちに見ていたのは、いわば言説上の体制としての〈社会〉なるものであると言うことができる。

それはたとえば「必要なのは共産主義者になることだ、あるいは反共産主義者になることだ。……」（『緩衝溶液』）というような形で〈真理〉上の二者択一を彼に迫り、これを果たせぬ人間から〈社会〉を奪いとるようなものにほかならない。そしていうまでもなく、作家金鶴泳にはこの選択を決断することがどうしても不可能であった。なぜなら繰り返し述べたように、あの二者択一は作家の自意識の核心を否定し、その存在を「許容しない」ものだったからである。

それは作家のような存在を、丁度ペロポネソス戦争に巻き込まれた弱小国のような立場に追い込む。トゥキュディーデスが簡潔に語るように、どちらの側に付くかという問題において「中庸を守る市民も難を免れ」ず、「彼らは両極端の者から不協力を咎《とが》められ、保身的態度をねたまれて、なし崩しに潰滅」するほかないという状況が作り上げられる。まさしくそれこそ、〈在日〉を蔽っていた〈言説〉世界の状況だった。金鶴泳における〈民族主義〉への根本態度は、だからいつもこの言説上の体制（＝北か南かという二者択一）への違和の叫びとして現われる。たとえば作家は次のように語っている。

自分は、自分であるよりほかないものだ。人はそれぞれ、そのあるがままの状態においてすでに存在理由を得ているはずだ。問題なのは、この自分をどうにかすることではなく、こういう自分として、ではどのように生きるのか、どのように世界（外部現実）に関わるのか、ということであるはずだ。（略）いずれにせよ、私が小説を書きはじめたのは、そのように、自分はこの自分を生きるよりほかはないというふうに、居直ったところからであったと私は思うのである。

（「一匹の羊」）

「自分は、自分であるよりほかないものだ」という考えこそ、作家が圧制的な〈世界〉の眼差に対抗すべきものとして立てた〈内面〉の原理である。作家の意識の系において、「民族主義」は絶えず彼を拒否しつづけた〈父親〉の眼差や、〈他者〉たちの眼差と同じ地平に結局位置づけられることになる。彼の前に様々な対象が〈世界〉を代表して訪れ、「自己を変えよ、さもなくば私は永遠にお前を知らないであろう」という呪文に似た言葉を吹きかけるのだが、彼はそのつど、これらの対象に強く惹《ひ》かれながらも、結局は彼らの非認知（＝拒絶）を受け入れるのである。

作家はこの「居直り」を、いわば書くことにおいて果たし、あるいはこの「居直り」において、書いたといえる。だから『緩衝溶液』における申敏彦は、「金相徳や康奉信を否定しきることができないかわりに、全面的に承認し同調することもできないでいる」自分を、〈まるで緩衝溶液のようだ〉という言葉で規定しようとする。

そして、『遊離層』の朴貴映も、「そこを忌み、そこを避けながらも、しかし空虚な一日の無意味な時間の流れの果てに、自分は結局そこに行かざるを得ない」という感懐にゆきつくのだが、この「そこ」とは、主人公の下宿の畳の上で行なわれる何の意味もない孤独な遊戯の場所にすぎない。また『錯迷』で主人公の申淳一が〈またあそこに行くよりほかあるまい〉という形で思い浮かべるのも「狭くて、暗くて、騒々しくて、そしてまったく下らないとしかいいようのない連中ばかりが集ま」る「小さな酒場」なのである。

作家は彼の主人公を「民族主義」に対面させた小説では、ほとんど執拗《しつよう》といえるほどこのような結末を繰り返して描いている。『錯迷』のあと、作者がまともに青年期における〈民族主義〉の問題をとり上げているのは『夏の亀裂』だけだが、そこでも主人公康資英が「もはや、これ以上この部屋の冷たさの中に身を置いていることに堪えられ」ないために、場末の酒場へ出かけてゆくところで小説が終るのである。この『夏の亀裂』で、作家は主人公を〈民族主義〉をめぐる様々な議論に立ち合わせたあと、次のような感慨を抱かせている。

〈俺は俺の仕方で朝鮮に臨むか。しかしそれは、俺が俺の経路をへて、いつか「朝鮮人」、朝鮮人らしい朝鮮人になれるとしてのことだろう。だが俺はいつかそのような朝鮮人になれるだろうか。朝鮮語で思考し、朝鮮の風俗習慣、文化伝統を自分のものにし、朝鮮の問題すなわち自分の問題と感じられる人間になれるだろうか。(略)朝鮮語を修得すること、朝鮮の歴史を学ぶこと、要するに「朝鮮」を学習すること、テキストに問題があろうとなかろうと、とにかくそれに接することによって少しでも「朝鮮」に接近すること、結局それしか方法があるまい。たとえそうした学習によって俺の上《うわ》っ面《つら》しか「朝鮮人」になり得ないとしても、それよりほかにどんな方法があるだろう?〉

(『夏の亀裂』)

主人公はここで「朝鮮人」とは何か？ あるいは「民族」とは何か？ という問いにからまれ、必死にその解答を探り出そうとしている。だが読者は主人公のこの必死の問いの背後に作家金鶴泳の次のような呟きを聞かないだろうか。つまり、「民族とは何か」「朝鮮人とは何か」と問うことは一体いかなることなのか、あるいはまた、われわれは一体何ゆえにそれらの「言葉」の世界の中で苦しむのだろうか、と。

こういう場所で作家がとった決断とは、あの〈真理〉をめぐる「言説」の世界を拒否することだった。そしてそのことは、『緩衝溶液』の朴貴春がそこで滅んだ〈社会〉の不在ということに耐え続けるということにほかならない。実際私たちはここで、なぜ金鶴泳の主人公たちが、ただ孤独の温度を掌でじっと保持し続けるだけといった場所にゆきつくのかと問うてみなければならない。おそらくその理由は、多くの〈在日〉は〈他者〉や〈世界〉や〈民族主義〉から拒絶されれば孤独になるほかないということではなく、作家金鶴泳が〈在日〉の〈真理〉をめぐる言説世界を拒絶して、あの〈内面〉というもうひとつの言説の世界をほとんど独力で立てようとしているためなのである。

かくして私たちは、金鶴泳がその青春期に泳ぎ抜いてきた〈民族主義〉なるものの感触を、次のように言い表してみることができる。それは、〈在日〉の青年が「二十歳のあたり」になって「自分と世界との関係の仕方」を自覚的に捉えようとするとき、誰も避けられぬ言説上の〈体制〉として現われてくる。〈民族主義〉は北か南かという二者択一の貌《かお》を持ち、丁度スフィンクスのように、問いに答えられぬ人間の〈社会〉意識を死に至らしめる。金鶴泳が自我感覚の核としてつかんでいたのは、あの〈内面〉の原理なのだが、〈民族主義〉という言説の領域では、それは絶対的な不可能性にさらされるほかない。

〈民族主義〉とはだから、彼の〈不遇性〉を解放するどころか、却ってその不可避性を宣告するようなもうひとつの〈世界〉の代表者である。そして繰り返し述べて来たように、自分を病んだ〈内面〉の場所におき、そこから様々なレベルで現われる〈世界〉の感触を「ありのままに」描写するということこそ、作家にとっての本質的な方法にほかならなかった。この自意識の場所から〈世界〉が自分を拒絶し圧迫するその仕方、その理由の不透明さを、いわば「病者の光学」（ニーチェ）のように描き出すこと、それが作家のいう「ただそれをありのままに書くこと」にほかならない。

こうして作家は、まず〈吃音者〉から見られた圧迫する眼差（他者）としての〈世界〉を描き、つぎに全く同じ方法で、あの〈内面〉の原理から〈民族主義〉という〈真理〉の言説を描く。そして最後に作家が描こうとするのは、生活する場所としてのこの〈世界〉全体にほかならない。

すでに〈吃音〉の章で引いたように、作家は『まなざしの壁』で、「吃音を（ありのままに――引用者）書くことによって」吃音の苦しみから解放されたように、〈朝鮮人〉であることをも同じ視線で「見返してやれば」、「自分はあの忌まわしさと不愉快さから解放されるかも知れない」と書いている。このとき作家は、〈民族主義〉の二者択一を拒否し、「自分は、自分であるほかないものだ」というような場所から、圧迫するものとしての〈世界〉を見つめ抜こうとしていたのだ。

こうして私たちは、もはや〈吃音〉の不遇性の場所から見られた〈世界〉ではなく、また青年期の言説世界としての〈民族主義〉でもない、作家自身の〈民族〉の問題に踏み入ることになる。しかし次の章のテーマとして現われるのは〈民族〉あるいは〈朝鮮〉ではない。私たちがそこで見出すことになるのは、〈父親〉という主題である。

三　〈父親〉

金鶴泳は単行本『あるこーるらんぷ』（『錯迷』『あるこーるらんぷ』『軒灯のない家』収録）のあとがきで、「私の内部における『父の翳《かげ》』の大きさに、いまさら驚く」と書き、更に、「おそらく、私は、こんごも父を書き続けるであろうと思う。それは、私にとって、父がこの世で最も手応えのある人物だからである」と述べている。

桶谷秀昭《おけたにひであき》は「金鶴泳論」（『新鋭作家叢書　金鶴泳集』所収）で、作家において〈朝鮮人でなければ日本人でもない〉という存在感は一種の「妄執」のようになっている、と語っているが、〈父親〉というテーマも作家にあって「妄執」のように存在しているというべきであろう。金鶴泳の〈父親〉は、すでに処女作『凍える口』において磯貝の父親という姿で登場しているが、いま〈父親〉をテーマとした作品を列挙してみると次のようなことになる。

『弾性限界』（四十四年九月）、『錯迷』（四十六年七月）、『あるこーるらんぷ』（四十七年二月）、『軒灯のない家』（四十八年三月）、『石の道』（四十八年十月）、『あぶら蟬《ぜみ》』（四十九年十一月）、『冬の光』（五十一年十一月）、『鑿《のみ》』（五十三年六月）。この間の作品としては『まなざしの壁』（四十四年）、『仮面』『夏の亀裂』（四十九年）、『月食』（五十年）があるだけで、これに『凍える口』（四十一年）、『緩衝溶液』（四十二年）、『遊離層』（四十三年）の初期の三作を加えると作家のほとんど全ての作品が数えられることになるわけだから、金鶴泳にとって「父の翳」が並大抵のものでなかったことはすぐに分かる。

最も新しい作品集『鑿』に収録された『冬の光』や『鑿』では、作家は『凍える口』や『錯迷』や『あるこーるらんぷ』で現われた〈父親〉の像を、いわばもう一度丹念になぞり直しているといった感をうける。ただしその筆致は同じものではない。『鑿』では、『凍える口』や『錯迷』に顕著だった「心の秘密」や「民族主義」という要素が抜き取られ、小説全体が〈父親〉というテーマにおいてモノフォニックな響きになっている。

それはある意味では純化ともいえるが、別の意味では他のモチーフとの関わりを絶たれて、ますます世界が閉じられてゆくということでもある。おそらく、「妄執」という言葉に含まれているのは、そのような「視線の狭さ」であり、とりつかれ方の「深さ」の印象であるにちがいない。ともあれ、金鶴泳の作品の中に「父の翳」がはじめて姿を現わすのは次のような場面においてである。

> 寒い冬の夜のことだった。夕飯を済ませてしばらくしてから、おふくろは俺と道子とを連れて外に出た。どこに行くつもりで外に出たのか、記憶はない。出かけるとき、おやじは横になっていた。（略）家を出てしばらく歩いていったとき、静かな中を後ろから誰かが走ってくる下駄の音が聞こえた。それがすぐ後ろに迫ってきたと思った途端、俺の手を握っていたおふくろの手が離

れた。と思う間もなく、おふくろはコンクリートの上にはたきつけられた。

『ぎゃあ!』

冬の澄み切った夜空を突き抜けていくような、鋭い悲鳴が俺の胸を刺し貫き、続いておやじの怒鳴り声が、獰猛《どうもう》な獅子《しし》の吠《ほ》え声のように俺の上で響いた。

(略)

家に戻ると、おやじは、まるで何事もなかったように、また横になり眠り込んでしまった。おふくろは台所の隅で、血をぬぐおうともせず、声をひそめながら、しかし胸を絞られるような悲痛な声で、忍び泣きに泣いていた。歯を何本か折り、口の中は血で真っ黒だった。そのうえ鼻血がとめどなく溢《あふ》れて、着物の胸から膝のあたりまで、赤い鮮血がしみ込んでいた。俺と道子はかたく手をつなぎ合い、泣いているおふくろのそのむごたらしい姿を目前に見ながら、一緒に泣いた。俺と道子はおふくろの悲しみを泣き、そしてそのおふくろの悲しみは俺と道子の中に深く喰い込み、永遠に癒され難い傷痕を心に植えつけた。

(『凍える口』)

父親の蒙昧《もうまい》と暴力ということがらに類する描写は、李恢成や高史明の小説にもあり余るほど出てくる。しかしたとえば次のような文章と並べて見るなら、その感触の差は歴然としている。

いまでも思い出すのだ。あの少年時代、なぜ僕はしばしば台所へ走りこまねばならなかったのだろう。それは父が少年の僕にあたえたたゆまざる訓練であった。家のなかで喧嘩《けんか》がはじまり、父がモーションをとりはじめると（それは僕がスタートラインから飛び出す合図であった）僕はすかさず台所へ駆けこんでいく。そこで大いそぎで台所の庖丁《ほうちょう》を引っさらうや外へ飛び出していくのだ。（略）もし僕があの短距離ランナーのように瞬間のダッシュに全神経を集中していなければ、父がたちまち僕を追いぬき台所に至る。だが、そのことによって惹き起される事態を思えば、僕はたえず、父より速く走らねばならなかった。こうして僕は親子の〈短距離競走〉で勝ちつづけ、たえず勝利者となった。

（李恢成『死者の遺したもの』）

李恢成にあっては、暴力を振るう父親の記憶は、すでに整理された〈過去〉の意味の系のひとコマとして現われている。なぜなら、この逆上するとすぐに庖丁を掴もうとする粗暴な父親の像は、いまや「祖父からせしめたプラモデルなどをせっせと組み立てている」自分の息子たちに、「せめて一度でもあの〈短距離競走〉を味わわしてやりたい」というような視線のなかでその焦点を結んでいるからだ。それが作家の心になんらかの「傷痕」を残したとしても、「傷痕」はいつか癒されており、また〈自分の父親はどういう人間なのか〉という問いは、既にどこかで答えられているのである。

これに対して、金鶴泳の文章の感触はおよそ対極的である。ここでは、ただ父親の暴力を耐えることの中を生き続けねばならなかった「母親の悲しみ」が、いまやむしろ主人公の現在を脅かす「傷痕」として成長しているのであり、さらに、あの〈自分の父親はどういう人間なのか〉という問いは、記憶の中の異様な相貌のもとで、ますます謎めいたものとなってきているからだ。

要するに、李恢成の中での〈父親〉は、既に解決され調停され宥和された像として現われているが、金鶴泳にあってそれは、決して解答が与えられず、しかもいままさに彼の現在を侵蝕《しんしょく》しつつあるような主題として現われているのである。作家における〈父親〉像のこのような性格こそ、そのテーマを一箇の〈妄執〉と化している源泉にほかならない。

ところでごく一般的に言えば、「自分の父親は一体どういう人間か」という子の疑問は、フロイトのいうエディプス的アンビバレンツの感情に根差していると言えるかも知れない。おそらく息子の側からは、「母親はどういう人間か」という問いより、「父親はどういう人間か」という問いがはるかに普遍的であろう。

たとえば小林秀雄が「批評家失格」で、母親の子供に対する概念を介さぬ理解のあり方（「愛してゐるから私の性格を分析してゐる事が無用なのだ」）を、「世にこれ程見事な理解といふものは考へられない」と言い表わしたことはよく知られている。これをフロイト的に言うと、一般に息子は父親に対して、彼が母親に対して持つような安定した感情を持てず、大なり小なり概念的な枠組みによって父親を〈理解〉する必要にせまられる、ということになるだろう。しかし、〈在日〉二世作家、つまり李恢成、金鶴泳、高史明といった作家が申し合わせたように〈父親〉というテーマを繰り返しとり上げるとき、おそらく事態は〈家族〉の内側の心理的ベクトルという問題を越えているのである。

これら文学表現として浮上して来た〈父親〉というテーマは、実は〈在日〉が日本社会の中で〈作家としてであれ他の仕方であれ〉なんらかの仕方で自分の生活を形造ってゆくとき、「自分の生活と世界との関係の仕方について」の自己理解の問題として現われているのである。〈民族主義〉というものが、青年期的な自我と世界との関係を、〈世界像〉として了解する問題として成立しているとすれば、〈父親〉という主題は、生活意識としての自己と世界との関係を了解する問題として現われた、ということができる。

この事情は様々に言い換えることができよう。たとえば私たちが日本の近代文学の中で「生き方」や「世界のあり方」の〈真理〉をめぐる主題のうちに見ているのは、あの青年期的自我における〈世界像〉の問題であり、また〈人生〉とか〈伝統〉とか〈自然〉をめぐる主題のうちに見るのは、生活感性としての自己における〈世界像〉にほかならない。

日本の近代文学的範形の中では、〈父親〉の問題は、青年期的自我が〈社会〉やその中での〈生活〉に対して抱く両義的な感情を調停し、それを生活者として成熟させてゆく繋ぎ目の部分に現われる〈志賀直哉などはその典型であろう〉。これに対して、〈在日〉における〈父親〉というテーマは、青年期の自我と生活者の意識との繋ぎ目に両者を調停するものとして現われるだけでない。むしろそれ自身が生活する意識にとってひとつの新しい「物語」の役割を担うのである。というのは、そこで〈父親〉は、単に青年期の過激な自我意識を生活社会へ連結する役割を果たすだけでなく〈在日〉や〈民族〉という生活上の共同性のアイデンティティを保証するような役割をも果たすからである。

既に「李恢成論」などで見たように、この主題の〈在日〉的定型は、父親との和解、父親の背後の「民衆」や「民族」や「歴史」の発見、といった形で現われてくる。高史明などにおいても、それはまさしく「生きることの意味」を照らすような像として存在している。彼にあっては「民族」や「祖国」への回帰は見られないが、むしろ自由に思考し行為する存在としての「人間」という観念が現われている。

おそらく良くも悪しくも高史明には最も強く日本の戦後的理念が生きているということができる。高史明の「人間」の観念は、日本社会と〈民族主義〉の両方から拒否されたという点で金鶴泳の〈内面〉と通じるところがあるが、しかし高史明的「人間」は、日本の戦後理念の中にその根拠を見出し、そのことであの〈不遇性〉を逆転する。だからいずれにせよ、李恢成や高史明の〈父親〉像は、「自分がいま、在日朝鮮人として、日本の中で、生きていること」の全体像を確認し意味付けようとする「言説」の欲望の中で生きはじめる。だが、金鶴泳の〈父親〉像はすこし違っている。

なぜおやじはそんなにも酷くおふくろを苛めたのか、俺にはわからない。それは、そのときまだ幼かった俺の理解をはるかに越えるところのものだった。そして今もって俺にはよくわからない。ただ、結局、おやじとおふくろとは性が合わなかったのだということ、性が合わぬことから来る苛立たしさを、こらえ抑えるだけの理性が、粗暴なたちのおやじにはなかったのだということ、そのためにおやじの中の凶暴な性質がおふくろに向かって破裂していたのだということ、そう考えるよりほかに考えようがない。

（『凍える口』）

私は昔から醜悪なものが嫌いであった。醜悪なものを見ると、私はよく心が顫《ふる》えてくるような、抑え難い怒りに襲われる。（略）そして、私にとって、この世における醜悪なものの最たるものは、父母の争いであった。その醜悪さは、その中に身の凍るような陰湿さと陰険さとを含み持っているがゆえに、いっそう性質の悪い醜悪さであった。

（『錯迷』）

そんなとき、夕飯のおかずが父の気に入らなかったりすると、もう駄目であった。というより、そのように不機嫌なときは、どんなおかずを持ってきても、父には気に入らぬのであった。そういうとき父は、卓袱台《ちゃぶだい》に向かって腰を下ろすと、卓袱台の上を見回しただけで、箸を取ろうともせず、やがて卓袱台の上のあらゆる食器を、一つずつ手に取り、無言のままゆっくりと、しかし断固とした調子で台所の土間に向かって投げつけはじめる。（略）そして全部の食器を砕き終ると、こんどは流しに立っている母のところに行き、胸の凍るような陰険な声で母を罵りながら、殴る蹴るの凄絶な暴行を加えて行く。（同）

高校生ともなった頃には、目前で大人げない声を張り上げて母を罵っている父は、私には恐しいと同時に、またいかにも見苦しかった。私は家の中を暗くしてやまない父の愚劣さを憎まないではいられなかった。醜い光景を演じてやまない父を、軽蔑しないではいられなかった。（同）

金鶴泳の〈父親〉は、なによりまず兇暴《きようぼう》な圧制者、専制君主のような相貌において登場する。彼はギリシャ神話の神々のように、異様な性格と心理と力を持っており、単に母親に対する圧制者であるばかりでなく、家族全員に対する圧制者でもある。すなわちこの男は、世間一般の父親のように家族を世の中の波風から守る守護神として存在するかわりに、むしろ家族を彼の圧制の内側へ閉じ込め、そこから脱出することを妨げる者として存在する。それだけでない。この男はしかもそういう仕方で〈家〉を代表しており、したがってこの男の運命はまた〈家族〉の運命でもある。このような父親の像こそは金鶴泳に固有のものであり、作家の病んだ自意識から見られたいわば現象学的な父の像にほかならない。

この力にまかせて自分の欲望の支配を貫き通す異様な家父長のイメージは、しかしある意味で〈在日〉における原父の像だといえるかも知れない。なぜなら、ただひたすら腕力で「仕込む」以外に〈家〉を守り維持してゆく方法を知らない一世の父親は、戦後の民主主義教育の中で生育し、しかも日本社会の中で〈不遇性〉に身を浸していた子の世代の視線からは、大なり小なり「異様で理不尽な」存在として現われるほかなかったからだ。もちろん、父親の暴力が子にとって理不尽なものと見える理由は、親の世代が〈家〉の秩序にとって肝要だと感じていることが、子の時代的感受性からは逆に家庭を破壊するようなものと感じられるためなのである。

このような父親像は、李恢成などの記憶にも切れ切れの形では浮かんでいる。しかし、おそらくは誰もあの荒ぶる神のような〈父親〉の像を抱え持ったまま生きてゆくことができない。青年が〈民族主義〉といったものによって〈不遇の意識〉を克服しようと試みずにはいられないように、〈在日〉の生活感性にとって荒ぶる〈父親〉像を宥和的な感情の中で位置付けなおそうとすることは、やはり不可避の欲望だといえる。

たとえば金鶴泳の『弾性限界』において、読者はあの圧制者としての父親像とは対極的な、もうひとつの〈父親〉像を発見することができる。ここで主人公の父親は、密造酒を摘発されたのをきっかけに、生活の重圧を目に見えぬ心のひび割れとして抱え込んでしまう人物として描かれている。主人公の父親高宗遠は、この事件以後徐々に〝狂気〟を露出させてゆくが、それは、〈在日〉の生活にかかる苛酷な緊張が、摘発事件によって彼の奥深いところでぷつりと切れてしまったという風に感じられる。以来宗遠はときおり理由もなく家族たちに暴力を振るうようになるが、それは、「しかし、父を理不尽な行為に駆ったもの、それはもはやまぎれもなく父のなかの狂気であり、自分と母とは一生この狂気を背負って生きていかねばならない」といった形で眺め返されている。

ここでの〈父親〉は、〈在日〉の過酷な生活の中でそれ自身抑圧されたものとして描かれ、そしてこの抑圧感こそが彼の「理不尽な行為」を引き出したのだという視線が前面に出てくる。この像はもちろん、〈歴史〉とか〈民族〉といった文脈での〈父親〉理解を意味しており、金鶴泳の中であの荒ぶる原父の像と共存しているのである。

実はこの宥和的な父のイメージは、すでに初期の作品『緩衝溶液』においても現われている。主人公が子供の頃、ふと父親に逢いたくなって、市のはずれの河原で「ばくだん焼き」をしている父親の小屋まで歩いてゆく。しかし彼はその小屋にまだ一度も行ったことがない。しばらく行くうちに、日が暮れてゆき、引き返すにも引き返せず彼は必死で父の小屋を探して進んでゆく。すると遠くの方から、大きなリュックを背負った人がこちらに歩いてくるのが見え、それが父であることがわかる。彼は父の腕の中へ飛び込みありったけの声を出して泣く。しばらく泣いてから彼は父親のリュックの上にまたがり、すっかり安心して父と家路をたどりながら、「お父《とう》はどうしてこんなに遠いところで一人で仕事をしているんだろうと、なんだか父が可哀想に」なる。

桶谷秀昭は前述の「金鶴泳論」で、この宥和的な父親の像に、作家の父親に対する愛憎表裏《アンビバレンツ》を見ている。しかしおそらくこの愛憎表裏は「心理的なもの」を意味しない。それはむしろ〈在日〉が、〈社会〉や〈民族〉や〈在日〉や〈家〉などの諸観念をどのような態度で遇するかという問題に相関している。金鶴泳にあって、このいわば和解を予感させるような宥和的な父親の像と、あの荒ぶる欲望の神のような父親の二重の像は深層心理的なアンビバレンツというより、〈在日〉に固有の「父親」や「民族」の了解にかかわる両義性なのである。

この二重の父親像は、すでに処女作『凍える口』と第二作『緩衝溶液』ではっきりと姿を現わし、以後の作品の中で激しくせめぎ合っている。おそらくそれは、〈父親〉を安定した〈世界像〉の中で理解したいという欲望と、いわば原質としての〈父親〉像の謎めいた実感との間のせめぎ合いを意味している。

しかし注意すべきなのは、たとえ一方の宥和的な父親の像においても、金鶴泳にあってそれは、決して安定的に理解され秩序付けられたものとしては現われないという点である。確かに読者はあの横暴な父親の背後に、子の不安をたくましい腕で抱き止めてくれるもうひとりの〈父〉を感じとることができる。しかし、この宥和的な父の像は、李恢成や高史明においてそうであるように、現在の彼の生の意味を照らすような形では決して現われない。それはたとえばいつも、あの遠い道、不安、行き暮れるという心象風景の中で、ただ〈世界〉や「生」に対する彼の脅えの感情を一瞬癒すようなものとしてのみ現われるのである。『石の道』での次のような光景は、作家のこのような〈父親〉像としてほとんど象徴的である。

芳礼は、自分がとんでもないところに来てしまったことにいまさらのように気がついた。夢からはじめて正気に返ったというふうであった。周囲の闇がどんどんその密度を増して行き、ついには自分を圧し潰してしまいそうな気がした。彼女は思わずその場にしゃがみこんだ。（略）

そうやって芳礼はながいこと泣いた。けれどもいくら泣いても誰もこなかった。（略）彼女は諦めた。やはり父のところに行くよりほかないと思った。手の甲で涙をぬぐい、立ち上がると、ぶるっと肩をふるわせ、大きな溜息《ためいき》をひとつついた。そしてまた歩き出した。（略）小石を一面に敷き詰めた、石の道だった。その石は、あの石の山から流れてきた、白い石であった。ようやく石の山が近づいてきたのだと、彼女は思った。たしかに林の黒い影が間近かに迫っていた。その黒の影を見つめつつ、彼女はいつしか父を呼んでいた。（略）夢の中で叫ぶときのように、声が思うように口から出てくれなかった。それでも彼女は父を呼んだ。「お父《アボジ》ちゃん、お父《アボジ》ちゃん」と懸命に呼び続けた。

（『石の道』）

漱石のような作家では、父親に拒否されているという感覚は、『硝子戸の中』で出てくるような慈母の像によって補償されているといえる。李恢成においても、『砧をうつ女』に登場する美しく優しい母の像は大変鮮やかである。しかし金鶴泳では、母親が彼の〈不遇感〉を保護するものとして現われることは全くない。いわば父親が、一方で保護し、一方で圧制的に支配するような双面神として存在しているのである。

それが作家の心理的世界のどのような機制から現われたのか、私には判らないし、また知る必要があるとも思えない。重要なのは、それが宥和的であれあるいは憎悪の対象としてであれ、彼の〈父親〉像は決して整序された意味として対象化され得なかったということである。しかも作家に、〈父親〉を安定した〈世界像〉のなかで理解したい気持がなかったのかというとそうではない。

私たちはたとえば、『あるこーるらんぷ』『軒灯のない家』『冬の光』『鑿』という作品の系列の中に、作家が父親を、〈在日〉やその〈歴史〉という文脈の中で宥和的に理解しようとする絶えざる試みを見ることができる。それは「父の中の得体の知れない狂気めいたものの、さらには自分の中の不安な血の騒ぎの、その根源を探りあて」(『軒灯のない家』)ようとする物語であり、またその「得体の知れない」存在としての父親を、「お前ももうわかるだろう、人に舐められながら生きなくちゃならねえ気持がどんなものか」(『鑿』)という悲しみにおいて理解し直そうとする物語にほかならない。

実は、金鶴泳の作品を通読すると、その極めて圧倒的な印象にも拘らず、あの荒れ狂う支配者としての父親の像は、『錯迷』においてほぼ姿を消してしまうことが判る。もっと厳密にいうと、それは『凍える口』と『錯迷』という二つの作品の中だけでその異様な力を振るっており、その後の作品では、もはや父親は大なり小なり理解の視線の中で描かれているのである。しかしそれにも拘らず、金鶴泳においてはあの荒れ狂う父親こそが決定的に重要な意味を持っているといわなければならない。『錯迷』という作品は、そういう視点から見ると象徴的な位置を占めている。この作品は、いわば作家における父親との〈和解〉の物語だが、またその不可能性の物語でもある。ここで主人公の中淳一は、いまだ父親に反抗し切ることのできない人間として登場する。彼は理科系の大学院を卒業し、いまは辛うじて大学の助手の仕事にありついている。学生時代を通じて彼は、「いかに生きるべきか」「なにによって生きるべきか」といった問いにまつわる「心の飢え」に苦しめられており、いまだその「飢え」を癒すことができない。そんな彼に、大学時代の友人で韓国からの留学生であった鄭容慎から、久し振りに会おうという手紙がくる。

鄭容慎は化学の研究を放棄して祖国の統一運動に加わり、いまは日本に亡命して統一運動を行なっている。淳一には鄭容慎は「心の飢」を十分に満たす生き方をしているように見える。そして自分をそのような生き方から妨げているのは、父親の粗暴と蒙昧であり、それがまた〈家〉を絶望的な状態に陥れているのだと感じている。むろん彼は父への反抗を試みないわけではない。大学生となった淳一は夏休みに帰郷した家で、相も変らぬ父親の母に対する暴力を目撃し、思いあまって父親に向かってゆくが、「長年の肉体労働に鍛え上げられた」父の腕力に逆に苦もなくたたき伏せられてしまう。

殺せ！　殺せ！

殴られながら、私はしきりにそう叫んでいた。鼻や口から血が溢れ、私は自分の顔が生暖かいべとべとした血にみるみる濡《ぬ》れてゆくのを、ぼんやりした気持で感じていた。

やがて、騒ぎを聞きつけて集まってきた近所の人たちが、父を私から引き離した。父は数人の大人たちに身体をつかまれ、私から引き離されて行きつつも、

「この野郎！　親に手向かいやがって！」

と相変らず吠えるように私を罵り続けた。

私は仰向けに横たわったまま、目をつぶり、しばらくじっとしていた。泣けて仕方がなかった。父の吠え声を遠くに聞きながら、私はこの父が悲しくてならなかった。父は私にとって、紛れもなく一つの壁であった。その壁を突き破らんとして、自分はこのように跳ね返され、みじめに血に濡れて横たわっているのだ。——重い絶望感に全身をとらわれ、私は起き上がる気力もなかった。


（『錯迷』）

こういった〈父親〉像は、〈在日〉の多くの息子たちにとって強いリアリティを持っているに違いない。それは巨大な壁であり、自分を〈社会〉という場所から隔離している超えがたい力である。またなにより絶望的なのは、このやみくもな力が全く癒し難い「無知」によって支えられているというこ

とである。しかもこれこそ疑えぬ血の絆で結ばれた自分の肉親なのだ。息子たちのこのような絶望感は、また次のような想いによって一層重苦しいものとなる。

まわりの仲間や一般の人間は、こともなげに、欲望を自由に滾《たぎ》らせあう〈社会〉というるつぼの中に入ってゆけるのに、自分だけがなぜこの惨めな場所にとどまっていなくてはならないのか。なぜ自分だけが、このような〈父〉（あるいは〈家〉）に結びつけられて、自由にとび立つことができないのか、と。

一般の人間たちと〈不遇〉な自分との間に横たわっている自由への思いの深い海の中で、彼は幾度も幾度も溺死しなければならない。あるいは、幾度も繰り返されるこの仮死の中をこそ、彼は辛うじて生きてきたといってよいかも知れない。しかし、この底のない海の記憶の中をずっと生きつづけることはどんな人間にとっても不可能である。だから私たちは、この自己の〈不遇性〉を、社会的な〈理念〉の中で〈有意義〉なものとして取り戻したり、あるいはまた生活意識の物語のなかで、宥和された相において眺め直そうとせざるを得ないのである。

たとえば私たちが李恢成の〈父親〉像に見るのは、宥和された地平から眺め返される〈父親〉にほかならず、したがってそこには私たちの不遇感を鎮魂し安定させるようなものがある。しかし金鶴泳の〈父親〉像は、むしろ私たちをあの誰もが泳ぎ抜かねばならなかった〈不遇性〉の海へ投げ返してしまう。そこで私たちは、〈在日〉の生活感性の物語が何を抑圧し、何を忘却していたかということに気付かせられることになる。私には『錯迷』に現われているような〈父親〉像が、作家自身の記憶に似ているのかどうか知らない。しかし重要なのは、作家が書き表わした「記憶」の質であって、それがいつもまっすぐに私たちを、あの〈朝鮮人〉たることの不遇感のただ中へ投げ入れるということなのである。

たとえば次のような場面を見よう。淳一のすぐ下の妹明子は、高校三年の春突然のように「北朝鮮」に帰るといい出して周囲を驚かせる。近所の同胞たちは明子の勇気を讃《ほ》めたりするが、淳一には、明子が自分の「暗い家庭」に絶望して祖国に逃げ出そうとしていることが分かっている。やがて六月のよく晴れた日に、明子は帰還船のデッキで淳一や母に見送られることになる。ドラが鳴り、やがて船がゆっくりと、岸壁を離れる。

そのとき、甲板の上の明子の表情が、さっと変わった。それまで静かに無表情だった明子の顔に、急に動揺の色が走った。まるで自分はいま母や家族から一人離れ、見知らぬ土地に行こうとしているのだということを、はじめて真に悟ったかのごとく、私になじみの深いあの怯《おび》えの表情がにわかに明子の顔に浮かんだ。すると、もはや母のことを「オモニ」と呼ぶようになっていたはずの明子が、突然、以前の明子に立ち返って、こう呼びはじめた。

「お母さん！　お母さん！」

明子は上半身を舷の外に乗り出し、蒼《あお》ざめた顔で、呻くような声を上げて叫んだ。

「明子！　明子！」

と母も泣きながら叫んだ。

「お母さあん！　お母さあん！」

「明子お！　明子お！」

そして明子の顔が急に崩れ、みるみる歪んで、その目から涙が溢れてきた。

（略）

「お母さあんッ！　お母さあんッ！」

明子は泣きながら、はらわたに沁《し》みる鋭い声で、何度もそう叫んだ。船が急ピッチで岸壁を離れて行く。人の群れはいっそうどよめき、叫び合う声はいっそう鋭くなって行き、泣き叫ぶ声があちこちから聞こえてくる。ふっと熱いものが私の胸にこみ上げてくる。涙が溢れ、視界が曇る。〈どうしたことか。これはどうしたことか〉そんなことを心に呟いているうちに、涙は抑えようもなく、つぎつぎに溢れてきて、頬を伝わる。

（『錯迷』）


いうまでもないことだろうが、ここで「骨肉の情」とか「親子のきずな」といったことがらが物語化されているのではない。そういう物語は、いわばひとびとの心のうちに構造化されていて、たとえば「しのだの森のうらみ葛の葉」といった形で、触発されれば動きだす一種の自動性として保存されている。しかしここでは、もっと複雑で錯綜した人間の感情世界の動きが、ひとつの象徴的な場面として定着させられているのだ。

　明子は、船が岸壁を離れた瞬間、あたかも自分のこれまでのすべての行為の意味を、突然明瞭な光景として目撃したかのように蒼ざめるのだが、このとき「オモニ」という呼称を捨てて、「お母さん！」という以前の呼び方で母親を呼ぶ。つまり明子はこのとき、自分が原感情としての自己の〈不遇性〉から、「祖国」あるいは「帰国事業」という物語のほうへ飛び移ろうとしていたことに突然気づき、そのため「オモニ」といういわば物語化された呼称を捨てて、「お母さん」という原感情の方へ駆け戻ろうとするのだ。そしてこの場面に強い感銘があるとすれば、それはなにより、明子にとってこの発見が、船が「ゆっくりと、静かに、岸壁を離れはじめた」時にはじめて可能になった、という一点から滲んでくるのである。ここには〈在日〉の〈不遇の意識〉における象徴的な原風景がある。

　こうして中淳一にとっては、〈社会〉や〈祖国〉の問題の手前にまず〈父〉あるいは〈家〉が立ちはだかっている。淳一は統一運動を押し進める鄭容慎を現在の自分とひき較べそこに「彼の成長」を見ないではいられない。自分の「家の暗さ」「そしてその暗さをどうすることもできぬ自分の非力さ」が、自分の「心の飢」を閉ざし続けている超え難い壁のように感じられる。淳一のこの「非力さ」が現実的には父親に対する「非力さ」を意味するのはいうまでもない。たとえば彼は鄭容慎の、大衆は愚かではあってもエネルギーを持っているという言葉に対して、次のように考えるほかない。

私にとって、父はいわば大衆の中の大衆であり、「愚かな大衆」とは「愚かな父」の謂いにほかならなかった。そして、いまもって私は、相変らず家を暗いものにしてやまないこの父を、どうしてよいかわからないのだった。父をどうしてよいかわからない私は、したがって、大衆をどうしてよいかもわからない。（略）〈俺はどうしたって、そんなエネルギーに期待するなんて、とてもできない……〉

（『錯迷』）

〈父〉をどうすることもできない彼は、したがってその背後に連なる〈在日〉の〈大衆〉をどうすることもできない。それは、〈父〉が恐るべき「無知」として存在するように、得体の知れぬ「愚かさ」、つまりやみくもな生活意欲の熱狂、むき出しにされた欲望の醜悪なせめぎ合い、という相においてしか存在しない。

中淳一が「私は昔から醜悪なものが嫌いであった」というとき、それは「大衆」が演じ続ける間断ないいさかいを意味しており、また彼にとって「この世における醜悪なものの最たるもの」は、作家自身それを自分の「原体験」であると語る「父母の不和」なのである。〈父〉〈家〉〈世間〉〈大衆〉これらのものは、いわば人間の盲目的な欲望の嫌悪すべき修羅場であり、そこには暴力、嫉妬、無理解、拒否、否認、恨み、ねたみ、強圧といった、人間的感情の〝荒廃〟だけがある、と感じられている。

だが、前にも述べたように、ひとはこのような感情を保持したまま生活の領域に入ってゆくことができない。そこで誰でも大なり小なり自己の過激な視線を緩めてどこかで〈世界〉を受け入れる余地を作り出さねばならない。この受け入れのはじめの通路として〈父〉との「和解」が現われるのである。『錯迷』においてそれは、主人公が同じような父母のいさかいの中で、もう一度父親と衝突する場面でやってくるのだが、しかしそれは、次のような意外なかたちで現われる。

父のところに行くと、私は一方の手で父の腕をつかみ、一方の手で父の襟首をつかんだ。父は私の突然の仕種に、ちょっと呆気《あっけ》に取られたような面持ちで、ぼんやり私を見つめていた。その父の身体を、私はぐいと押した。すると父の身体は、妙に頼りなく、ぐらりとよろめいた。それは、思いがけないほど頼りなかった、手につかんだ父の腕も、妙に肉を失っている感じだった。そこにはもはや、かつて私の顔を、岩をぶつけるように凄《すさま》じい勢いで殴りつけた、あの強靭《きょうじん》な腕の面影はなかった。(略)私はそこに父の老いを見て取った。すでに老いの漂いはじめている父の肉体は、いまや、横暴を極めている無神経な性質にくらべ、いかにも他愛なかった。(『錯迷』)

「父の老い」とは、ここで単に父親の年齢的、生理的衰えを意味しない。それはむしろ、子の腕力が父親の腕力を追い越したその瞬間に現われ出るものとしての「老い」なのである。つまり腕力以外に〈家〉の秩序を維持すべき方法を持たない〈父親〉にとって、この瞬間は、彼の権威が現実的に崩壊したことを告げる瞬間となる。また子にとってもこの「老い」は、極めて錯綜した感情の中でその意味を露わにする。すなわち、あれほど頑強でやみくもな絶対力と感じられていた父親の支配力が、実は単に腕力の優位によって支えられていたにすぎなかったことがこの時明らかになる。また、この優位が今や逆転しており、父と子の力の関係はもはや決して元の状態に復することがないということも一瞬のうちに告げられている。

主人公が突然出合うことになったこの和解の劇には、父と子の世代交代にいつでもつきまとうある種の感動が伴っている。それはヘーゲルの言葉を借りると「自立存在や自分の自己意識」が、「その本源たる両親から分れることによってのみ、獲られるという感動」(『精神現象学』)にほかならないが、しかしここでの感動は決して一義的なものではない。なぜなら、主人公は父親の「老い」のなかに自己の「自立」(=自由)を直観しているが、しかしこの支配力からの解放によって、ほとんど底のない不安に直面することにもなるからだ。つまり、彼は父親の圧制を越えたと感じた瞬間、それが実は保護する力として存在していたことにも気づくことになり、つまり、今度は自分が〈父〉となるほかない場所に立っていることを発見するのである。だから淳一はすぐに続いて、次のような感懐を抱かずにはいられない。

そう気づいた途端、私は不意に正気に返ったようであった。私は自分のしようとしていることに、ふと気がついた。父の身体をつかんでいる自分の手が、突然、この上もなく罪深いものに思われた。すでに枯れ木の感じを漂わせはじめている父の肉体、私はその腕をつかみながら、そこに父の「歴史」を感じた。その「歴史」は重く、その重さは、それをつかんでいる私のちょこざいな批判などは、いっさい寄せつけないかに見える。（『錯迷』）

あの「老い」を転回点とした世代交代の劇において、〈父〉の像は一挙に変転する。それはもはや、あの荒ぶる欲望の神、巨大で絶対的な力をもったおそろしい支配者であることをやめて、突然極めて脆弱《ぜいじゃく》な存在、ただ日本社会の中で身体を張って〈在日〉の家を支えていた存在にすぎなかったことが明らかになる。しかもこの開示は、ただ父親が専制者としての地位を滑り落ちることによって、またそういう事態とひきかえにはじめて訪れるのである。

別の意味でいえば、〈在日〉のこのような土壌において、〈父〉は、この自らの失墜によってはじめて〈子〉の理解をつかみとるといってよい。だから子の側では、自分が父を追い抜いてしまったことを「罪深い」ものと感じないわけにゆかず、ちょうどフロイトの「原父虐殺」（『トーテムとタブー』）の仮説におけるように、「歴史」なるものへの贖罪《しょくざい》的な意識において（フロイトでは近親姦の禁止だが）、〈父親〉の権威失墜という事態を埋合わせるのである。

ここでの「歴史」とは、いうまでもなく、〈在日〉の被抑圧の「歴史」であり、日朝間の不幸な「歴史」であり、また父親の困難に満ちた生活の「歴史」を意味している。そして重要なのは、このとき主人公における「歴史」という観念は、一方であの贖罪の意識として生きるが、他方で、自分が〈父親〉の暴力や無理解から蒙った深い傷を宥和するようなものとして生きているということなのである。

つまり作家は、自分が〈父〉に代わらねばならぬ場所に立ったとき、暗々裡に〈父〉やその背後の〈在日〉の大衆や、したがって「民族」というものと再び和解しようという心に押されるのである。

ところで、おそらく別の見方からすれば、こういう言い方は一種の転倒、つまり〈在日〉の「歴史」という実在を否認して、それを人間の心理的関係の問題へと還元するようなものと見えるかも知れない。〈父子〉の心理のあやが「歴史」という観念を呼びよせるのでなく、〈在日〉や「歴史」の内実こそがこの心理のあやを規定しているのだ、と。しかし実は〈在日〉の「歴史」をまず先験的な前提として出発するような思考こそが危ういのである。

なぜなら私たちは誰でも「歴史」とか「民族」とか「在日」という言葉を、まずあの青年期的な言説の世界のなかでうけとるが、それは私たちの「不遇感」や「抑圧感」やまたそれに対する態度決定の中ではじめてその内実を与えられるものである。そして、この言葉の内実を共有することのうちに、私たちは「歴史」というものの実在を想定するに至るのだ。だから私は「歴史」の現実性を父子の心理のあやに解消しようとしているのではない。むしろ、〈在日〉とは何であり、「歴史」とは何であり、〈民族〉とは何かという問いを、それらの概念を支えるものが何かというかたちで問い直しているのにすぎない。〈歴史〉や〈民族〉を先験的な現実性として出発する限り、私たちはいつまでたっても、あの「生き方」の〈真理〉をめぐる、あるいは〈社会〉への抽象的欲望をめぐる言説の領域内にとどまるほかないのである。

ともあれ、ここでの「歴史」という観念は、作家にとって「和解」への欲望の中で生きているといえる。一般的に言えば、この世代交代につきまとう「和解」の劇は、大なり小なり支配力の交代の父の側からの認定と、子の側からの贖罪が交錯する場所で成り立つ。劇の形式は父の権威のあり方と子の自立の方位によって様々な形をとるだろうが、「和解」という事態の感動のしこりは、あの交錯の場所で父子がその「理解」（あるいは認知）を流通させ合うところにやってくる。たとえば志賀直哉の『和解』で、主人公の順吉が父との「和解」に傾いてゆくとき、まず彼は「段々年寄つて行く父の不幸な其《その》気分に心から同情を持つ事もあつた」というような感情に動かされる。そして順吉と父との和解の決定的な場面は次のように描かれている。

「よろしい。それで？　お前の云《い》ふ意味はお祖母さんが御丈夫な内だけの話か、それとも永久にの心算で云つてゐるのか」と父が云つた。

「それは今お父さんにお会ひするまでは永久にの気ではありませんでした。お祖母さんが御丈夫な間だけ自由に出入《ではひ》りを許して頂ければよかつたんです。然しそれ以上の事が真から望めるなら理想的な事です」と自分は云ひながら一寸泣きかかつたが我慢した。

「さうか」と父が云つた。父は口を堅く結んで眼に涙を溜《た》めてゐた。

「実は俺も段々年は取つて来るし、貴様とこれ迄のやうな関係を続けて行く事は実に苦しかつたのだ。それは腹から貴様を憎いと思つた事もある。然し先年貴様が家を出ると云ひ出して、再三云つても諾《き》かない。俺も実に当惑した。仕方なく承知はしたものの、俺の方から貴様を出さうと云ふ考は少しもなかつたのだ。それから今日までの事も……」

こんな事を云つてゐる内に父は泣き出した。自分も泣き出した。二人はもう何も云はなかつた。自分の後方で叔父が一人何か云ひ出したが、其内叔父も声を挙げて泣き出した。

（『和解』――傍点引用者）

現実の関係として、父親がもはやどんな支配力も子に振えなくなっており、子がその力を強めてゆくのに対して、父親は「老い」てゆくばかりであることが、暗黙のうちに理解されている。また心理的関係としても、父の側では子が詫《わ》びを入れさえすれば全てを許していいという気持になっており、子もまた父を敵対的な支配者と感じているわけでない。要するに、世代交代の現実的、心理的関係はすべて満ちているのだが、それを認定する行為だけが、あるこだわりによって押しとどめられている。このこだわりは、父の方は形だけでも子の方から詫びて来てもらいたいのに、子は観念上の潔癖のために、なんとかこの潔癖に触れずに「和解」に辿りついてしまいたいと感じていることからきている。だから、順吉が父に答えながら「一寸泣きかかった」とき、彼はすでに決定的な地点を越えたと感じていたのだ。なぜならあのこだわりは、「それ以上の事が真から望めるなら……」というような、言葉の偶然的な進行のなかで自ずと解かれてしまったからであり、そうして押しとどめられていた感動が一挙にやってくるのである。

小林秀雄は『和解』を評して、「人々は『和解』を読んで泣くであらう。それは作者の強力な自然性が人々の涙腺をうつからだ」と書いている。あるいはまた、「最上芸術は例外なく自然の叫びを捕へてゐるのだ」とも書いている。しかしこの場合、小林のいう「自然」とは、実は『錯迷』の主人公が父の「老い」の背後に発見した「歴史」なるものと異なったものでないことがわかる。

なぜなら順吉における「和解」の感動は、「血の絆」、「情の絆」、あるいはまた彼と自分が〈家〉系の連鎖を担う主体として結ばれているというような観念を（だから、『和解』という小説は、主人公順吉の、子供に対する「情の雰囲気の中でなり立っているのである」）、父子がともに、理にかなった、不可避な、自然なものであると認定しようとする欲望の中で、はじめてやってくるのであり、したがってこの感動の「自然」とは、すでに言説化された欲望だといえるからである。つまり、「自然」も「歴史」も人間心理の疑えない底板ではなく、一箇の仮構（したがってある別の意味の系を抑圧し、忘却したもの）として現われているのだ。

だからもし小林秀雄のような言い方が許されるなら、「人々は『錯迷』における父と子の〈和解〉を見て感動せずにはいられない。なぜならそこに、〈在日〉の生活感性の自然が見事にとらえられているからだ」、ということになるだろう。しかしもはや明らかなように、そういう言い方は〈和解〉の感動を人間心理の底板のように描き出すことにおいて、やはり一種のイデオロギー性を帯びざるをえない。たとえば志賀直哉は『和解』の最後で、「自分は和解の安定をもう疑ふ気はしない」と主人公に語らせる。だが、金鶴泳にとっての「和解」は決して父と子の現実的、心理的秩序の「安定」を、あるいは一層本質的には、作家の〈世界〉（〈父〉〈在日〉〈歴史〉〈民族〉）に対する心理的秩序の「安定」を保証しないのである。

あの「和解」の場面のあと、主人公は障子の鴨居《かもい》の上に並べられている、民族組織から父親に送られた様々な賞状を目にし、「私の目にそれらの賞状はあまりにも無意味であった。いまの私には、人間のあらゆる営為が、空しい、無意味なものに思われてならなかった。何が『化学の研究』だろう。何が『団結』だろう。『平和統一』だろう」と呟く。おそらくこのとき、作家はやっと辿りついた〈和解〉の場所からあの『凍える口』の出発点の地点にまで駆け戻ってしまう。何が「民族」だろう。何が「世界」だろう、と作家は言いたかったにちがいない。

つまり作家は、あの〈父〉の「老い」を通じて自分が〈父〉となり、そのことにおいて諸「世界」と和解するという市民社会に通有のプロセスに直面し、しかし結局あの「拒否されたものとしての自己」という出発点へ立ち戻るのである。その証拠に『錯迷』の主人公は「和解」のあと「安定」を得るどころか、一層あらわになった〈不遇性〉と向き合うことになる。

つまり私は朝鮮人であるにもかかわらず、「朝鮮」と無縁のところで生きているのである。私の空虚感は、そこから来るのかも知れぬ。だが私が朝鮮人として生きられるためには、私はもっと「朝鮮」を身近かに感じられなければならないであろう。ところが、父から逃れようとしてきた私は、いつのまにか、妹たちとは反対に、「朝鮮」そのものからも逃れようとしてきたような気がする。しかし、いくら逃れようとしても、それは逃れ切れるものではあるまい。父を乗り越えることもできず、父から逃れ切ることもできず、私はその中間で途方に暮れて、うろうろとさ迷って、たたずんでいる人間にほかならない。（『錯迷』）

主人公はここで、一種の生活感性の形において自己の朝鮮人性を確認しているといえる。しかし、この確認がどれほど逆説的な形で訪れたものであるか改めていうまでもあるまい。彼はあの「和解」において、〈社会〉への巨大な障壁のように立っていた〈父〉を追い越してしまう。しかし彼は自分がそこで新たな〈父〉となるべき〈社会〉を発見できず、そうかといってもとの〈家〉の秩序にも戻れぬために、「その中間で途方に暮れて、たたずんでいる」のである。そして彼がこういう場所で思い浮かべているのは、「朝鮮人」という〈不遇性〉から逃れられないために、結局あの「平和統一」や「祖国建設」という物語の領域に身を投じることになった明子たちの記憶でなかったろうか。それが不可能であったがゆえに、彼は二人の「妹たち」とは違って日本社会のただ中に「途方に暮れて」投げ出されることになるのである。

こうして『錯迷』における「和解」は極めて逆説的なものといわねばならない。つまり、作家は自己の感受性上の深い傷を癒すべき地点を通り抜けながらそのことに決定的に挫折し、しかしこの「和解」の痕跡だけは手放すことができないで保持されるのである。実際『錯迷』以後の諸作品においては、もはやあの荒れ狂う父親像は決して現われない。そこではたとえ父親が横暴や蒙昧の相において描かれていても、その像は深く贖罪の音調に浸されている。こうして〈在日〉の困難の中を「死にもの狂い」で働きつづけ、しかも気が付くと〈家〉がばらばらに解体しているのを発見し、この困惑の中に立ち竦んでいるといった父親の像が、繰り返し描かれる。

たとえば『あるこーるらんぷ』で、長男の信吉と父との間の思想的分裂、あるいは娘の敦子《あつこ》が日本人と結婚するという事件がそれをよく表わしている。そこでは父親は、もはや横暴な加害者であるよりむしろ不幸な被害者にほかならない。『軒灯のない家』は、結婚して自分自身が新たな〈父〉となった場所から書かれた作品だが、主人公は生活上の様々な不如意に押されて自分もまた、父が演じ続けたあの陰惨ないさかいを反復してしまっていることに気付く。それは彼をして「自分が、血の絆という、抗い難い大きな力で縛り上げられているようだった。自分は結局、祖父や父と同じ輪廻《りんね》に従って生きているのだろうか？」という感懐の中に引き込む。

また『あぶら蟬』では、生活にゆき暮れて自殺し果てた「父の無残な死顔」が主人公につきまとい、彼は「自分の生きる道は父のあの死顔を離れたところにはありえない」と考える。作家は父への贖罪感を、たとえば「血の輪廻」とか、「在日の歴史」とかまた「人間の理解不可能性」といった観念の中で理解しようとする。しかし実はそのことは、〈世界〉をまさしく「拒否されること」の総体として生きた作家にとってほとんど不可能なことなのである。

〈父〉を描きつづける作家は、〈父〉との「和解」を、したがってあの〈世界〉との「和解」を可能にする隘路《あいろ》を探し出してそこを通り抜けようとするが、彼はそれを安定した「物語」として定着させることができず、まさしくそのために〈父〉というテーマを「妄執」のように生き続けなければならないのである。

そういう意味で『鑿』という作品はほとんど象徴的である。作家はそこであの荒々しい支配者としての〈父〉の像を再び記憶の底から呼び起こし、『錯迷』において現われた思いもかけぬ、「和解」の感動をもう一度再現したいという暗々裡の衝動に捉えられているように見える。しかし、ここでは逆にあの荒々しい〈父〉の像それ自身がもはや作家にとって不可能となっていることがはっきりと示されるのである。

『鑿』において作家は、『錯迷』における父子の二度の衝突という構成をそのままなぞるようにして和解の感動へ至ろうとするのだが、その最後のクライマックスは次のように描かれている。


「もう、やめてくれ」

こんなことが続いているかぎり、すべてが徒労な気がした。勉強することも、大学に入ることも、生きていることさえも無駄な気がした。

憤怒とも悲しみともつかぬ思いをこめて彼は父を見据えた。彼を見返している父の目が、酒のためか、怒りの興奮のためか、微かに赤らんでいた。その目が変にきらきら光っており、張りつめた心で父のつぎの反応に身構え、じっとその光を見つめているうちに、ふとそれが涙のせいであることに気づいて彼はほっとした。

〈父が泣いている！〉

ポケットの中で固く握っていた鑿の手が思わず弛《ゆる》んだ。彼は自分で自分を振り返った。跡切れていた心の緒が彼の中でふたたび繋ぎ合わされたかのようだった。彼はあらためて父の顔を見つめ直した。そのとき父が口を開いた。

「お前ももうわかるだろう、人に舐められながら生きなくちゃならねえ気持がどんなものか……」
何か知れぬ大きなものの前に立ちすくみ、その壁を突き破れずにいる自分を自分で嘲笑するふうに父はいった。赤らんでいる目には怯えの色さえ感じられた。

（『鑿』――傍点引用者）

このあと、「こらえていたものが胸を突き上げ」「歯を食いしばる傍から涙はつぎつぎと溢れ」てくる主人公の姿が描かれる。だがそれは、決して『錯迷』におけるような和解の感動を再現することができない。なぜならここで父親は、大なり小なりあらかじめ理解されてしまっており、そのため父親への理解と贖罪感が一挙に訪れるという感動が不可能になっているからである。作家の欲望は、『錯迷』の和解を土台として、一層強固な和解の感情を積み重ねようとするところにあるが、実際には、彼は『錯迷』の和解の痕跡にすぎぬものを手にするばかりなのである。

だがしかし、『錯迷』以後の金鶴泳は、まさしくこの和解の試みへの絶えざる挫折の音調において、本質的に作家たりえているように私には思える。なぜならこの絶えざる挫折の音調が表象しているのは、決して作家の個的な資質や感受性ではなく、むしろ〈在日〉世界に対する作家の強い現実意識であるからだ。

日本社会の中で〈在日〉として生きることは、大なり小なりあの〈不遇の意識〉を生きることにほかならない。この感受性上の傷は、〈父〉あるいは〈家〉を心情的に否定し、自己の新しい原理として登場する〈社会〉への強い欲望を〈在日〉の子に吹き込むことになる。しかし彼らにとって、〈社会〉は本質的に禁じられた形で姿を現わす。

このとき、一方で日本社会の彼岸に「祖国」を思い描き、他方では国籍や民族による差別のない社会を思い描く回路が開かれるが、しかもどちらも本質的には不可能な回路だといえる。だから、一方では〈社会〉に対する欲望を増幅させせられながら、一方でこの欲望を絶えず抑圧しなければならないというパラドクスの中を、〈在日〉は生きなくてはならない。私たちは作家の挫折の音調の中で、いつも〈在日〉のこの奇妙な隘路の場所へまっすぐに投げ込まれてしまう。作家が過去の海から漁ってくる記憶の原質は、そういう力をもっている。つまりこの記憶は感受性の「傷」である以上にその生々しい「痛み」それ自体として存在するといってよい。

〈在日〉の子の世代は、しかしどこかの時点であの〈社会〉への理念的な欲望を断念して、生活の秩序の中に自分を着地させなくてはならない。そしてその中で、この断念を、〈父〉、〈家〉、〈歴史〉、〈民族〉といった物語によって宥和しようとする衝動に押される。注意すべきなのは、このとき〈父〉や〈歴史〉に対する「和解」の欲望は、現実的には、それ（諸理念）への対立的な言説として現われるということだ。

要するに、ここでは、少年期のリビドーがいったん否定（＝抑圧）されて、その対立物としての倫理規範へと変換されるという事情の、ちょうど逆の事態が存在している。青年たちは、たいてい倫理規範と性的なリビドーとのせめぎ合いを心理的葛藤として体験するが、同じように〈在日〉は、〈社会〉への欲望から〈生活〉への欲望の転回を、物語（理念的）と物語（生活感性上の）との、言説上の対立として象徴的に体験するのである。

　金鶴泳が歩んで来たのは、まさしくこういった〈在日〉の諸物語が交錯し合うような場所だった。しかし作家が、結局はその独自の資質によってどんな物語からも拒否され続けたということは、もはや明らかであろう。だがここで重要なのは、作家金鶴泳は「物語の不可能性」という類の観念にどんな意味でも近づくことがなかった、という点である。つまり作家は、絶えず物語への欲望に駆られながら、それにもかかわらずそこから拒否されつづけたのだ。作家の眼差はしたがって、ついに世界を理解不可能な光景としてのみ写し出したが、その光景は、拒否され続ける人間の場所からの特権的な真理として世界の底に深く沈められているのである。

問題としての内面

誰でも知っているように、二葉亭四迷に『浮雲』なる小説があって、それは日本近代文学の入口であるとされている。この小説が私に与える感じは、ひとつの文学作品というより、むしろ一個の純粋な問いといった方が近い。なぜならそれは、その問いの独特の身振りによって、われわれを文学という世界に引き入れてしまうようなものだからだ。そこにひとつの問いが立てられていること、それがこの小説ではことに重要なのである。

たとえば、中村光夫は、二葉亭が『浮雲』で立てた問いを解説して次のように書いている。「これは単純な疑問（＝問い――引用者）である。だがこれを幼稚と嗤《わら》ひ得るのはただそれについて一度も真面目に考へたことのない人々だけであろう。何故ならこれは、単純であると同時に、僕等が人生にまたは社会生活に向つて発し得る最も深い疑問の一つであるからだ。云ひかへればこれはあらゆる時代の青年が各自の生活を通じて一度は苦しめられる疑惑であり、またかうした疑惑を潜り抜けたふりをしている世の所謂《いわゆる》大人にも、すべて人生の根本問題に関すると同様、それについての確たる解決はあり得ないのである」

こういう人生上の、あるいは社会生活上の「根本問題」を設定する能力こそ、明治の近代文学にとって、最も基本的で不可欠の要素だった。誠実で高潔だが生活能力のない青年文三と、軽薄で実利一方の青年昇が、無邪気で美しい女性お勢をめぐって競いあい、文三の敗北におわる。こういう構成の中で簡潔に立てられた問いは象徴的な第一歩であって、この問いは、たとえば漱石のような作家に向かって徐々にその規模と深度を増してゆくのである。むろん脇道や逸脱もあるが、生活とか世の中というものの内側から、ある人生上の「根本問題」をひきずり出しその謎を深めてゆくこと、そこに明治文学の基本の力が存在していたと思える。

中村光夫がいうように、たしかに『浮雲』で立てられた問いは、「単純」だが「解決」の方途もないといった形をしている。そこには、人間にとって〈内部〉にこそ最大の意義があるという観点と、〈外部〉にあらわれたものが全てだという観点があって明瞭に対立している。まず、人間の価値を判定する根拠が、彼が現実の生活の中でなにをなしとげ、どういう関係を作ったかということにしかないなら、およそ〈内部〉とか〈内面〉というものは無意味である。逆に、〈内面〉こそ人間の本質であるとすれば、〈外面〉とは、社会生活という便宜にすぎず付加された偶然事にほかならない。ひとが社会的になにものかであるということは、機会とか運とか環境といったものによってたまたまあらわれている仮象にすぎない、ということになる。

『浮雲』という小説が日本近代文学における出発点という重要な位置をもち得たのは、この〈内面〉と〈外面〉という原理を互いに排除し合う対立の構図として描き出したからだ。自己の〈内面〉的な原理を厳密に守りながら同時に〈外面〉的な成功を得ることは大変困難である。生活の外形を如才なく整えながら、内部を全く汚さずに済ますことは至難の技に近い。こういう現実感は、現在でも、青年期に特有のリアリティとしてしばしば現われるからである。

明治文学の一般的な文脈では、この対立の構図は「日本近代文明のゆがみ」とか「近代社会の矛盾」と呼ばれている。〈内面〉の論理が自己完結的な儒教的規範から身を起こして、〈外面〉という抑圧的な対立物を発見したとき、はじめて「問題」は、近代的な範形の中で動きはじめたのである。『浮雲』という作品は、そういう意味で、あの近代的な範形における「問題」という大陸の第一発見者だったといえる。以来この未知の大陸は、幾多の冒険者たちの探索を許すことになる。

たとえば北村透谷は、そのデビュー作というべき「厭世詩家と女性」で次のように書いている。

　蓋し人は生れながらにして理性を有し、希望を蓄へ、現在に甘んぜざる性質あるなり、社会の曩縁《いんえん》に苦しめられず真直《まっすぐ》に伸びたる小児は、本来の想世界に生長し、実世界を知らざる者なり。

然れども生活の一代に実世界と密接し、抱合せられざる者はなけむ、必ずや其想世界即ち無邪気の世界と実世界即ち浮世又は娑婆《しゃば》と称する者と相争ひ、相睨む時期に達するを免れず。実世界は、強大なる勢力なり、想世界は社界の不調子を知らざる中《うち》にこそ成立すべけれ、即に浮世の刺衝《ししょう》に当りたる上は、好しや苦戦悪闘するとても、遂には弓折れ箭《や》尽くるの悲運を招くに至るこそ理の数なれ。

〈内面〉と〈外面〉の対立が「想世界」と「実世界」という形で一層明瞭になっているのは、透谷が体験した政治運動のインパクトによるものであろう。政治運動の体験がこの対立を一層深刻な相にもたらす理由は、それが単に、支配─被支配像を内面世界に投影するからというだけではない。政治的な思想や行動への情熱が、ごくふつうの生活への配慮をわきへ押しやってしまうという事情もより強く作用する。生活の不如意ということが、人をして世俗社会、一般世間に対する強い対立感を抱かせるからである。

ともあれ、透谷においても、〈内面〉（＝想世界）はある内的な原理として、しかも〈外面〉（＝実世界）からの抑圧を避けられないものとして思い描かれている。だが、ここで注意したいのは前の文章に続く次のような部分である。

此時《この》、想世界の敗将気沮《はば》み心疲れて、何物をか得て満足を求めんとす、労力義務等は実世界の遊軍にして常に想世界を覗《うかが》ふ者、其他百般の事物彼に迫って劒鎗接爾《けんそうせつじ》す、彼を援くる者、彼を満足せしむる者、果して何物とかなす、曰《いは》く恋愛なり、(略)春心の勃発すると同時に恋愛を生ずると言ふは、古来似非小説家の人生を卑みて己れの卑陋《ひろう》なる理想の中に縮少したる毒弊なり、恋愛豈《あに》単純なる思慕ならんや、想世界と実世界との争戦より想世界の敗将をして立籠らしむる牙城となるは、即ち恋愛なり。

この文章には透谷の政治的挫折体験が色濃く滲み出ているが、ここでの「恋愛」の観念は、しかし彼の現実の体験とはかかわりなく重要な意味をもっている。周知のように、彼は江戸期の恋愛観念としての「粋・俠《きょう》」を、自然な恋愛感情が儒教倫理によって抑圧された形態と見做し、これに対して、精神的な結びつきを基礎とする近代的な「恋愛」の形をより本質的なものとして置いた。しかしそれだけなら、透谷の恋愛観はキリスト教的な愛情の観念をモデルにしたものとしか言えない。「粋・俠」が抑圧された恋愛感情で、その抑圧からの解放として近代的な「恋愛」が現われるというのも誤解にすぎないだろう。おそらく重要なのは、彼が「恋愛」というものを、「想世界」と「実世界」との闘いに敗れた人間が選びとる最後の拠り所(「牙城」)と考えた点である。〈内面〉は〈外面〉と必ずや対立し、そして必ず敗れてしまう。そのとき〈内面〉は滅びるのか。いやそうではなく、それは具体的な人間と人間（男と女）の関係（＝恋愛）の中にその生き延びる道を発見する。そう透谷はいうのである。
透谷が考えていたのは、単に近代的な意味での「恋愛」とはいかなるものであるべきかといったことではなかった。「実世界」によって打ち破られた〈内面〉という原理の現世的な血路をどこに見いだすか、という問題である。だから、世間の規範に抑圧されていた恋愛感情がそこから解放されたために、透谷的な「恋愛」観念が現われたと考えてはならない。むしろひとびとの中で〈内面〉の原理が成熟し、それによって〈外面〉という抑圧物が見出されたために近代的な恋愛感情が現われたのだ。たとえば『浮雲』において、文三がお勢に抱く感情は次のようなものだ。

凡《およ》そ相愛する二ツの心は、一体分身で孤立する者でもなく（略）一方《かたく》の心が苦しむ時には他方《かたく》の心も共に苦しみ、嬉笑《きしょう》にも相感じ怒罵にも相感じ、愉悦適悦、不平煩悶にも相感じ、気が気に通じ心が心を喚起し決して齟齬し扞格《かんかく》する者で無いと今日が日まで文三は思つてゐたに……

見識も高尚で気韻も高く洒々落々《しゃしゃらくらく》として愛すべく尊ぶべき少女であつて見れば、仮令《よし》道徳を飾物にする偽君子、磊落《らいらく》を粧《よそお》ふ似而非《えせ》豪傑には、或は欺かれもしようが、昇如き彼様な卑屈な軽薄な犬畜生にも劣つた奴に、怪我にも迷ふ筈はない……

こういう恋愛感情をわれわれはプラトニック・ラヴと呼んでいる。「恋愛」ということにかぎらず、およそ一切のプラトニズムは、少なくとも日本の近代にかかわるかぎり透谷が見事に表現したあの抑圧された〈内面〉の血路、逃げ道という出自をもっている。たとえば藤村や花袋が見いだした逃げ道は、「文学」という理念、「告白」という内面信仰であったが、この経路は自然主義文学から私小説へと流れてゆくことになる。

明治の文学者でこういうプラトニズムをうまく処理し得たのは、ほとんど森鷗外《おうがい》一人だけかも知れない。彼のプラトニズムに対する身の処し方は大変ユニークである。たとえば『青年』という青春小説では、主人公の小泉純一が、様々な青年期的観念や「性」の意識に悩まされながら、むしろそれらに攪乱《かくらん》されることを通して、徐々に「自我」の輪郭を定めていくさまが描かれている。ここでは〈内面〉と〈外面〉に対する鋭敏な平衡感覚が強く作用して、問題は血路を開くという方向へ向かわず、対立の構図そのものを救おうとする形で現われている。

ところで、〈内面〉の原理がその現実的な拠点をどこに想定するかという問題は、日本の近代文学の基本的な範形にかかわる問題となる。透谷の文学的同僚であった藤村は、抑圧された〈内面〉の苦しみそのものの中に、表現に値する人間的な「真実」が存在するのだと考えたふしがある。これは透谷に対する無理解だったとしかいえない。透谷の「恋愛」観念が注目に値するのは、彼がそこに、社会の現実関係を映しとる具体的な地《じ》を直観していたからだが、(透谷はそれを「明鏡」と呼んでいる)藤村がつかもうとしたのは「文学」という超越的な理念にすぎなかった。
恋愛という場所は少なくとも具体的な男と女の関係の場所であり、そうである限りそこではどんなプラトニズムも相対化される契機を持っているが、「文学」(「政治」でも同じだが)という理念では、それが超越的な原理として生きつづける限り、その中で無限に自己増殖することが可能である。少なくともそのかぎりで、透谷が開いた血路は「問題」の現実性《リアリティ》をより強く保存する可能性を持っていたのである。
透谷が示唆した通路を通って近代の「問題」を深めたのは、「文学界」の同人には一人もなかった。明治という時代の中でそれを一挙に押し出したのは漱石だったと思える。たとえば『行人』の一郎はメレディスの言葉を借りて次のように言う。

——自分は女性の容貌に満足する人を見ると羨ましい。女の肉に満足する人を見ても羨ましい。自分は何うあっても女の霊というか、魂というか、所謂スピリットを攫《つか》まなければ満足が出来ない。それだから何うしても自分には恋愛事件が起らない。

漱石がはじめにとろうとした方向は、〈内面〉を抑圧する〈外面〉の原理を、日本の不自然な近代化がひき起こした人間の内部的な「ゆがみ」と考える方向だった。この方向は『吾輩《わがはい》は猫である』の文明批評的な立場を呼び寄せる。昭和以降の文学史観においては、藤村や花袋という自然主義の系ではなく、二葉亭、透谷、鷗外、漱石という系に近代文学の正統がとられることが多いが、おそらくその理由は、個と社会の関係性を対象化しようとする昭和以降の問題意識からは、鷗外のように一種の平衡感覚によって人間の内面性と社会性とを架橋するか、それとも漱石のように、その分裂と対立を極限まで押し開くことで近代社会の構造的な矛盾をつかもうとする問題のかたちに、リアリティがあると感じられたためである。

透谷においては、「魂」の問題はいまだ人間の極め尽せぬ〈内面〉（＝「内部生命」）という場所にあったが、漱石ではそれは、人間の内面性と社会性の根底的な矛盾の集約点として現われ、したがって、近代社会という謎がそこに収斂される象徴的な中心点と措定されている。実際、『行人』という小説は〈内面〉と〈外面〉の対立から現われる一切の問題が極限的な形に押し詰められて最後の渦を巻いているという感を読み手に与える。そこは、二葉亭の『浮雲』から動き出した近代的な範形における問題群のいわば袋小路であり、この問題はマルクス主義によってようやく新たな展開を与えられることになる。男と女をめぐる「魂」の問題、技巧と幸福、行為と目的《エンド》、アンコンシャス・ヒポクリシイ、愛と罪、自然（欲望）と道徳、宗教と絶対、心臓の恐しさ、孤独、狂気、神、そして死。これらが、漱石において（『行人』において）発見された近代的な「問題」の最終的な諸範形であった。かつて江藤淳は、それを漱石における「孤独の発見」と呼んだことがある。

「自然」に合体も出来ず、その前で自己を植物に変身させることも出来ぬまま、自らの、呪わしいどうしようもない「我」をひっさげて、一郎は――更には人間は――立ちつくしていなければならぬ。漱石の孤独とは、このような幻滅の果に致命的な代償を払って発見されたものであったここには近代日本に於《お》けるおそらく最初の近代的生活人の発見がある。（『夏目漱石』）

江藤のような観点は、福田恆存にも共通しており、福田は「鷗外と漱石以外に西欧流の孤独感と真向いに立ったものは一人もなかった」（「個人主義からの逃避」）と書いている。ここで江藤がいうような「孤独」とは、おおよそふたすじの意味をもっている。ひとつは、人間と人間（男と女）の理解不可能性ということであり、ひとつは、人間と、「文学」とか「政治」とか「自然」とか「宗教」とか「絶対」という超越的な原理との結びつきの不可能性ということである。

「孤独」ということをこの文脈でとらえたとき、江藤は問題を新たな系へと動かしたといってよい。つまり、人間は生存の意味をどこに見つければよいのかという新しい問題が発見されたのだ。江藤や福田の批評に特徴的なのは、いつでもそういう場所へ問題の回路が向けられるという点だ。しかし漱石的問題がはらんでいたのは、むしろ生存の意味という場所から生活の関係の意味を照らし、今度は後者から前者を照らすといういわばニーチェの「病者の光学」に似た一種の運動性である。その一方の系だけをとる限り、われわれは「アイデンティティ」や「個と全体」という場所へ問題を押し込むほかない。江藤や福田がその後「アイデンティティ論」や「個と全体の論理」へ傾斜してゆくのは、彼らがあくまで、マルキシズムの問題のパラダイムに対して、強く対抗せざるを得なかったからだ。

一方漱石的な諸問題を、「政治」的問題意識の内部で再編しようとしたのが、いわゆる「政治と文学」という問題の系譜だった。小林秀雄が「私小説論」で語ったように、「政治」という概念は、たしかに、思想という「普遍的な性格を持つ」たものの力によって、それ以前の文学者たちの「文士気質」(＝内面信仰)を「征服」した。そこで抹殺された「作家の明瞭な顔だち」とは、自然主義から私小説へと至る文学の観念を意味している。日本の自然主義文学を「女房的肉眼」の文学と呼び、マルクス主義文学の問題意識によってこれを「アウフヘーベン」するところに明治文学の最大の課題を見ていた平野謙が、小林の「私小説論」を「芸術派からプロレタリア文学派に架橋せんとした試み」(『昭和文学史』)として評価したのもまた当然だった。

しかし、小林がここで自然主義否定のモデルとして睨んでいたのは、ジッドやドストエフスキーといった西洋の作家であったが、平野が思い描いていたのは、むしろあの二葉亭から漱石へと辿られた文学の系譜だったと思える。彼をそれを「インテリゲンツィアの文学」と呼んで次のように書いている。

もとインテリゲンツィアとはやみがたい内心の冀求《ききゅう》につき動かされて、神に対立する人間を、社会に対決する個人を自覚せずにはいられなかったものの謂いだ。それは異端者であり、余計者にほかならぬ。そこからインテリゲンツィアの孤独性、内向性、観念性、二重性、非功利性、傍観性等々あらゆるメルクマールも生れてくる。近代日本文学の歴史に即していえば、二葉亭、透谷、独歩、鷗外、漱石、龍之介《りゅうのすけ》という系譜のうちに、文学的インテリゲンツィアの命脈はかぼそいながら保たれてきた、といえよう。

（「インテリはインテリゲンツィアにあらず」）

マルクス主義が持ち込んだ社会変革という至上命題を、あの「インテリゲンツィア」たちの系譜が問い続けた問題の中で再生させるという試み。転向（あるいは政治的挫折）体験と戦争体験を梃子《てこ》としてあらわれた「戦後文学」の中心的なパラダイムを、そういい表わすことができる。平野謙、荒正人、本多秋五といった批評家たちや野間宏《ひろし》、椎名麟三《りんぞう》、埴谷《はにや》雄高、堀田善衛、大岡昇平、武田泰淳《たいじゅん》といった作家たちによって提出された「問題」群は、考えられ得る一切の近代的諸問題を蔽ってしまうほど多岐にわたっている。それらをここで言い尽すことは到底不可能であろう。

ただ彼らにおいては、江藤や福田のように「孤独」や「アイデンティティ」や「全体と個の論理」が、問題の最後の底板として現われることはない。そこではあの漱石的な二項対立が、革命という観念に溶かされたかたちで、再び浮上してくる。政治と文学、社会と個人、思想と現実、知識人と大衆、観念と身体、文化と自然、意識と存在等々……。

日本の近代において、文学という概念が意味していたのは、これらの問題群にひきつけられ、その「問い」を問い続けることによって自己なるものの輪郭を確定しようとする、ひとびとの観念の欲望の身振りである。政治という観念が、社会の制度や構造に関するモデルと、その実現可能性に関する計量と、最後にその実践における倫理規範への「問い」をめぐってひとびとの内側で生きられるように、文学では、あれらの二項対立の振れ幅が絶えず押し拡げられ、そのことで一層その謎を深める「問い」の深刻さの中に〈内部〉の確証を発見する。問題群が、日本近代に固有の〈内部〉的風景として現われ、従ってことばは常に、「問い」の内側へ向かって発せられる。しかしむしろ重要なのは「問い」の外部ではないだろうか。

私の考えでは、近代――その観念の欲望の形態――内部という道すじを通って現われたあれらの「問い」を内側へ向かって問うことはできない。なぜなら、これらの「問い」は、もしどこまでも遡行するならば、ただ生活過程からはみ出した剰余としての〈内部〉という意味付けか、それとも、観念世界を蔽えぬ欠如としての生活過程という意味付けしか与えることができないからである。原理的に言って、二項対立を内側に向けて問うことはできない。それは、「神とはなにか」、「私とはなにか」と問うのと全く同様にレトリカルな問いなのだ。われわれはただ、「神とはなにか」と問うときひとはその問いによって彼の外部世界とどういう関係をとり、また「ことば」の世界に対してどういう態度をとったのか、ということを見ることができるだけである。「問い」の外部とはそういうことにほかならない。

われわれはもう一度出発点に戻ってみよう。

私がこれまで粗描して来たことがらをふり返ってみよう。「文学」という知の範形に現われた様々な諸問題は、そのほとんど全てが（私は全ての範形を粗描したわけではないが）、二葉亭によってたてられたあの〈内面〉と〈外面〉の対立の構図を基本の契機としてもっている。問題の範形をいわば変奏させる原理となるのは、現実の壁に突き当って挫折する人間の〈内面〉の原理をどういう逃げ道の中で生き延びさせるかという、その方向性である。この方向性は、ここで現われたかぎりではふたつしかない。つまりひとつは「文学」なり「政治」なり「歴史」なり「宗教」なりという超越的な理念の場所であり、ひとつは、具体的な人間どうしの心の関係性（＝恋愛、男女関係、家）という場所にほかならない。

たとえば小林秀雄の「宿命」理論が語るのは、ひとはこれらの諸範形のうち、同時にいくつかのものを選択することはできないということだ。そういう情熱の「宿命」に従って、ひとはそれぞれの問題の閉域の中に自らを閉ざし込む。重要なのは、そういう〈知〉の配置の中では「問題」の対立がほとんど制度としてあみ出されるということ、また、様々の人間的欲望や情熱が対立という制度に組み入れられているという現実そのものが蔽われてしまうということである。

私はここで、明治の文学者たちの生の範形というものを思い描いてみる。明治の知識階級の出生の基盤は、たいていは没落下層士族や中農層の子弟である。この場合没落士族とは、没落した士族という意味ではなく、下層士族階層は新政府との特別なコネクションをもたぬかぎり、おしなべて新たな生計の道を打ち立てる必要に迫られていたということだ。藤村のような名主の息子の場合でも、そういう事情は変らない。新しい時代の秩序再編成の中で、世襲すべき堅固な生計をもたなかったこと、教育を世渡りのほとんど唯一の命綱として、社会に踏み込まねばならなかったこと、こういう事情が彼らにとってほぼ共通のものだった。

「新時代」「新秩序」「家の復興」「青雲の志」などというテーマが極めて普遍的な形で彼らの中に鳴っていた。没落の実感、生活の不如意、鋭敏な自意識、倫理感、美意識、政治、文学、宗教、等の知の範形、家との確執、恋愛、挫折、誰もが大なり小なり、そういう問題を抱えていたように思える。生に対する欲望が、血縁や他人たちとの関係性の内側に見いだされるのでなく、「政治」とか「文学」とか「宗教」とか「倫理思想」という知の範形の中で発見されるという形態、その「問題」の内部を生きることが、自分と時代や社会を確固として結びつけるという意識とその現実的可能性。つまり、政治家や作家や学者や思想家等になり得るという、現実的な可能性。そういう生の範形が、実業家になったり、官吏になったりできるという範形とともに、明治以後はじめて強力な現実性として現われたのである。

もし彼らの鋭敏な自意識なり美意識なりというものが、作家や学者や思想家になり得るという具体的な通路をもたなかったなら、その意識はただ抑圧的な「情念」、過敏すぎる「神経」という形でしか現われなかったであろう。〈内面〉の意識が、自立的な価値と感じられるためには、実は作家（作品）や思想家（学問・研究）という通路があらかじめ開かれているのでなくてはならないのである。そして、近代社会以降に現われた新しい生の範形こそが、「情念」や「神経」にその通路を与えて〈内面〉を成熟させたのである。人間の〈知〉的能力にふりあてられた新しい役割が、たちまちのうちに〈知〉というものにこれまであり得なかった価値の衣を与えたのだ。

〈神〉への接近が問題であるような場所で形而上学が生み落とされたように、〈内面〉もまた、それ自身の形而上学を生み出す。たとえばルッターのような人物が、「魂」という問題をとり上げるとき、彼はむろん近代的な〈内面〉の意識の中で語っているのである。

肉体は拘束されず、元気で丈夫であり、思うままに飲食し、生活していても、それは魂にとって何の役に立つだろう。またその逆に、肉体が拘束され、病み、疲れ、好まぬながら飢え渇き、悩んでも、それが魂にたいして何の害になるだろう。

（『キリスト者の自由』）

ここでは人間の〈内面〉世界が、一切の外部（つまり、環境的外界、および身体）から切り離され、完全に自立的な原理として描き出されている。特徴的なのは、すでに形而上学的転倒が完成されているという点だ。先に見たように、〈内部〉意識に価値を与えるのは、「作品」や「研究」という通路にほかならないのに、逆に「作品」や「研究」に価値を与えるものこそ〈内部〉であるという転倒が生じる。しかしこの転倒は単なる観念的な倒錯ではない。「作品」や「研究」への通路が〈内面〉に価値の意識を与えるというのは、価値意識の社会構成上の起源だが、〈内部〉が「作品」や「研究」の価値の根源であるというのは、個々の人間に現われる価値意識の現実性《リアリティ》にほかならないからだ。重要なのは、人間の価値意識の現実性は、いつでも必ず、あの構成上の起源から転倒した形でしか現われないということである。そしてこの現実性の内部を辿ってゆく限り、〈内面〉は至上の原理として、ルッターの「魂」のようなものとして思い描かれるに至る。そこでは〝転倒〟は極限まで押し進められずにはいない。

　つまり、やがて「作品」や「研究」が価値であると言うことすら、すでに〈内部〉にとっての堕落であると見做されるようになる。「魂」にその相関物を対応させてはならないのだ。なぜならそれはそれ自身で、その内在的な原理においてひとつの価値であるからだ。そうである以上、それが何ひとつ現実のモノとしてあるいは現実の関係として生み出さぬとしても、「それが魂にたいして何の害になるだろう」ということになる。

　ルッターの「魂」といった極端なものを考えなくとも、近代社会の生の範形におされて出現した、人間の〈内面〉の原理は、大なり小なりこのような転倒的な性格をはらんでいる。もはや明らかなようにこの転倒性は、本来個々の人間の観念的な現実性に必然的につきまとうものと言ってよい。もっと象徴的にいえば、近代的な生の範形における「青年期」のことばのリアリティそのものが転倒性の契機を隠し持っているのである。

しかし、「青年期」の諸問題にここで触れることはやめよう。さしあたり重要なのは、「青年期」におけるる転倒性の契機ということに付随して、もうひとつの一層強い転倒性の契機が浮かび上ってくるということである。

肉体の動きに則つて観念の動きを修正するがいい、前者の動きは後者の動きより遥かに微妙で深淵《しんえん》だから、彼はさう言つてゐるのだ。

（小林秀雄「当麻」）

一つの沈黙を表現するのが自分の目的だ、と覚悟した小説家、又、例へば、実証とか論証とかいふ言葉に引摺《ひきず》られては編み出す、あれこれの思想、言ひ代へれば相手を論破し説得する事によつて僅かに生を保つ様な思想に倦《あ》き果てて、思想そのものの表現を目指すに至つた思想家、さういふ怪物達は、現代にはもはやゐないのである。

（「モオツアルト」）

この理屈に合はぬ生活感情の動きが、どんなに貴重な知恵を蔵してゐるかは、若し、学んで知る知恵が、生きて知る知恵を覆ひ隠して了はなければ、誰にも容易に気が付く筈なのであります。

（「政治と文学」）

しかし、厳正な定義を目指して、いよいよ専門化し、複雑化して、互の協力も大変困難になつてゐる今日の学問を、定義し難い柔軟な生活の智恵《ちえ》が、もし見張つてゐなければ、どうなるでせう。実際、見張つてゐるのです。そこで、常識は、その本来の力を決して大声は揚げないが、絶えず働かせてゐるのだ。

（「常識について」）

われわれはしばしば、青年期を通りすぎたのちに、あの〈内面〉の内在的な問いを、反省的な眼差でながめ返そうとする。このときにたとえば、「肉体の動きに則つて観念の動きを修正する」といった「生活感情」の現実性《リアリティ》がやってくる。そういう現実性《リアリティ》が青年期におけるあまりに過剰な観念の劇を相対化しはじめるとき、ひとはあの閉域を抜け出して生のより包括的な場所に立ったと信じるかも知れない。

しかし、青年期の〈内面〉の劇が近代的な生の範形としてあらわれた「思想の現実性」によって演じられたと同様に、たとえば小林秀雄における壮年期の劇は、生活感情や感受性という、もうひとつの疑い得ぬ現実性を拠点として演じられているのである。

　重要なのはたぶん次のようなことだ。われわれは、青年期にその〈内部〉意識の現実性を介して抽象的な形での〈社会〉に出会うが、やがて生活上の必要におされて、「身体」や「環境世界」という〈外部〉を発見するに至る。しかし注意しなければならないのは、こうして発見された〈内部〉も〈外部〉も、等しく人間にとっての心的な現実性であり、その限りで等しく起源との〈転倒性〉をはらんでいるということである。だからわれわれは、意識と存在、精神と身体、文化と自然というような古くからあるプラトニズムを、認識論上の問題として批判するだけでは不十分なのだ。

　なぜならあの〈内面〉と〈外面〉という強固な現実性を、深刻な分裂の相において人々に現前させ続けるものは、決して形而上学や認識論上の言説的系譜ではあり得ず、むしろ、近代的な生の範形の中で観念が演じてしまう欲望の形態の不可避性そのものだからである。つまり観念学の伝統は、ある種の人々を連綿とその「問題」の内部に封じ込め続けるだけだが、あの生の範形の拡大がもたらすものは、二項対立的「問題」の遍在という事態にほかならないのだ。

　日本の近代社会において、ひとびとの「文学」的欲望は基本的にそういう回路をくぐり抜けるほかなかった。この回路は、いわば近代的な観念がその出自の内に暗々裡に抱き込まざるを得なかった衝動として現われた。そしてどんな作家にとっても、この「問題」の中心部へ向かおうとする欲望を克服することは至難の業だった。ただ優れた作家の、ほとんど無意識と呼べるような資性だけが、範形への欲望をはみ出してなにものかを表現し得たのだ。それは、近代的な「問題」の範形の中で決して表現され得ぬエトヴァスであり、同時に必ず「問題」の範形に対する異和として現われてくる。

たとえばわれわれは漱石の『こころ』という作品を持っている。この作品は大変巧妙な形をしていて、先ず主人公と先生の出会いから始まり、徐々に彼らの生活の内実を描き出してゆく。読者はそこで、ある謎の中に巻き込まれてゆくように感じる。というより、はじめに現われた一片の謎語が、徐々に小説世界に拡がって、やがてこの小説世界の外枠をほとんど打ち破ってしまうほどに膨れ上がるのを目撃する。この謎語は、たとえば、「愛」とか「罪」とか「孤独」という色調をもっており、それらの謎は、主人公が先生の現実の生活を知るほど深められてゆく。

しかし、この抽象的な謎が、小説的日常の枠組みをほとんど破ってしまうように見えたとき、突如小説は反転する。主人公にあてられた先生の手紙が、今度は一転して、先生という人物の中で膨れ上がり渦を巻いていた謎を、ひとつひとつ彼の過去に向かって解いてゆく。謎解きがはじまるのである。読者は息を飲んで、この抽象的な謎が、それが織り出された〈生活〉上の現実（＝過去）へ向かって巻き戻されるのを見つめるだろう。そして最後に一切がはっきりするように見える。その結末は先生の「自殺」という形をとり、そこで小説が終る。

しかしそのときわれわれは気がつかないだろうか。実際にはどんな種類の謎も決して解かれはしなかったということに。つまり、謎はまさしく先生の〈生活〉上の現実、具体的な人間と人間との関係のただ中から現われたように見えるのに、それらの一切が明らかにされた後も、これらの謎は決して消え失せずに残ってしまうのだ。

『こころ』という小説のこの奇妙な性格は一体何を意味しているのだろうか。私には次のように思える。漱石が具体的な人間と人間との関係から現われたものと考えたあれらの「謎」は、決してその関係性（＝過去）へと還元することができないようなものだ。漱石が体内の異物のように抱えていた「謎」とは、彼が『行人』に至るまで強固に信じていたように、自己と他者なる関係を解くべき鍵ではない。なぜならその「謎」は、人間同士の具体的な関係性から不幸な子供のように生み落された確執なのではなく、むしろ作家のうちの〈内部〉と〈外部〉の亀裂の場所に出現した病巣であるからだ。つまりこの謎は、漱石が辿らねばならなかったような「近代」そのものが生み落した謎であり、人間関係の謎解きが果された後も、決して「片付く」ことのないようなものなのである。

おそらく、『こころ』は、漱石的問題の範形が、自己と他者（このときすでに個と社会という問題設定は作家から遠ざけられていた）の関係性の問題として解かれようとした最後の試みだったように思える。そして漱石はそれ以後、『行人』までの諸範形を捨てる。なぜなら『道草』で漱石が試みたのは、決して「片付かず」に残ってしまう謎の出自を「血縁」の世界から「社会」へ向かい、そして再び「血縁」の世界へ戻ってくるという、あの近代固有の生の範形のなかでもう一度捕えようとする試みだったからである。

『其面影』における二葉亭にも、あの問題の範形を逸脱してしまうような動きが見てとれる。大学教師の小野哲也、妻時子、その腹違いの妹小夜子という人物の三角関係を描いたこの背倫物語には、はじめのうち、明らかに『浮雲』の主題が鳴り渡っているように見える。哲也、友人の葉村、小夜子、時子という設定は、文三、昇、お勢、お政という設定とほとんど重なり合っていると考えてよい。小夜子を権勢家の妾《めかけ》にしてしまおうと画策する時子やその母、葉村たちから、哲也が彼女をかばおうとするところまでは、明瞭に、〈外面〉によって抑圧される〈内面〉というあの対立の構図が生きつづけていることが知れる。

しかしここでもはっきりとした反転が起こる。哲也がついに小夜子と運命を共にする決意へと追い込まれ、その決意に動かされた小夜子が背徳行為に同意するところから、小説の色調は意外な方向へ動きはじめてゆく。哲也にとって、浪費家で嫉妬深く愛されることだけを追い求め、夫に対してただ金を稼ぐことしか期待しない、「魂」を失ったような女に見えていた妻の時子が、このときもうひとつの相貌で現われはじめるのだ。

彼の生活信条や思想を理解し、少なくとも私生活において彼の〈内面〉の原理が生きつづけることができるように彼を支えてくれる女性、これが哲也の妻に対する期待の像である。男性にとってのこういう女性のイメージは、すでに透谷にみたように、〈内面〉の成熟が抑圧的な〈外面〉を発するや否やわれわれの中に現われたのだ。つまり、夫婦の愛情という場所を抑圧された〈内面〉の密かな拠点にしようとする近代人の心の動きが、アニムスとアニマという永遠にすれ違う魂の神話を作り出すのであって、ユングの発見したこの「神話類型」が男女の永遠のすれちがいを演出しているわけではないのである。

既にのべたように『浮雲』の二葉亭では、この問題はいわば文明社会のゆがみの問題として立てられている。人間の〈内面〉の真実、「魂」を様々な誘惑でおびきよせてそれを消費させ、ついに食い尽してしまうものとしての世俗的な文明という問題。漱石における「アンコンシャス・ヒポクリシイ」「女性の技巧と幸福」という問題もまた、全く同じ軌道の上を巡っていた。

しかしすでに、『其面影』では微妙なズレが生じている。「本当に気が知れないと云つて彼《あれ》程知れない人も滅多に無かろうと思ひますね。旧《もと》は彼様《あんな》でも無かつたンですけど、如何して彼様に成ちまつたんでせう」と時子は葉村に言う。時子は時子なりに哲也の愛情を求めるからだ。しかし彼女には、小夜子のように自分の「真情」というようなものを表現することができない。というより、夫の求めているものが〈内面〉的な真情であり、そういうものがこの世に存在するのだということを、彼女は想像することもできないといったほうがよい。

彼女にとって「夫婦」という観念は、夫が妻を喜ばせるために骨を折って働き、妻はまたその金を使って夫に喜んでいる様を見せるといった、心のやりとりの中に畳み込まれたものにほかならないからだ。時子からみれば、哲也は、彼女のそういう明快な世界に「魂」とか「真実」とかいった得体の知れぬ裂け目を持ち込み、その内部をもの思わしげにのぞき込んでいる奇妙な人間にしか見えない。読者は、時子の中でひとつの不安の種子がはじけ、それが焦燥や、嫉妬や、猜疑《さいぎ》になり、やがて自暴《やけ》じみたヒステリーとなって爆発するさまを、作家が異様なものでも見るように克明に描いていることに気づくはずだ。

時子にこのとき生じたのは、彼女が幼い頃からずっと見なれていたひとつの円満な世界像に不安な異物が入り込み、それが彼女の世界の平穏な意味の体系を、一瞬打ち破ろうとするような感覚であったろう。しかし時子は彼女の意味の体系を決して打ち破られはしない。なぜなら結局は〈内面〉という得体の知れぬ原理を抱えた夫が彼女の世界から出ていってしまうのを見るからである。

哲也にとってもう一人の〈内面〉の所有者である小夜子も、もはやお勢とは全く異なった形で姿を現わす。一旦は哲也の決意を受け入れた小夜子も、自分の幸せのために時子という他人を不幸に陥れることは「罪」である、というキリスト教の倫理によって最後に哲也を拒否する。このとき、それまで共有されていると信じられていた二人の〈内面〉的原理が、空恐しい異和の様相で突然彼の前に浮かび上がる。もはや〈内面〉が〈外面〉によって抑圧されているという構図は消え失せる。むしろ〈内面〉と〈内面〉とがそのそれぞれの信念においてバラバラのかたちで存在しているにすぎないということが明らかになる。

二葉亭四迷が、『其面影』において『浮雲』の問題を深めたと考えてはならないように思える。また彼は、〈内面〉の現実性を〈外面〉の現実性によって相対化しようとしているわけでもない。彼はこの作品のはじまりの部分では、明らかにあの『浮雲』の問題から出発し、それを深めようという欲望を持っていたように思える。しかしそういう具合に事は運ばなかったのだ。

　でき上った作品はただ、それぞれの人間がある閉じられた系として様々な感受性や観念の体系を抱えており、それぞれがその信念の内側で生きるかぎり、つまりその体系が閉じられているかぎり、異和や矛盾は人間どうしの関係の背後の闇を巡って突然浮上してくる、というふうに描かれているだけなのである。

〈近代〉の新しい生の範形の中で、ひとははじめて〈内面〉という原理を発見した。それがまた様々な問題の範形を生み出したが、ひとがその中を生きつづける限り、彼は自己と社会との関係やその生存の意味、存在の意義という極めて近代的な生の主題を鳴らしつづけることができる。またそういった過激な理念から身を離して、生活者として自分を了解する場合もそれなりの「物語」を作り上げることになる。時子や小夜子がそうであったように、彼女たちは様々な異和を宥和することで、自身の世界の体系を決して破られることがない。この体系を絶えず守ろうとしながら、しかもどこかでそれを踏み外し、そして遂に回復の術を失ってしまう哲也のような人間たちだけが、この生の範形の背後にひそむ奇妙な裂け目を見るのである。

II

苦しみの由来——金鶴泳を悼む

1

金氏が亡くなったとき、二、三の知人から「今どき珍しいと言えば珍しい」とか「古典的な死」というような感想を聞いた。金氏の自死は、現在では稀《まれ》になってしまった〝私小説作家の自殺〟というふうに受けとめられているようだ。平野謙によれば、私小説作家の〝二律背反〟とは、創作上のモチーフとなる「生の危機意識」を生活に求めると現実生活が破綻《はたん》し、それを回避しようとすれば書きつづけることが難しくなる、というかたちで訪れる。こういう二律背反の規定を誰もはっきりとは意識していないかも知れないが、金鶴泳の自死は、時代からすこし離れたところできしんだ、私小説作家の自縄自縛《じじょうじばく》のものおとのように感じられたらしく思える。

しかし私の感触はちがっている。氏の自殺がたてたものおとは、私のほんの間近《まぢか》で鳴った。それはべつに、氏と私の間にわずかながら付き合いがあったからという理由ではない。大変乱暴な言い方になるが、金氏の作品からある言いようのない諒解感を私は受けとったのだが、奇妙なことに、彼の自死に対してもまさしくその延長としてあるような諒解感を持ったのだ。

むろん言うまでもないことだが、作家の自殺の「理由」や「動機」が私にわかるはずがない。ただ金鶴泳の文学から私が聞きとっていた響きがあり、作家の死はこの響きに対して唐突な不協和音のように現われていないと感じられただけだ。しかもあのものおとにしばし驚き、われにかえってふと気づくと、氏の文学の響きは思った以上に私のすぐそばで鳴り続けていたように思えたのである。そのことの意味を私は確かめてみたいと思う。

金氏に、私の友人の作品感想を送ったところ、作家からその友人に返事があり、今度ふとそれを見せてもらったら非常に印象的な文章があった。それは「……相変らず酒と綱引きしながら生きていますが、酒に引きずられっぱなしということにはならないと思います。まだ、人生に〝敗北〟したくありませんから――」というのである。ひとがこういう文章から何を読みとろうとするかよく判らないが、金氏にとって生きつづけるということは、つねになにかと引き合っていなければならないような、ある緊張と努力を要するものだったと私は思う。

この感じはごく自然なもので、作品と作家の人間とこの文章は、どんなねじれもなくつながって、私にそういう感触を与える。そして一本の綱をはさんで金氏が引き合わねばならなかったものの力が一体どういうものだったか、そのことを私は考えないわけにはいかない。

2

――〈在日〉を生きるとは、まず差別の中を生きるということである。〈在日〉の子の世代は、日本社会の蔑視の中で自分を罪深いもの、恥しいもの、負の価値を帯びたものとして認知せざるを得ない。だがそれは不当なことだ。日本人の民族的蔑視も、〈在日〉という状況それ自体も、じつは日朝の不幸な歴史に由来し、しかもその咎《とが》を受けるべきは日本人のほうなのだ。この差別はほんとうは転倒している。罪を帯びているのは日本社会であり、近代の悪業に手を染めなかったのが朝鮮民族である。〈在日〉の子の世代はそのことに気づくことができないほど〝主体〟を奪われているが、自己の民族のこのような由来に覚醒することによってのみ、自身の負の意識と日本社会の蔑視を克服してゆくことができる――。

金氏が自己の生を自覚的に生きはじめた青春期に、彼の前にはこういう〈在日〉の世界像が動かし難いかたちで存在していた。在日社会のこの自己了解の像は、いまでもある場所では強固に保たれているが、当時はもっと自明で疑われ得ぬものだったに違いない。これを土台にして、〈在日〉青年は、では北に帰属すべきか南に帰属すべきかという大問題に直面したわけであるし、またこの問題を通らないでは誰も自分の世界了解を一歩でも進めることができなかったのだ。

学生の頃金氏が立っていたのは、こういう懸崖の手前である。このとき険しい崖に手を掛けずに迂回してゆくこともできる。しかし迂回すれば、一体自分が何もので、なぜこの生を生きねばならないのかという問いが、決して答えられないままに終ってしまうことを、私たちは（〈在日〉は）誰でも直観的に知っていたのである。金氏は、北か南かという二者択一に自らを投げ入れることがどうしてもできなかったが、それでもこの〈在日〉の問題範形をまっすぐに攀《よ》じていこうとした。そして彼のこの単独の歩みを支えたのは〈吃音〉という体験だったと思える。

作家は処女作の『凍える口』で、自分の吃音の苦しみを描いた。だがそこで作家の筆は、吃音の苦しみを描いたというより、〈吃音〉とはその当事者にとってどのような体験なのかということを、きわめて正確に射当てている。

〈吃音〉とは単に言葉上の不便を意味しない。それはむしろ他人たちの「まなざしの壁」を引き寄せ、そのことによって自己のうちに〝自意識の牢獄《ろうごく》〟を作りあげてしまうような奇妙な体験のことだ。この牢獄がやっかいなのは、いくらこの不遇な関係の由来が判っていても、吃音というハンデを現実に持つ限り、それは決して消え去りはしないという点にある。また、吃音の苦しみは〝特殊な事情〟であって、そのため他人と分かち合うこともできず、ただ自分ひとりで耐えるほかないものだ。つまり〈吃音〉とは、本質的に他者との間で〝交換価値〟をもたぬ不毛な苦しみである。金氏が描き出してみせた〈吃音〉の苦しみとはまさしくこのようなものであった。

金氏の在日作家としての独創は、〈在日〉することの生き難さを〈吃音〉の生き難さに重ね合わせるようにして摑むことによって、あの北か南かという二律背反的な問題の範形をはじめて動かしたところにある。

『凍える口』を読めば、私たちは、〈吃音〉によって屈折したかたちで形成された主人公の〈内面〉にとって、民族という原理が、〈内面〉を抑圧するような〈外面〉として現われたということをよく理解できる。だが、重要なのは、そういう屈折した民族意識がもたらされる経緯ではなく、作家が描く〈在日〉という状況が、本質的に〈吃音〉の苦しみと重なり合うような不遇性として描き出されているということなのだ。

〈在日〉とは何か。それは、単に、差別の中にあり、またその転倒した由来をよく知って負性を克服してゆく、ということではありえない。〈在日〉とはむしろなにより、とり返しのつかない不遇性を生きることだ。その由来をどれほど明瞭に摑もうと、現に張りめぐらされている関係の中を生きる限り、あの自意識の牢獄の内部に閉じ込められてしまう。そしてそこから抜け出すために、ひとは、自己回復のどんな機会をも、溺れるものが藁《わら》をも摑もうとするように、摑み取ろうとせざるを得ない。

〈在日〉という状況に対するこのような作家の感受は、たとえば『錯迷』の中の次のような場面にみごとに映し出されている。

主人公の淳一は、夫婦げんかの絶えない自分の「暗い家庭」に絶望的な気持を抱いているが、妹の明子が突然帰国運動に応じて「北朝鮮」へ帰ると言い出すのを聞き、妹は家に絶望して家族をすてようとしているのだと考える。しかし淳一は妹のそういう決断に対して何も言うことができない。やがて明子が帰還船で「祖国」へ旅立つ日がくる。淳一と母は岸壁からデッキにいる明子を見送る。ドラが鳴り、船がゆっくりと岸壁から離れる。


そのとき、甲板の上の明子の表情が、さっと変わった。それまで静かに無表情だった明子の顔に動揺の色が走った。まるで自分はいま母や家族から一人離れ、見知らぬ土地に行こうとしているのだということを、はじめて真に悟ったかのごとく、私になじみの深いあの怯えの表情がにわかに明子の顔に浮かんだ。すると、もはや母のことを「オモニ」と呼ぶようになっていたはずの明子が、突然、以前の明子に立ち返って、こう呼びはじめた。

「お母さん！　お母さん！」

明子は上半身を船の外に乗り出し、蒼ざめた顔で、呻くような声を上げて叫んだ。

「明子！　明子！」

と母も泣きながら叫んだ。

「お母さあん！　お母さあん！」

「明子お！　明子お！」

　そして明子の顔が急に崩れ、みるみる歪んで、その目から涙が溢れてきた。

（略）

「お母さあんッ！　お母さあんッ！」

　明子は泣きながら、はらわたに沁みる鋭い声で、何度もそう叫んだ。船が急ピッチで岸壁を離れて行く。人の群れはいっそうどよめき、叫び合う声はいっそう鋭くなって行き、泣き叫ぶ声があちこちから聞こえてくる。ふっと熱いものが私の胸にこみ上げてくる。涙が溢れ、視界が曇る。〈どうしたことか。これはどうしたことか〉そんなことを心に呟いているうちに、涙は抑えようもなく、つぎつぎに溢れてきて、頬を伝わる。


　私は金鶴泳論（一九四頁《ページ》所収）で同じ場面をとりあげたが、ここで重要なのは、船が岸壁を離れた瞬間にはじめて、明子が自分の行為の意味に気づくように見えるということだ。

　私たちがこの場面から鮮明に受けとるのは、〈在日〉の生き難さとは克服されるべき障碍である以上に、とり返しのつかない不遇性である、という作家の現実感受のかたちである。この不遇感のために、〈在日〉の子たちは「民族」や「祖国」やその他さまざまの「物語」（私は人間である。私はふたつの民族の架橋の役割を果したい。私は〈在日〉そのものであり一切の民族や国家を超越する。等々）を摑もうとするが、まさしくその試みによって彼らは、「私は異なるものである」という自意識の囲いの中に再び自らを見出すことになるのである。

むろん、はっきりしているのは、「北」へゆこうと「南」へ帰ろうと、また〈在日〉の場を選ぼうと、結局ほんとうの場所への帰属は不可能であり、またそういう欲望の中では、私たちはいつまでも不遇であるほかないということだ。じつはただ、一定の能力を持った人間が、この不遇感をバネにして自分の社会的能力を実現し、そのことによってようやく〈在日〉の不遇性を食い殺してしまうことができるだけなのである。

明子の「オモニ」という言葉は、自分の不遇を脱けようとして彼女が摑んだ「帰国事業」という物語を象徴している。そして彼女は船が岸壁を離れたときにはじめて、この物語化された呼び名を捨てて「お母さん」というもとの感情に立ち戻るのである。作家の〈在日〉という状況に対するこのような感受力は、まったく新しいものだった。それはもともとは〈吃音者〉としての作家の世界感受からやってきたものだったろうが、まさしくこの感受力によって、金氏の小説は〈在日〉世界の生の深部に届くようなリアリティを持ったのである。

3

作家金鶴泳のこういった現実感受は、繰り返し描かれる父親との確執と和解というテーマの中でもっと意味深いかたちで表われている。しかしここではそれについて詳しく触れることができない。私がここでとりあえず示しておきたいのは、作家のこの〈在日〉像が、それまでの〈在日〉の世界像に対してどういう意味を持っているのかということである。

すでに述べたように、金氏によって捉えられた〈在日〉とは、歴史という錯誤によって転倒された〝負性〟、を意味しない。もし〈在日〉がそういうものだとすれば、隠されてあるこの転倒を明るみに出し、社会のあり方をもとの正しいかたちに立たせるという道すじに、〈在日〉の真の血路があることになる。だが、氏にとっては、〈在日〉とは、もはやそれを正しい形に置き直すことが、無意味でもありまた不可能であるような、そういう〝負性〟にほかならなかった。そしてそうであるからこそ、作家の主人公たちは、民族への帰属や父親との和解というアイデンティティの拠点を求めつづけながら、そのことに挫折しつづけるという仕草を繰り返したのである。

〈在日〉は〈不遇の意識〉を強いられ、しかもその自己回復の本質的な不可能性に直面させられるために、一方で日本社会への欲望を禁圧しつつ、一方で心理的な自己回復の「物語」を求めざるを得ない。金氏が浮かびあがらせた〈在日〉の基本の構図とはそういったものであった。

ところで、私はかつて〈在日〉の問題範形のこのような迷路を、何度も何度もたどり直したので、それらがせんじつめるとどういう場所にいきつくのかをよく知っている。もし転倒を正しいかたちに戻し直すことが自己回復の唯一の道だという通路から入るなら、ひとは必ず社会的変革の究極的な展望を要請される地点へゆきつかざるを得なくなる。「民主化」および「民族」という原理は、ただその途中に、まだつきつめられていない形態として位置し得るだけだ。誰がやっても、原理的な道すじさえ踏み外さなければ、必ずそうなる。ほんとうはそれはたいして複雑なことがらではない。純粋な理想状態を目ざす限り社会の理想的なかたちを思い描かないわけにはいかないし、またそこへ向かうための実践的な要請が、技術の問題として現われざるを得ないからだ。そこで、それを徐々に進めるか、それとも一挙に摑もうとするかという違いだけが、さまざまな理念のかたちとして現われることになるのだ。

だから、〈在日〉することの不遇感から歩きはじめた私たちの〝世界への問いかけ〟も、この道すじの中では、真の社会変革への究極的な展望を求めざるを得ないし、そのイメージの中でのみ生き続けることができる。逆に言えば、ここでは、もしこの究極的な展望のリアリティが失われたら、その地点で私たちの〝問いかけ〟の力は行き止まりになってしまう。そして私の考えでは、従来の〈在日〉の世界像はまさしくそういった行き止まりの危機の前に立っているのである。

金氏が示した〈在日〉の像から、私は全く違った問いかけのかたちを受けとる。それを私なりに言いかえてみると次のようなことになる。

社会的な〝劣性〟を強いられるとき、ひとはそれを克服しようとしてあらゆる努力を試みる。しかしこの努力は必ずしも報いられるとは限らない。また別の力、技量が、ある場合それを克服させることがあっても、全ての人間がそのことに成功するわけではない。そこでは依然としてひとは、自分のなんらかの〝劣性〟を不遇性として抱えながら生き続けてゆかなければならない。このとき私たちは、生の努力を超えたものとしてやってくる自己の不遇性に対してどういう態度をとりうるか、という問題に向きあうことになる。

金氏が抜け出そうとして果せず、結局それを描きつづけるほかなかった〝囲い〟の内側とは、そのような場所だった。この囲いの内側を俗世間に対して特権化すれば、いうまでもなく伝統的な私小説の世界が現われ出すであろう。だが金氏の文学は決してそうした意味での「私小説」ではあり得なかった。

どんな人間も、自己の〝劣性〟を回復しようとする現実的な努力をはじめから放棄するはずがない。現実の壁が超え難いものであることを思い知らされることによって、挫折が生じ、しかもその心理的な打ち消しの試みがすぐにやってくる。ここで私小説的な〈内面〉と〈外面〉の反転が起こるのだ。また社会変革の試みが、ほんとうに根拠のある展望の直観に支えられないとすぐに心情的な現実否認を含んだ観念的性格をあらわにするのもそのためである。

ところで氏における〈吃音〉の不遇性とは、つまり、自己の苦しみの由来をなにかほかのもののせいにすることができないということである。また、したがってその苦しみは他人と交換しあうことができず、ただ自分のうちで耐えられるべきものでしかない、ということだった。金氏は、〈在日〉という自己の不遇性をこのような意識の態度の中で遇した。まさしくそのことによって氏の文学は、あの私小説的な〈内面〉と〈外面〉の〝反転〟から紙一重の差で身をかわし得ているのである。

氏の文学は、不遇性をどう回復するかという問いの道すじではなく、それが超え難いものであるとき、ひとはそれに対してどういう態度をとり得るかという方位をとった。社会のさまざまな矛盾をひとつの究極的な展望へと収斂させることが困難になっている〝現在〟(〈在日〉の、あるいは日本の)にとって、氏の文学的な問いがむしろ大きな現実的リアリティを持っていることは、私には疑うことができない。だが、むろん氏の文学を、あえて状況的な問題にひきよせる必要はない。

氏はつねに自己の〈在日〉性を描いたが、それは必ずしも〈在日〉の生き難さを訴えるものではなかった。むしろ氏の文学は、日常の努力によってでは決して克服し得ない生き難さを抱え込んでいる人間の魂に強く響き、その生のかたちを照らすような力を持っていた。また氏の文学は必ずしも幅広い読者を持たなかったが、ほんとうに深く読者の心に滲《し》み入るものであったし、私はそういう実例を多く見知っている。それが文学の持つ最も実質的な力であることは言うまでもないし、そこに作家としての金氏の本領があったと私は思う。

4

このような氏の文学を内閉的で脆弱なものと見なすむきもあるが、おそらくそれはちがっている。人間は誰でも才能や力によって「強く」あることができるが、そういったものを奪われてなお〝勁《つよ》さ〟を失わずにいることは至難である。金氏は自分の生の与件の劣悪さにいやというほど向きあわねばならなかったために、本能的に才や力からくる「強さ」の虚偽を知っていた。同時に自己の「弱さ」に敗北することのむごさをも。

ある哲学者が見抜いていたように、〝敗北〟にはつねに美学がしのび込む余地がある。しかし金氏はこれをもまた本能的に嫌悪していた。私が人間としての金氏から感じたのは、そういう感触である。金氏は普通のひとの五分の一ほどのテンポでしゃべったが、自分の生の与件をもう十分に反芻《はんすう》しており、しかもそのことにはどんな特別な意味もないという態度が、全く自然に滲んでいた。そしてそれにもかかわらず（あるいはそれがゆえに）、氏がつねに、ある大きな生き難さと綱を引き合っているということも、やはり自然に伝わってきた。

それを心の持し方から発するある種の〝勁さ〟と表現することに、私は何のためらいももたない。

そしてこの精神の静かな態度といったものが、氏の文学にそのまま表われていたことに今さら気づかずにはいられない。

氏が大きな苦しみを背負っていた、と無造作《むぞうさ》に書くことは、さまざまな意味で軽率なことであるにちがいない。しかし、氏の自分を表現する仕方が、自己の苦しみに対するひとつの凜然《りんぜん》とした態度を滲ませていたことは、私には動かせないことである。氏はおそらく、その一生をとおして、さまざまな力と綱を引き合ってきた。〈吃音〉の苦しみを小説に書いたのちも、作家としての自分の力や、社会人であることが、父親であることや、その他もろもろのことと命の綱を引きつづけていたにちがいない。自分の生き難さは、なんのせいでもなくただ自分のうちで耐え続けねばならないものだ、という姿勢においてである。

この絶えざる緊張に一瞬空白が生じ、そのとき金氏はふと、長い間耐え続けた自分の生への努力をもう許してやろうという気になったのかも知れない。それは私たちにとっては悲しいことであった。しかしはっきりと言えることは、彼の死は、決して〝私小説家〟の死でもまた〝美学者〟の死でもあり得なかったということである。私の中では、その死は、むしろ氏の生への透徹した静かな態度とねじれることなくつながっている。人間の宥め難《なだ》《がた》い不遇の意識に対する水のような祈りとして、それは私に響いてくるのである。

沈みゆくものの光景――〈在日〉の「民族」と背理

1

わたしのすぐ上の姉は信仰厚いキリスト者だが、彼女はあるとき「神の前では何びとも国籍を持たない」という牧師の言葉を聞き、天啓にうたれたように神を信じるようになった。

そういうことがままある。わたしも学生時代、J・P・サルトルの「実存は本質に先行する」という一句に触れてあるショックを受け、以来ひそかに頑迷な実存主義者になってしまった。

椅子やノートといったものを見よ。それは座られるため、書きつけられるため、〜のためにという本質を、その存在に先んじてあらかじめ持っている。ところが人間という存在は、〜のためにという存在の本質をあらかじめ持ってはいない。その一点こそ、人間の存在が実存であることのいちばん深いゆえんだ。そのような観念をサルトルの一句はわたしに教えた。

人間はその存在の本質を、自分自身で見出し、選びとるべきものだという考えは、心理的には、〈在日〉の家から一歩でも遠くへ逃げ出したいというわたしの暗々裡の欲望にかなっており、当時の、まだどこかで自分のエネルギーに恃《たの》むところのあった内的感覚によく響き合ったのだろう。

ニーチェにならえば、ある考えがこれはどうしてもほんとうだという確信を伴って人間の脳裡に棲みつくことの根本の条件は、その考えが、彼の無意識の欲求をあと押しし、この欲求に力を与えるような（＝「権力量」を増大させる）場合である。だから、いろんな人間がいろんな考え方の「ほんとう」を持つのは、世の中にさまざまな真理があるからではなく、さまざまな心理的欲求のかたちがあるからなのである。

わたしの姉はキリスト者となり、わたしは実存派となり、また誰それは「民族」主義者となった。このうち誰かが間違ったというのではなく、〈在日〉である限り、みな溺れかける不安につきあげられて藁をつかんだのだ、というほかはない。

ところで、若い頃のわたしにはひとつの目論見《もくろみ》があった。家の仕事をするのが嫌だったから、きちんとした〝社会人〟になるつもりだった。この目論見が成功していたなら、わたしは文学や思想などに決して興味を持たなかったろう。しかし、のちに自分の目論見はどうやら絵に描いたモチらしいということが身にしみ、その挙句《あげく》ようやくわたしに社会というもののある明瞭なイメージがやってきた。

わたしが、いろんな〈在日〉がいろんな藁をつかむことの意味について、立ち止まって考えざるを得なくなったのは、そういうことがあってからだ。

〈在日〉の思想は、さしあたりさまざまな藁をめぐっている。もちろん、いやここに〈在日〉が身を支えるべき立派な筏《いかだ》がある、と主張する者もいるだろう。ところがどちらにせよ全ての人間を乗せられるような筏はないのだ。誰でもつかんだものが藁だと思えばそれを棄《す》て、通りかかる流木でもなんでもをつかもうとする。ガラクタをつかむ不運な者もいるし、適当な木にとりつくことを得る者もいる。

わたしにとって問題だったのは、ただ、そういう〈在日〉の光景の意味がなんであるかということであって、自分がいったいどんなものをつかむべきかということではなかった。なぜなら気がついたときにはもはやすでに、わたしはひどく溺れ込んでしまっていたからである。

2

〈在日〉という思想が、一世、二世、三世の世代交代を通じて大きな変容を持ったとしたら、その実質はどういうものか。この文章は一応そういうテーマを受け持っている。だが、それについてあまり鳥瞰《ちょうかん》的な見取り図を描く気になれない。朝日ジャーナルノンフィクション賞を受けた姜《きょう》信子の『ごく普通の在日韓国人』という本を読んで興味をひかれたのだが、そのことから始めてみよう。

著者はここで、自分が「『民族』という言葉が心に響かなくなった」若い三世世代のひとりであることをはっきりと認め、民族的に生きようとする人間も、帰化したい人間も、それぞれのやり方でよく生きる道を考えればいいのではないかという声を率直に押し出している。

　こういう声を持つかなり大きな層が在日に存在しはじめたのは、むろんかなり前からのことだ。しかし考えてみると、一冊の著書としてこういった主張がジャーナリズムの表面に浮かんだのは、これがはじめてかも知れない。

　ちょうど前後して、李恢成や宗秋月などを中心とする在日文芸誌『民濤《みんとう》』が創刊されたが、こちらは硬派の〝民族路線〟をもう一度たて直そうとする〝志〟を前面に出している。『ごく普通の在日韓国人』も特集座談会で取りあげられ、ある論者に、これは「無知と無能の告白」であると酷評されていた。姜信子のような意見が『民濤』路線から否定されるのは、もちろん判り切ったことだ。姜信子は北に対して南、民族に対して同化を主張しているのではない。いろんな立場の〈在日〉があっていいではないか、と言っているにすぎない。つまり、姜信子の手にある〈在日〉問題のかたちは、かつて根強くあった「北か南か」「民族か同化か」ではなく、「民族か、さまざまな〈在日〉か」というかたちをとっている。そしてこの対立項は、たしかに現在、〈在日〉の世代交代劇のいちばん重要な局面を表現しているのである。

〈在日〉の思想はいつも「民族」という理念を中心軸として巡ってきた。これは全ての在日が「民族」という思想を掘り進めることに力を注いだ、ということを必ずしも意味していない。むしろ、そのことは、〈在日〉の戦後史とはいわばつねに「民族」という理念がそのリアリティを失ってゆく道すじであり、その危機が意識されるごとに、在日知識人は新しい考えや表現で思想を刷新してゆく動機を持った、という事情を表わしているのである。

たとえば、いま象徴的に金石範と李恢成というふたりの作家を想い起こそう。金氏の出発点になったのは、本来朝鮮民族の一員として戦後の困難な本国の状況の中に生きるはずだった自分が、なぜ祖国に帰らずこの日本社会に〈在日〉しているか、といった問いだった。自分が〈在日〉していること、それは本来あるべきことではない。ただそれを余儀ないものとして受けとるほかはない。〈在日〉しているということが、すでに民族の一員であるべきだという自分の本来からの欠損である。この欠如によって金氏は、「祖国」、「民衆」、「民族」という理念を、〈在日〉が日々つかみとり確証すべき生き方の原理として示した。

これに対して後行の世代である李恢成は、あらかじめ「民族」という根を持っていたわけではない。ここでは、日本社会からの〈差別〉と〈拒絶〉によって与えられた不遇感（私の存在は拒否されている）を、どのように生きる力へと転化するのかということがはじめの課題だった。そして李氏の文学は、「日本人」から「半日本人《パンチョッパリ》」をへて「民族」へ、という新しい生の道すじを二世世代としてはじめて鮮やかに描いた。このことの意味は小さくない。

〈在日〉が生のはじめに受けとった不遇感を打ち消すためにまずつかむことになるのは、たいていの場合、人間は平等で自由に生きる権利を持つという、日本社会の民主主義的な考え方である。なぜなら二世世代がいきなり「民族」理念をつかむには、一般的な困難があるからだ。

若い二世世代は、まず〈在日〉の家から脱け出して「社会」の中で生きたいという夢を持つ。ところが「民族」理念は、さしあたり彼に「家」への帰属を強制するようなものとして現われる。そのため彼は、「家」（あるいは「父」）への反抗の道すじとしてまず日本の人間的《ヒューマン》な理念を受け入れ、さらにこの理念と現実との大きな乖離につきあたって、はじめて「民族」理念を見出すことになる。このことが、二世世代にとって「半日本人《パンチョッパリ》」の道を避けられない基本的な理由なのである。

しかしいうまでもないが、この日本人化の道は、「民族」理念にとって最大の危機でもある。李恢成は、「家」と格闘する二世世代の像を描きながら、それにもかかわらず結局日本人になることは〈在日〉の不遇性を決して水面の上へつかみあげるわけでないことを示すことによって、もう一度、二世世代にとって「民族」という理念が必然の道であることを確認しようとしたのだ。

「在日」の〝思想〟が、こういった大きな節目を持っていたことの意味はなんだろうか。

それは、〈在日〉はつねにさまざまな危機にさらされるが、結局自己の真理として「民族」という根を見出しつづけた、ということではない。むしろ、〈在日〉がその不遇感を打ち消して生きようとするとき、必ず日本という共同性の壁に突き当り、したがって最後にはどうしてもこの共同性に対抗するかたちで自分たちの理念（＝「民族」）を立てざるを得なかった、ということを意味しているのである。

こういう場面で、姜信子の言う「ごく普通の在日韓国人」という感受性のありようは、興味深い意味あいを持っている。

多くの在日知識層にとって、この「ごく普通の」という形容詞は、強い違和感をもたらす言葉であるにちがいない。痛切な差別体験も持たないまま一流大学を卒業し、一流企業に入った著者のような人間のどこが「ごく普通の在日韓国人」と言えるか。むしろどれだけあがいても簡単には日本社会に受け容れられない大多数の在日こそが「ごく普通」なのである、と。

しかし一方で、姜信子が自分の感受性のありように「ごく普通の」という言葉を置いた理由も明らかである。この著者は、誰が見ても大変率直な資質を持ち、心に屈折した傷を残さず、困ったことにぶつかればつねに前向きに努力するような、つまり〝ごく普通〟の日本人が一般的によい価値と感じるような、人間観なり社会性を持っているのである。

過激なナショナリズムや「政治」観念を嫌い、民主主義的でヒューマニスティックでもある彼女の社会や人間への信頼感は、もちろん「日本人的」である。しかしもし彼女が日本人として生きているならば、それはことさら強く主張されるべき理由と動機を持たないものだったにちがいない。ところが姜信子は、自分には「ごく普通」のものとしか思えない自分の感受性が、なぜ〈在日〉の一般的な世界感受とは奇怪なかたちでねじれあってしまうのかを、自分自身に向かって確かめずにはいられなかったのである。

たしかに〈在日〉とは、そういう奇妙な場所のことだ。

多くの在日知識人と姜信子との間で触れ合わないまますれ違ってしまうこの「ごく普通の」という言葉の誤差は、いったい何に由来しているのだろうか。

姜信子に象徴されるような感受性は、ある意味で李恢成の言う「半日本人《パンチョッパリ》」の通路を典型的に示していると言えるだろう。そしてこの著書では、この感受性は「半日本人」というかたちで滅びずに、むしろ「ごく普通の」というかたちで生きつづけている。その理由はおそらく、たまたま姜信子にとって日本社会が、自分の生の欲望を受け容れ、それを生かす共同体として開かれていたからにほかならない。

もちろんわたしはこのことを非難する気持を全く持っていない。なぜなら、姜信子はいまだ多くの場面で〈在日〉がそういう道を持っていないという事情に対していくぶん楽天的なのだとは言えるが、それでも彼女は、自分の生の可能性を否認するような〈在日〉の世界観に対して、決して反動的な考え方を作り上げているわけではないからだ。

3

姜信子に象徴されるような〈在日〉の新しい感受性の登場は、わたしに次のようなことを教える。

もし日本社会が〈在日〉を受け容れない限り、〈在日〉がはじめにつかむ民主的で人間的な〈日本人的な）社会観・人間観は、決して生きつづけることができないで、いまのところ「民族」という対抗的な（日本の共同性に対する）共同理念にゆきつく必然を持っている。しかしこれを逆に言えば、日本社会に受け容れられる機会を得た〈在日〉にとっては、「民族」理念のほうが生きつづけられずに滅んでいくということである。これが「さまざまな〈在日〉」という新しいアイデンティティ問題の根に潜んでいる新しい事態なのである。

このことは、また次のようなことを示しているはずだ。つまり、「南か北か」、「民族か同化か」、「民族か在日か」といった〈在日〉の問題のかたちは、〈在日〉の不遇の意識が日本の社会の扉に向き合い、その開かれ方に応じてそのつど表現されてきた、共同性への渇望のかたちである、ということを。〈在日〉の「民族」理念とはなにか。それは、わたしたちがほんとうは「民族」として一体である、ということを指しているのではない。むしろ、一方で本国の共同体からも隔絶され、もう一方で日本の共同体からも拒否されていることによって、いわばそのアイデンティティの不在を打ち消そうとする動機からわたしたちに現われた、ひとつの危機の意識の表現なのである。

そうである限り、じつはわたしたちは奇妙な逆説の中に置かれていることになる。なぜなら、〈在日〉の「民族」理念は戦後の歴史の中でつねにその崩壊の危機にさらされてきた、とさきにわたしは書いたが、「民族」理念が〈在日〉の不遇性をよく表現するものであるのは、まさしくそれが絶えず危機にさらされ続けているということによってだからである。

「民族」という理念が、生の新しい原理を告げる強いエロスを持った言葉として多くの〈在日〉をつかむのはなぜか。自分の存在のうしろめたさが打ち消され、自分が生きうる新しい共同体の可能性が示されるからだ。また、〈在日〉が多く「半日本人《パンチョッパリ》」（つまり日本社会の人間観）の幻想のうちにとどまり得ず、「民族」理念にまでゆきつくことになる理由はなにか。〈私は日本人と同じ〝ごく普通の〟人間である〉というアイデンティティは、日本の共同体が〈在日〉を拒絶する限りは、〝不毛な〟（結局裏切られることになる）アイデンティティとなり終るからである。そして、まさしくこういった事情によって、「民族」という理念はわたしたちにとって奇妙な背理を持つものとなる。

それはいったいどういうことか。

〈在日〉における不遇性とは、そこでひとが自己の共同体の根を奪われ、その本来の主体性を喪失するということではない。むしろ、ひとびとがつねに共同体にとって異質なものとして追い払われているという状況それ自体のことである。そうである限り、「民族」という理念は、一方で、この状況を打ち消し、共同体を見出そうとする努力を意味するが、また一方でそれは、その絶えざる危機によってこの状況それ自体の表現、つまり自己を拒絶し追い払おうとする共同体に対する根本的な異和の表現、を意味するのである。

こうして〈在日〉における「民族」理念は、それが現われた最も深い根拠によって、ふたつの背反するような動機を持っていると言える。つまり、ひとつの共同体から追い払われることによってもうひとつの共同体を熱望する欲望と、共同体の持つ排外的な原理そのものに抗《あらが》い、それに絶えず異議申し立てを行なおうとするような欲望とを。

たとえば、わたしが『〈在日〉という根拠』で金鶴泳という作家を手掛かりにして触れてみたかったのは、〈在日〉という状況におけるこの後者の地層だった。

金鶴泳の文学は、わたしにとって次のような〈在日〉の相を浮かびあがらせた。共同体から拒絶されるとき、ひとは、溺れるものが藁をつかもうとするように、なんらかの共同的な理念をつかもうとせざるを得ない。自分を受け容れる現実の共同体が、さしあたって現にない場合、誰でもまず心の中でなにかほかの可能性(理念)を思い描くほかないからだ。そのとき、李恢成が描いたような、日本人(たろうとすること)——半日本人——民族という道すじは、当時ほとんど唯一で避けることのできない道だった。ところが金鶴泳の文学において、わたしたちはひとつの不思議な光景を見るのである。

彼の主人公たちは、まさしく〈在日〉の不遇性の場所から出て、日本社会の中でつかみ得る可能性に手を掛けようと切望するが、それにもかかわらず、その全てから追い払われる。だがこのとき重要なのは、彼らはどんな理念や〈物語〉からも自由でありたいという意志によって〈在日〉のアイデンティティから切り離されるのではない、ということだ。金鶴泳の主人公たちは、人間は一切のアイデンティティから自由であるべきだと考えるのではない。ただ自分の負性や不全感を打ち消してくれるなんらかのアイデンティティを切望し、それにもかかわらず、そういう場所から追い払われるのである。このことにわたしたちはよく注意する必要がある。

なぜなら、このことによって金鶴泳の文学は、つねに共同体から追い払われ、そのことで世界と宥和することができない人間の状況それ自体を、〈在日〉の生の光景からつかみ出してわたしたちの前に置いているのだからである。

もちろん、このことは〈在日〉の「民族」理念が〝不毛な〟ものであることを告げてはいない。差別による不遇性を出発点として持つ〈在日〉にとって、その生の現実的な課題は、まずあくまで自分を受け容れる現実的な共同体を見出すことであり、それが不可能ならば、その可能性（理念なり〈物語〉というかたちで）を見出すことである。そして、いまのところその可能な道が、日本社会（あるいは本国の）の共同体を開かれたものへ変えてゆくか、可能性としての（理念としての）共同性を現実化してゆくかのどちらかしかないということは、誰にも明らかなことだ。

それがどれほど大きな困難を抱えたものであり、またたとえ生きているうちには実現し難いものと思えようと、〈在日〉があの不遇性を完全に解消しようとする欲望を持つ限りは、それ以外にどんな道もない。

しかし、わたしはここにひとつの問いを置いてみよう。

共同体から拒否されているという不遇性は、たしかにわたしたちはなんらかのべつの共同体（自分を拒否しない）を発見し、そこに属することによって解消するだろう。だが、そのことは、わたしたちの生の不遇感を完全に解消するだろうか、と。

この問いのもっともシンプルな答えはこうなるだろう。わたしたちがもっとも理想的な共同性を理念として思い描き、それを実現することができれば一切はうまくゆく、と。この答えは当然次のことを含むはずである。

もし〈在日〉の「民族」理念が、こういった理想の共同体への展望を持たないものであるなら、その「民族」理念は、ただ、人間のさまざまな生き難さのうちの一面を宥めうるものにすぎない。つまりそれは大きな共同体から追い払われたものを、べつの大きな共同体に差し戻す努力を意味するだけなのだ（むろんそこに意味が全くないわけではないが）。そしてその努力は、ひとつの共同体内でのさまざまな矛盾には手を触れることができないのである。

たとえば、わたしたち〈在日〉がすべて統一朝鮮にひき上げたとして、そこで〈民族〉に関する不遇感はあるレベルで解消するかも知れないが、ではそこで社会の一切の矛盾がなくなるとは言えないからだ。

重要なのは、まさしくこういう事情への直観が、現在、〈在日〉の「民族」理念を大きな危機にさらしているということにほかならない。

いま見たような事情から、〈在日〉の「民族」理念は、これまでつねに社会主義的な展望を理論上の土台として携えてきたし、その限りでかなり強い説得力をひとびとに対して持っていた。しかし、現在わたしたちは、誰も理想社会へゆきつく確実な道を、明らかなかたちでは指し示せないという困難にぶつかっている。〈在日〉の新しい世代が、ふたたび日本社会の共同性を押し開こうとする可能性へつきはじめたのはそのためなのだ。〈在日〉の「民族」理念はそのことによっていっそう危機を意識し、またこの危機意識に促されて、ますます理念のかたちを声を強めて押し出さざるを得なくなっているのである。

4

〈在日〉であるわたしたちがさまざまにあがきながら、なんらかの理念なり物語なり、生き方の原理なりをつかもうとする根本の理由は、目の前にある世界が自分を拒否していることに絶望した結果、自分を受け容れてくれるような新しい世界を欲望するからだ。たとえ、その新しい世界をつかみとれば自己の生のすべてが解放されるはずだとひとが錯覚している場合にも、この欲望にはひとつの本質的な性格がある。

　たとえば〈在日〉という状況の中では、自らを解き放ちたいという欲望は、現に自分が属している共同体（＝日本社会）に手を触れてそれを改変してゆくという現実的な道からは切り離されている。ここで問題は新しい共同体（＝民族）を見出すことであって、いま属している共同体を変えてゆくということではないからだ。そのためにこのような状況でひとは、いっそう激しく自己と世界の関係におけるひとつの絶対感情を目ざすのである。

この絶対感情は独特のものである。それはこの社会がなぜ差別や排除の原理を持ち、どのようにすればそれを改変していく道があるのか、という問いには向かわないで、ただ、自分にとっての「本当」の世界（共同体）を渇望し、それをつかまずには生そのものが無意味であるという感情としてだけ、強く生きることになる。

〈在日〉という状況でひとは、自分の存在のイメージを、極限のところまで解き放ちたいという絶対感情を持つ。その理由は、そこでは彼の生の不遇感は、世界と自己とが根本的にひき裂かれていることに由来すると感じられるからだ。

だが実際は、〈在日〉がさまざまなかたちで抱え込んでいる生き難さは、彼らが自分の共同体を見出してそこに属するということによってだけでは、決して全面的には解き放たれない。このことはいったい何を意味しているのか。

わたしが言いたいのは、共同体への欲望は、人間のさまざまな矛盾にとって決して最終的で本質的な解決でなく、その一部の解決を意味するにすぎないといったことでない（このことは論理上の妥当な帰結であるとしか言えない）。そうではなく、わたしはむしろ次のように言いたい。

わたしたちがもし、ほかの何ものともとり換えがたい欲望として自分の共同体を見出しそこに属したいという目標を持つとすれば、じつはこの欲望は、それが具体的に持っている目標をはるかに超えたなにかを目ざしているのだ。したがってもしわたしたちが、「民族」という理念に自己のアイデンティティのみを籠めているとすれば、この目標は、わたしたちの本来の欲望に永遠に重なり合わないだろう、と。

〈在日〉が、そのいちばん深い場所で結んでいる本質的な背理とは何であるか。

わたしたちが自分の生のうちに見出すさまざまな不遇性の一切を、ただ自分の属すべき共同性の不在という由来に結びつけざるを得ないということ。そのことによって思想の言葉が、決してその本来の欲望と相関しないということ。まさしくこれこそ、〈在日〉という状況に孕まれている最も危うい背理なのである。

さて、わたしたちはここで、〈在日〉の思想が最後にゆきつくはずの難問の水際まで視線を延ばしてみよう。

かつてわたしは、自分の不遇感に最終的に相関しうるのは、ただマルクス主義が示唆する世界変革の展望だけだという素朴な直感を持っていた。〈在日〉の民族理念はマルクス主義の変革の理念をその延長線上に持っているはずだと考えていたから、おそらくこのときわたしと「民族」理念との距離はもっとも近かったのだ。ところがあるとき、わたしのうちにひとつのイメージ上の変容というべきものが起こり、マルクス主義の世界変革という展望に大きな亀裂が生じた。

わたしはここで、思想としてのマルクス主義に対する論理的な異議を詳《つまび》らかにできないが、わたしに生じたイメージ上の屈折についてはそれを簡単に言ってみることができる。

マルクス主義の展望に導かれた国家社会は、果して人間の矛盾を完全に取り除くことができるだろうか、と問うてみる。自分のうちのさまざまな知識や像を全て動員した挙句、すくなくともわたしに浮かんできたのは、人間の存在の矛盾を完全に解き放つような社会は結局存在し得ないのではないか、というイメージだった。ひとことで言うと、革命後では人間はどんな不遇感もなく十全に生きうるだろうかという問いに出合ったとき、わたしはかつての自分の世界像が強く折れ曲るように感じたのである。

わたしはこういうイメージにたぶらかされているだけだろうか。

そうではないはずだ。たとえばわたしは自分にこう反論してみる。完全な社会とはもともとひとつの理念（理想）にすぎないことは明らかだ。そうであるなら、理想の完全な実現が不可能であることは、決して理想に近づく努力の意味それ自体を無化することはできない、と。しかしこの答えはその限りでは正しいだろうが、どうしてもわたしを納得させない。

わたしたちが社会の大きな矛盾の所在を見出し、それをつねに改変しようと努力することの内在的な意味は一体何だろうか。わたしの考えではそれはふたつある。ひとつは、そのことによってわたしたちは〈社会〉というものを信じ、その中で生きている他人の人間的な倫理や努力を信頼するということである。もうひとつは、そういう〈信〉の共同性の中に入り込み、そこでは人類や国籍や身体的ハンディキャップによって拒絶されないで自由な関係を他人と結ぶことができるということだ。だが重要なのは、このいずれも、ぎりぎりのところでわたしたちの内部の絶対感情に、決して相関しないという点なのである。

わたしたちはある展望に基づいて現実的な課題を自らひきうけるとき、じつはそこで自分の共同体（ある信念の）を見出しており、そのことではじめの不遇性から半ば解き放たれているといってよい。実際にそういう道をわたしたちは歩いてきたのだ。すでに見たように、あるものはキリストを信じ、ある者は実存主義者となり、ある者は民族主義者等々となった。

もはや明らかだろうが、わたしたちがとりあえず自分にとっては実現しないであろう理想を抱き（だからその理想が真であることの確証は、さしあたって厳密には問題にならないのだが）、その理想に向かって努力する、ということが持っているぎりぎりの意味は、現実の共同体に追い払われて、その代りになんらかの〈信〉の共同体を見出すことだというほかない。そのことはたしかに自分の不遇性を打ち消したいというわたしたちの欲望にかなっている。しかし、この不遇性から発した、「ほんとうの」世界に届きたいという取り換えがたい欲望は、いわばさまざまな〈信〉の共同体の中で宙づりになるだろう。ある者はキリストを信じ、ある者はなんらかの主義を信じ、またあるものはなんらかの思想を信じる。この風景は、自分が所有し属している〈信〉が、相対的なものでしかないかも知れないという疑いを導かないわけにいかない。しかも、わたしたちに「ほんとう」への強い欲望が生きつづける限り、かえってわたしたちは、自分のつかんだ〈信〉こそ唯一絶対のものだという確信を相対化させられることになるのだ。

わたしはこのことで何を言おうとしているのか。社会を改変しようとする夢は、もしもその展望が確実な「正しさ」を持っているのでなければ、結局それはさまざまな相対的な〈信〉（の共同体）のひとつに身を寄せることに帰するだけだ、と言いたいのではない。つまりわたしたちの「ほんとう」への欲望は、確実な「正しさ」を所有することを前提としてはじめてその具体的な相関物を持つ、と言いたいのではない。

そうではなく、もしわたしたちが確実な「正しさ」というものをどうしても持ち得ないような場所で生きるとき、この絶対感情は、自らが生き延び得るなんらかべつの可能性を果して見出すことができるだろうか、とわたしは問うてみたいのである。

わたしにはつぎのように思える。これこそ唯一の道であると納得できる方途をさしあたり誰も指示せない場面では、わたしたちの絶対感情は、ある任意の〈信〉（の共同体）に身を寄せることによってではなく、むしろどんな〈信〉の共同体からも身を引き離し、およそさまざまな共同体が自己を主張し合っている〈世界〉の相対性に対し不断に異議申し立てを行なうことによって、かろうじて自己の最後の可能性を見出すのではないか、と。

〈在日〉という状況の不遇性から発したわたしたちの絶対感情とは、もともとひとつの「つねに生のほんとうをつかもうとする渇望」である。わたしたちは自分がとり返しがつかず溺れ沈んでゆくという意識の中で、この絶対感情を、ただひとすじの生の可能性の藁としてつかみとろうとせざるを得ない。この絶対感情はしたがって本来ひとつの「不幸の意識」である。ひとは誰でもこの「不幸の意識」を打ち消し、宥めようとする欲望を抱えて生の道を拾いはじめるし、またそれは宥められるべきものだ。さまざまな共同体というものは、そういう意味で人間の生にとってなくてはかなわぬものというほかない。

　しかしそれを宥められない者、それを宥めようとするどんな努力からも見捨てられるような道を拾った者はどうするのか。彼はこの世に、ひとの日常の努力とはいつも異なった方向を向いている「ほんとうへの欲望」というものが存在することの理由を知るだろう。また、わたしたちの世界に対する異和が、幾度共同体への欲望の中で相対化され宥められようと、理想を求めようとする努力がその途次でどんな大きな難問や矛盾につき当ろうと、それでも世界から、現にある世界を超え出ようとする欲望がつねに立ちあがり続けることの理由を知るだろう。

〈在日〉とは、共同体のはざまにあることによってそのはじめの不遇性が生じる、世界への異和という出来事のひとつの現場である。だから、〈在日〉とは、一方で、この不遇性を打ち消し自己の共同体を夢みようとする生の努力そのものであると言える。しかしまた、この夢みる能力の避け難さだけが、わたしたちに、現にある世界や共同体をつねに超えつづけようとする人間の欲望の深い根を告げ知らせるのである。

三つの名前について

わたしは名前を三つ持っている。在日朝鮮人としての戸籍名（本名）、日本での通名、そしてペンネームである。このうち、竹田青嗣というペンネームだけは自分が名乗ったものだ。あとは、みな人が決めたものである。そういうことに何か意味があるかどうか知らないが、その経緯を思い起こしてみる。

知っているひともいると思うが、在日には「本名」問題というのがある。在日朝鮮人、韓国人の親の世代は、普通日本名を使っている場合が多い（これはかっての創氏改名政策に由来する）。子供たちは、たいていある時点で自分の家の「本名」を知り、複雑な思いでこれをひそかに抱えていく。やがて彼等は、青年期になって自分の「民族」を自覚する。そして多くの場合「民族」の自覚は、「本名」を積極的に〝名乗る〟ことに結びつくことになるのである。

わたしの家では昔から「中田」という日本名を使っていた。朝鮮人は本名を名乗るべし、という考えがあるのをわたしが知ったのは、大学に入ってからで、それまでは自分の「通名」について深く考えたことはなかった。しかし、わたしは民族派青年ではなくマルクス青年だったから、姜という名前に格別愛着も湧かなかった。またわたしは、社会派ではなく実存派だったから、自分はたまたま朝鮮人に生まれたのだと思っていた。

民族名を名乗ることは、一種の自己規定を行なうことだ。「民族の一員として」生きる、という考えに馴染むことはできなかったので、結局わたしは大学を日本名で通した。

ところが大学を出てからいろんな同胞に出会い、そこではじめて姜（カン）という「本名」も使うようになった。わたしが姜という姓を使い始めたのは、民族的自覚のせいではない。要するに、回りの同胞たちがわたしをそういうものと見做したからである。

「お名前は何というんですか」

「中田です」

「いえ、本名ですが」

「姜です、姜素雲の姜です」

「ああ、姜さんですか」

在日朝鮮人は「民族名」を名乗るべきだ、という考えにわたしは馴染めなかった。しかし「日本名」

を使っていたのは、そうすべきだと積極的に考えていたからではもちろんない。周りの友人たちはわたしが在日朝鮮人であることをよく知っていたが、「民族名」でわたしを呼ぼうとする人間はいなかったし、なぜ「民族名」を名乗らないのかと問う者もなかった。友人たちは、わたしを「中田」と呼び、それをべつに怪しむ者はなかった。つまり、わたしは周りの者が自分をそう見做すのに従っていたにすぎない。

大学を出てから出会った同胞たちは、わたしを「姜」なる人物と見做した。それに抗うほど「日本名」に固執していたわけでもないし、また、自分の思いをいちいち会う人ごとに説明することは不可能だった。わたしは、自分が何ものであるかは自分では決められないのだ、ということをそのとき了解したように思う。それ以来わたしは、かくかくのものと見做されることに慣れるようになった。そういうわけで、わたしの場合は、姜という「本名」を積極的に〝名乗った〟というのではなく、ただそれを甘受することにしたにすぎない。

そういうケースがもうひとつある。大学の途中で母親が名前を変えろと言ってきた。私の名前、戸籍名は「正秀」である。これを「修次」に変え、必ず友人、知人たちにもそう呼んでもらうようにせよ、と言う。姓名判断をしてもらったところ、古い名前では必ず大きな厄災を呼ぶということらしい。これは難題だった。

名前にこだわるたちではないが、二十年も使っていた名前にはそれなりの愛着がある。だいいち、母親が姓名判断で見てもらったという理由で変えることにしましたと、そのとき若かったわたしには友人たちに言いづらかった。しかし母親は強硬で、どうしてもと言う。結局それを受け入れたのは、母親がそのように言う理由に思い当るところがあったからだ。

わたしは身体が丈夫でなかった。母親はそれを、敗戦直後の食糧難のためだと思い込んでいて、わたしの身体の心配ばかりしていた。厄災というのは、母親にとって息子の大病に結びついていたらしい。母親に対してはいつも我を張っていたが、このときはさすがに母親の愛情を感じて折れた。おかげでわたしの名前はますます増えることになってしまった。それ以来わたしは、どこかの姓名判断士が付けた「修次」という名前を使うことになった。今では戸籍名である「正秀」という名でわたしを呼ぶ者はだれもいない。この名前は死んでしまったのである。

さて、『在日という根拠』という本のあとがきに書いたことだが、竹田青嗣というペンネームは、太宰治の小説「竹青」からとったものだ。はじめて文章を書いたとき、名前をどうするかすこし考えた。考えた末に、自分の好きな小説から名前を拝借することにした。

たいていの「在日」にとっては、〝書くこと〟は「本名」（あるいは民族名）を積極的に〝名乗る〟ことと切り離せない。書くことは、自分の「帰属」（アイデンティティ）を確立することとひとつになっているからだ。「民族名」を名乗ることは、いわば「朝鮮民族の一員として」ものを言うということである。ところがわたしは、「朝鮮民族の一員として」ものを言うつもりはなかった。それが、「民族名」を〝名乗ら〟なかったことの、わたしなりの理由だ。

俗物である妻を殴り飛ばして家出した主人公の魚容は、鴉の化身である美しい竹青に出会い、俗世界を忘れてロマンの世界に生きようとするが、呉王廟《ごおうびょう》の神にたしなめられて失意のうちに自分の家に戻ってくる。だが俗物である妻の身体に異変が起こり、彼女は竹青に変身して魚容の帰りを待っている。「竹青」はそういう話だ。

太宰治は、若い頃からわたしの文学の〝神〟だったが、その中でもこのちいさな物語がわたしはとても好きだった。その理由は、今振り返ってみるとよく分かる気がする。若い時のロマネスクにはとてつもないものがある。わたしたちはそれをうまく殺さなくては生きていけない。しかしまた、それを殺し尽くしても生きていけない。青春というものがわたしにもたらしたのはそういうやっかいな難問だった。「竹青」という小説はこの難問を見事に解いているというわけではないが、その難問の〝存在理由〟をいつもわたしに教えてくれるのである。

この問題は、わたしにとって「民族」問題以上のものだった。自分の「帰属」の問題は、青年期的ロマネスクのひとつなのである。わたしはそれを一般の在日青年とは違ったかたちで持った。そのことはどうしようもないことで、いわば天の配剤というほかない。わたしが竹田青嗣というペンネームを名乗ったのは、そこに自分にとって避けられない問題があると感じたからだと思う。

なぜ「在日」であるものが「民族名」を名乗らずに「竹田青嗣」という日本式のペンネームを使うのか。そういう非難はもちろん予想された。在日朝鮮人が日本名を名乗ることは、それを非難する側から言うと、まず自分の「民族」の否認（隠し立て）ということを意味し、つぎに「差別」からの逃避を意味する。さらに、ものを書き、なんらかの意見を主張するものがそういう態度を取ることは、在日朝鮮人の日本人化傾向を助長することになる……。

わたしはそういう非難に対して正面切った反論をする気はない。「民族」にアイデンティティを置かないものは、すべて日本式ペンネームを使うのが適当だ、とも言えないからだ。わたしはわたしなりの内的な理由でそうしているだけである。こういうことはおよそ一般化できないことなのだ。

たとえば作家の金鶴泳や『ごく普通の在日韓国人』を書いた姜信子は、「キム・ハギョン」、「カン・シンジャ」ではなく、「きん・かくえい」、「きょう・のぶこ」と名乗っている。これは「民族名」でも「日本名」でもない。彼等は「祖国」にも「日本」にもアイデンティティを持たず、そのようなどこにもない自分のアイデンティティのありようを、そういうものとして表現したのだと思う。

こういうことに文句を付けるのは馬鹿げたことだ。「民族的」アイデンティティを確立した者が「民族名」を名乗るのは自然なことだし、そうではない者が「民族名」を避けようとするのも同様なのである。

ともあれそういうわけで、わたしは「本名」、「日本名」、「通称」、そして「ペンネーム」といういくつもの名前を持つことになった。しかし、これらはすべて、言わずもがなのことだったような気もする。いくつかあるわたしの名前のうち、ひとから呼び慣れないものは死んでしまったし、親しみと愛情をこめて呼ばれるものには、自ずと愛着が湧いてくる。どれもわたしの名前なのである。逆に言うと、これこそ自分のほんとうの名前だというものがわたしにはないわけだ。それで結構。生きる上で不都合はべつにないのである。

太宰治は、「自作を説明するといふ事は、既に作者の敗北であると思つている」と言った。わたしもそういうぶざまなことをしてしまったかも知れない。竹田青嗣というペンネームは、わたしが昔、自分なりのアイデンティティにこだわったことの痕跡である。正当化もできなければ、隠す必要もない。それを面白がってくれる人もいれば、つまらないと思う人もいるだろう。それは仕方のないことだ。

ただ、いまわたしが思うのは、アイデンティティというものは結局自分の自由にならないものだ、ということだ。それは生活しているうちに向こうから自ずとやってくる。アイデンティティを確立する、などというのは奇妙なことだ、それはただ、自分のうちで確認するほかしようのないものなのである。

「在日」ということ

「在日」日本人という言葉がある。自分がたまたま日本という社会に生まれ落ち、そこに生活しているにすぎないということを強調する言葉だ。ここには、差別されるマイノリティとしての「在日」朝鮮人、韓国人に対する心理的な連帯感も表明されているのだが、わたしはこの言葉に、あるもどかしさを感じる。日本人としてのナショナル・アイデンティティをあえて否認しようとするこの言葉は、在日朝鮮人、韓国人という場合の「在日」とは、ひどく隔たりがあるのだ。

かつて在日朝鮮人、韓国人にとって、「在日」とは、近代日本の侵略行為の結果として生じた現象を意味していた。「在日」は異国の中で差別されるマイノリティであり、その異議申し立ては「民族主義」というかたちで現れた。共同体間の抑圧関係において、支配され差別される共同体が「対抗理念」(カウンター・イデオロギー)として「民族主義」を形作るのはほぼ普遍的な事態だからだ。

十年程前にわたしは、『〈在日〉という根拠』という在日朝鮮人作家論を書いた。これにはいきさつがある。青年の頃わたしは、普通「在日」が多く通るような「民族的」アイデンティティを確立するという道をたどらなかった。といって日本人たろうとしていたわけでもない。「朝鮮人」にも「日本人」にもアイデンティファイできなかったわたしにとって、この問題はうまく解けない謎だった。

そのときたまたまぶつかったのが金鶴泳という作家である。金鶴泳は「在日」という問題をまったく新しい相で表現していた。「在日」の生の問題は〃いかに民族的アイデンティティを獲得するか〃ということに還元できない。むしろ差別される人間は、〃いかに自分のマイナスの存在規定を打ち消すことができるか〃という実存上の課題に必ずぶつかる。民族的アイデンティティとは、この課題の中で現れるさまざまな道のひとつにすぎない。これがわたしが金鶴泳から受け取った声の核心だった。金鶴泳を読んで、はじめてわたしは、自分もまた紛れもなく「在日」という存在規定を受けている者であること、そればかりかむしろ、自分のような〃中途半端〃な「在日」の中に、むしろ「在日」であることの現代的な普遍性があるかも知れないということをも理解したのである。

およそマイナーなエスニシティの一員であること、なんらかの「印付き」として差別されつつ存在していること、このことは、「共同体」という原理それ自身に対して心理的に反発したり、それを否認することとはまったく違ったことだ。ここに「在日」日本人という言葉における「在日」と「在日」朝鮮人、韓国人たちのそれとの隔たりがある。

わたしたちはまず自分の存在を「うしろめたいもの」、「マイナス価値」として生きはじめる。そしてこれを、どういうかたちであるにせよ「プラス価値」へと転換できなければ、自分の生を肯定する可能性をほとんど失ってしまうのだ。

金鶴泳は、それまでの「在日」の「民族主義」を、このような実存条件を持つ人間の、アイデンティティ獲得のための「物語」形成として照らし出した。つまり、マイノリティのエスニシズムの本質を、各人の実存の条件の問題として〝普遍的に〟捉えたと言っていい。それが〝普遍的〟であるとは、このようなプロセスを、どんなマイノリティあるいは「印付き」の人間も必ずたどらなくてはならないということだ。

わたしの見るところでは、このようなモチーフをはっきりと結実させた文学は、日本の文学にも他の「在日」文学の中にもほとんどない。そして金鶴泳の仕事は、いわば「在日」という言葉のレベルを一段高めたのである。

ある意味では、現在「在日」という言葉は、「国際化」や「均質的なナショナリティの解体」といった現代的問題に深くかかわっている。つまり、「在日」という言葉は、積極的には、「多様性を認めあう社会」を生み出すためのキーワードとなりつつあるだろう。しかし、わたしはもう一度作家金鶴泳が文学的に表現した「在日」ということの意味に、日本人の注意を喚起したい。

それは、被差別集団のアイデンティティを尊重したり、共同体相互のアイデンティティを認め合うといった現代的な理念に通じているのではない。また一切のアイデンティティを嫌悪するという新しい「物語」にも寄り添わない。それはただ、どんなアイデンティティ(物語)からも〝見放され〟てしまう不遇な生の喩としてだけ受け取ることができる。このことに対する感度を欠けば、わたしたちは人間の生の条件に対する重要な想像力を枯渇させることになるだろう。

在日と対抗主義

1

一九八三年にわたしは『〈在日〉という根拠』を出版し、在日における「民族か同化か」という二者択一的な問いの無効性を主張した。この政治的、倫理的決断を迫る問いへの違和感は潜在的には広がっていたが、それが明瞭な声として現われたのはおそらくこれが最初である。わたしの見通しでは、民族主義を基軸として生きるかそれとも民族主義を捨てるかといった問いの設定は、二世、三世世代への移行が進むにしたがって自ずと無意味化し、変化してゆくものと思われた。ところで、今振り返るとわたしの予想は半分はあたり、半分は外れたように見える。

たしかに、かつてのような頑な民族主義、たとえば、在日は本来的には「祖国（とくに北）に帰属すべきものである」といった祖国志向型の民族主義は、現在ではほとんど姿を消し、冷戦崩壊後の世界的な民族紛争の情勢を反映して、ナイーヴな民族中心主義はその主張を弱めている。たとえば在日は現在では、日本社会内での反差別運動や、政治的権利や市民権の獲得といった新しい方向を見出しはじめている。しかし根本的には、差別に抗すべき根拠として、あるいは在日を生きる根拠として、〝民族的アイデンティティ〟に変わる本質的に新しい理念を見出しているわけではない。そこでここでは、在日の諸問題についてのわたしなりの基本テーゼを連ねてみることにする。

2

在日コリアンは、侵略、併合、そして差別的従属という経緯の中で日本社会での生活を続けてきた。しかし在日コリアンの問題は現在では、たとえば在日がいかにその少数者としての、差別されたものとしての立場から、自らの主体性を回復しうるか、といった課題に集約できない。もしこのことが課題なのであれば、在日の問題は一つの復権運動、権利獲得（回復）運動だということになるだろう。

しかし、現在在日コリアンの問題が、もはや復権や回復の運動という枠の中に収まり切らないことは明らかである。

3

在日の民族主義は、もともと日本の侵略行為に対抗するものとしての本国の民衆ナショナリズムを受け継いだものだ。したがって基本的に対抗的本質をもっている。侵略下、統治下の民族主義は、支配国に対する民衆の対抗的連帯の根拠として、つまり、侵略国に対する侵略された社会の国家的対抗の拠り所として必然的である。同様に、在日の民族主義は、支配される共同体としての在日コリアン社会の、支配的共同体としての日本社会への対抗性の表現として、つまり共同体どうしの対抗性を支えるものとしてその本質性をもつ。

したがって在日における民族主義の根拠は、日本の中で在日社会が一定の共同性を保つその度合いに応じている。しかし逆に言えばこれは、在日社会の共同性は、在日の新しい世代が日本社会に入り込み、また日本社会が新しい在日世代を受け入れるその度合いに応じて、必然的に希薄化するということを意味する。在日社会は、政治的、経済的な共同的単位ではありえない。そのため、在日の共同性は政治経済社会の共同性としては根拠を失い、徐々に幻想的なものとなる。かくして、差別や抑圧に対する対抗根拠としての在日の民族主義は、いくつかの錯綜した問題を抱え込むことになる。

4

在日においては、民族主義はもはや反侵略の対抗根拠ではなく、差別への対抗根拠となっている。在日の新しい世代が日本社会に対して持つ対抗性は、差別（日本社会からの市民的な差別、排除）によるものであって、国家間の侵略や支配によるものではない。したがって、在日の民族主義は、市民的な差別、排除に由来する挫折感の打ち消しと乗り越えの拠り所として根拠をもっている。つまり、民族主義が支える幻想的な共同性（政治経済社会的な共同性ではないから）は、差別されるものの結束と連帯の拠り所として存在理由をもつのである。

このことは、逆に、日本社会が在日を市民社会として受け入れるその度合いに応じて、反差別的対抗としての民族主義の根拠は相対化される、ということを意味する。

民族主義は在日の共同性と一体性を強調する。そのことでそれは、差別に対抗する在日の結束と連帯の拠り所となりうる。しかし、在日の新しい世代の基本的な要求は日本社会が自分たちを市民的に受け入れよということであって、日本社会の中で政治経済的単位としての主体性を獲得しようとすることではない。民族主義が強調する自らの一体性は、対抗的共同性の拠り所としては意味を持つが、日本社会に在日を受け入れさせる契機としては必ずしも積極的な意味をもたない。在日の新しい世代は徐々にではあるが、日本社会の中に受け入れられ、自らもまた日本社会の中に積極的に入り込んでいこうとする。この必然的な経緯の中で、民族主義の根拠ははっきりと分裂することになるのである。

5

もし、市民的な意味での差別が存在しなくなるとすれば、そのときには民族主義は純粋に幻想的なものとなるだろう。つまり、在日にとって帰属的アイデンティティは不可避なものでなくなるのだ(民族、人種、宗教などの諸個人における帰属の絶対性を強弁しないかぎり)。つまり、それは、信仰や信条や趣味のようなものとしてしか根拠を持たなくなる。原理的に言って、ある社会が差別や排除のない市民社会的な実質をもつ度合いが大きいほど、そこで各人の共同体的な帰属性は、絶対的な意味を失って幻想的なものとなる。特権や差別や排除がなければ、各人は自分の信仰や民族性や国籍や信条等々を、自らの意志で自由に書き換えることを妨げられる理由を持たないからである。

ところで、在日が徐々に日本社会に市民的に受け入れられつつあるとしても、この受け入れのこのプロセスは決して一挙には生じないし、また完全な終結点を持つわけでもない(帰化だけがその可能性を示唆するが)。だから人々はある意味でつねに、差別は「なくなりつつある」と言えるし、またつねに「まだなくなっていない」とも言える。つまり、在日の民族主義は、差別が「なくなりつつある」

と言える側面では絶えずその根拠が相対化されてゆくが、一方で差別が「まだなくなっていない」と言える側面では、いつでもその必要性が強調されうる。

「在日すること」という状況の中では、差別社会における対抗根拠としての民族主義（＝エスノセントリスム）は、このように互いに矛盾する契機の中で分裂しているという事態を本質的に抱え込んでいる。

6

かくして、「在日」の状況が長期にわたるほど、対抗根拠としての民族主義は内在的な矛盾を露呈することになる。

それは一方で、「まだなくなっていない」差別状況に対する共同的対抗の根拠でありつづけようとする。そのかぎりで、民族主義の現実的な基盤はまったく失なわれてしまうわけではない。在日社会は、差別状況に共同的に対抗すべき理念としてさしあたって民族主義以外のものを見出すことができないからである。

だがもちろん他方では民族主義は、差別が「なくなりつつある」という時間的推移の中で、その存在根拠を絶えず脅かされることになる。したがってこの民族主義の自己意識、つまり、理念としての民族主義を代表し、代弁しようとする者たちは、つねに差別の「まだなくなっていない」という側面をできるだけ強調せざるえないのである。

民族主義の「自己意識」は、ヘーゲル的な意味において、自らの自立と尊厳を自己内論理の内だけで確保しようと努力する。つまり、理念の代弁者たちは、およそ理念の存在根拠というものが必ず社会関係から基礎づけられていることを見ず、この理念が自立的で普遍的価値を持つものだと強弁しようとする傾向をもつ。

こうして、理念としての民族主義と在日民衆との関係は、ちょうど近代的家族における親と子のように、異質な論理によって本質的にすれ違っていくことになる。一方は永続的な共同性と一体性を希求し夢みているが、一方は、自分を生み出したものから離れて、独立していかなければならないという内的な課題に押されているのである。

7

在日の世代が下るにしたがって、差別状況からくる共同的な規定性の要素は減じてくる。言い換えれば、生の困難という点でもまた目標という点でも、上の世代がはっきり持っていたような生の共通性は失われてくる。差別による、疚《やま》しさ、不遇感、被抑圧感、社会的な挫折感、そしてそこから自分の主体性を回復するという課題。これがやや上の二世世代の生の典型的な困難と目標だった。しかし、もはやこの範型は、典型的でも一般的でもなくなっている。新しい世代は、その生の困難と目標をある場面では在日という状況から汲むが、ある場面ではさらに大きな要素として日本人の同世代と共有しているからである。

ある社会の中で生まれた人間は、その社会が指し示すさまざまな自己実現の可能性（の中のいずれか）をわがものとなしうるという直観によって、その生の目標を育む。これを人間の社会的欲望と呼ぶなら、差別による不遇感や被抑圧感や挫折感のありよう自体が、そもそも初発の社会的欲望が押えつけられたことの結果として現われたものである。

社会の矛盾の大きさを量る客観的尺度というものを想定するのは困難だが、基本構造は取り出すことができる。つまり、その社会の人間が抱く初発の社会的欲望の一般的水準と、その実現可能性の一般的水準の乖離の度合いを、社会的矛盾の基本的な基準と見なしうるだろう。この乖離の感覚こそは、人々がその社会を矛盾に満ちたものと感じるもっとも内在的な根拠と言えるからだ。

さて、要するに在日の新世代は、初発の社会的欲望において日本人といっそう多くを共有するようになる。この社会的欲望に立ちはだかる困難や拘束のありようが、もはやかつてのような共同性を持たなくなっているのである。こうして問題は、かつてそうであったような、いかに社会の差別と排除に対抗しつつ被差別者としての自分たちの共同性を確保して生きるか、という命題ではますます表現できなくなっているのである。

したがって、ある社会で差別と排除が市民社会的に縮小されていくプロセスが存在するかぎり、その状況が告げている第一の社会的課題は、差別と排除を縮小しながら、いかに在日（在日するさまざまな異邦人たちをも含む）の社会的欲望の実現可能性の度合いを高めていくか、ということなのである。このような場面では、被差別者被抑圧者の共同性と一体性を確保するという課題は、もはや第一義の課題ではなく二義的なものとなっていくことは明らかだろう。ただ共同性確保の課題は、このプロセスの中でも差別に対抗する共同的な拠り所が全く不必要になるわけでなく、そのかぎりで一挙に取り払うわけにはいかない課題であると言うことはできる。

8

わたしたちは、ここまでのところで、「在日」（つまり、ある社会にマイノリティが異邦者として生活する）という状況において、何が典型的なプロセスであり、何が中心的な社会的課題なのかということを見てきた。

つまり、「在日」の一般的範型は、差別と排除からくる挫折感に対抗するための共同性が、世代が下るにしたがってその根拠を減じ、その代りに社会からいかに市民的な意味での差別と排除が取り払われていくかという課題が重要なものとなる、というかたちを取っている。そしてこの課題の根拠は、正義の観念でも贖罪感でもない。在日する人間が自然なものとしてもつ、自分たちの社会的欲望への要求には正当性と合理性があるという直観のみにあるのだ。

しかし、このような状況と課題の自覚はそう明瞭な形では現われない。新しい世代は、いわば一体性を強調する「親」のルールから自立してゆくという課題を持つが、民族主義という共同的対抗根拠の必要が一挙になくなるわけではないから、まさしくたいていの家族に生じるように、親のルールから離れ自立することに心理的な「疚しさ」の感覚がつきまとうということが起る。だからこの独立と自立は、かなり長い世代交代のプロセスの中で徐々に実現されるほかない。しかしそれにもかかわらず、大きなスパンで見る限り、在日の民族主義はその根拠を徐々に無化させていくという必然性をもっている。この根拠の喪失は、共同体的理念の代弁者が言うような風化や忘却ではありえない。「在日」が社会の差別や排除の不当性に不断に異議を申し立てる、その社会構造的な本質関係のありようが、共同体的理念のリアリティの喪失をもたらしているだけなのである。

9

こうして、「在日」という状況が指し示す社会的課題は、なにより第一に、在日する者たちの社会的欲望を阻むさまざまな差別や排除の要因を除去することにあるのは言うまでもない。民族主義は、差別と排除が圧倒的で、かつ共同体的な抑圧関係が明確な場合には実質的な根拠をもつが、在日の状況が市民的な受け入れのプロセスへと転じたときから、二義的なものになる。この理由で在日の民族主義は、在日コリアンが二世から三世へとその世代交代を推移させている現在、実質的にはその根拠を失効しつつある。しかし、それにもかかわらず在日の民族主義理念は、ある新しい要因において生き続ける可能性を持っている。この新しい要因とは、在日の外からやってきて在日の民族主義の理念に後盾てを与えるようなものなのである。

10

実質的には失効しつつある在日の民族主義理念に後盾てを与えるものを、わたしは「対抗主義」の理念と呼ぼう。対抗主義は、マジョリティ―マイノリティ関係、支配―被支配関係、差別―被支配関係をとらえる観点として、現在普遍的に現われている理念である。それは、たとえば在日においては、日本社会と在日社会の対抗性を、絶対的で、非融和的な抑圧と、排除の関係として描き出そうとする。だからまた、両者の関係を、支配する共同体対支配される共同体の関係として描き出そうとする。すでに見たように、これは在日の民族主義理念にとっては、人々に共同体的帰属を要求する上で、どうしても必要な関係の像である。しかし、この関係の像は、民族主義者たちが独自に主張するのではなく、むしろ在日の外部からやってきて民族主義理念を支えるのである。

それはどこから現われるのか。現在の世界の情勢は総体として、大国と弱小国の、持てる国家と持てない国家の、支配する国家と支配される国家との関係として規定される、という理念から、あの関係の像はもたらされている。この理念は、東西冷戦体制の終焉《しゅうえん》の後、南北対立関係の新たな様相をとらえる観点として生じてきたものにほかならない。

この理念の妥当性の確度をここで詳しく論じることはできない。わたしの考えを言うと、この理念を、現在の世界情勢の本質を見事に言い当てたものと見ることもできないが、またまったく妥当性のないものとも言えない。たとえば、第二次大戦時の時点に較べると、大国(先進国)と弱小国の支配関係は絶対的なものでなくなっているが、支配関係がまったくなくなっているわけではない。その推移は、ちょうど「在日」における差別関係の場合と、基本構図としてはパラレルなのである。つまり、この対抗主義の理念は、ちょうど在日の民族主義が差別や排除の関係がきびしいほどリアルな根拠を持つように、支配関係や抑圧関係がきびしい場合ほど、弱い立場にある国家の民衆に説得力を持つのである。

対抗主義の理念は、基本的に、世界における先進国と弱小国の対立を非融和的なものと見る立場を取る。したがってこの理念は、先進国による世界の支配体制が作り出されていることを強調し、これを総体として否定し否認しようとする。つまりそれは、現在の資本主義体制―自由主義体制―アメリカ・ヨーロッパ中心主義体制という系列に対する総体的な否定と否認を意味する。繰り返して言うと、この否定と否認の主張は、先進国と弱小国の対立構造の根本的な非融和性に応じてその説得力を持つ。だから、この対立構造が徐々に緩和される方向に進むなら、その理念的根拠は相対化されることになるだろう。その基本構造は一社会内におけるマジョリティとマイノリティの差別関係の場合とまったく同じである。

11

ところで、さしあたって重要なのは、この対抗主義理念の妥当性の程度ではない。対抗主義の理念が現代社会で一つの有力な主張として地位を得ており、そのかぎりで、在日の民族主義理念に絶えず力を与えているということである。ここに働いているつぎのような理念上の動機の連関は誰にも理解できるだろう。

先進国と弱小国の対立関係がまったく非融和的で和解の余地のないほど深刻なものであるなら、大国による弱小国への協調や援助の姿勢はじつは欺瞞《ぎまん》的なものである。もしそれが欺瞞的なものであれば、大国の市民社会的幻想は、それ自体が抑圧や支配の口実や手段となる。もし大国の市民社会性が幻想であるなら、差別されている人間がその社会に参加し溶け込んでいこうとすることは、むしろその社会の市民社会的幻想の安定性を補強することになる……。

　こうして、一つの新しい観点が在日状況の中に導入される。つまりそれはこう主張する。日本社会が支配的な先進国の一つである以上、差別されている人間は、その社会的な自己実現の欲望を断念しむしろあくまで対抗主義をとりつつ、この社会の欺瞞的な市民社会性を露呈していく立場をとるべきである。したがって、仮に日本社会がある程度在日を市民的に受け入れる構えを示すとしても、在日は被差別者として徹底的に対抗主義を貫き、民族主義理念を、素朴な民族主義としてではなくむしろ戦略的な民族主義として鍛え直し、市民的な共生をめざすよりも共同的な帰属性と一体性をめざすべきである、と。

　この命題においては、一つの典型的な観念の顚倒が露わになっている。つまりここでは、ある情勢的仮説から導かれた政治的戦略が、一般の人間の社会的条件に対する自然な要求の上位に置かれることになるのである。

12

　さて、わたしはここで、現代的なすべての「在日的」状況における問題点の基本テーゼを置こうとした。ここまでの考察はまだ深く検証すべき点と、さらに押し進めるべき点を多くもっている。しかし、わたしはさしあたり、ここまでの考察について一応のまとめをつけておくことにする。

在日が「在日」として存在しつづけるということ。それは社会が異邦者に対してとる潜在的な差別と排除のあり方にさまざまな仕方で異議を申し立て、市民社会に潜む排除的な力学を一つの共同幻想としてたえず露わにすることである。しかし、このプロセスはまた、差別に対する対抗的共向性を、彼ら自身の生活の欲望にとっての一つの桎梏として露呈する必然性をもっている。

しかしわたしたちが見てきたのは、一つの奇妙な顚倒の事実である。つまり、そこでは、在日という状況が示す本質的な社会的課題が、極端な対抗主義的理念へと還元されるのである。この対抗主義的理念は、一つの世界構想から、〈もし世界の現在的な体制の観点から言うならば、君がこの社会の中に入り込み自らの社会的欲望を実現するのは反動的なことだ〉、と主張するだろう。またこの対抗主義理念によれば、在日の状況が指示する究極的な課題は、反先進国―反市民社会―反自由主義―反繁栄―反社会的欲望という態度を明らかにすることによって、世界のいまある体制の総体に否を言いつづけることなのである。

ここにあるのはどういう事態だろうか？　人々の自然な社会的欲望を根拠として現われた社会的矛盾の本質が、まったく違った本質へと書き換えられ、その結果、人々の生活上の自然な目標が政治的な世界変革の目標へと書き換えられている。つまり、社会的な課題が政治的目標に従属させられるということが起っているのである。この奇妙な観念の顚倒を説明するためには、まさしくジードやドストエフスキーが試みたように、徹底的なプラトニズム批判が必要となるだろう。

世界にはつねに変革の可能性と希望が存在しなくてはならない。その理由は、もしそうでなければ知識人たちの理念が敗北するからではなくて、生活する人間の美やロマンの根拠が枯れるからである。だからこの可能性は現実的な展望として、つねに生み出される必要がある。しかしそれは、必ず一般の人間にとっての社会的な生活条件の改変という実質を伴いつつ前進するものでなくてはならない。もしそうでなければ、どんな変革のプランやヴィジョンであれ、それが結局人間の生の条件の改善に奉仕する代りに単に変革の観念に奉仕するという可能性を排除できないのである。

在日の新しい世代は、長い時間をかけて伝統的な民族主義を相対化してきたが、新しい外来思想としての「対抗主義」をよく乗り越えられるだろうか。

III

「在日」文学にみる「民族」の今──『流域へ』と「ほんとうの夏」

「在日」二世作家李恢成が、前作の長編『見果てぬ夢』から十三年の沈黙を破ってこの六月（一九九二年）、長編小説『流域へ』を世に問うた。

作家自身と目される小説家と同行のルポライターがカザフに招かれ、先の大戦でアジアの周辺に置き去りにされた在外同胞の現状をつぶさに見る、という筋立てである。そこでは大戦が朝鮮民族にもたらした大きな傷あとが生々しく残っており、朝鮮半島の分断と政治的対立という状況もいまだ解かれてはいない。

作家がこの長編に込めたメッセージはよく聞き取れる。おそらく李氏は、このような朝鮮民族の悲劇を、現在世界で生じている深刻な民族問題の象徴として描こうとしているのだ。先進国家の論理は、つねに力のない国や民族の「義」を踏みにじるかたちで自らを押し通してきた。そのことに現在の世界の病理の根があるとすれば、分断され、置き去りにされた在外朝鮮人の痛ましい姿は、まさしくこの近代の歴史の矛盾を象徴するものだからだ。

ところで、この小説が書かれたのとほぼ同時期に、韓国人の血をひく作家鷺沢萠《さぎさわめぐむ》が三世世代を主人公とした小説「ほんとうの夏」を書いている（『新潮』一九九二年四月号）。すぐに見て取れるのは、ここには、二世の作家たちが描きつづけた、「在日」の親子の確執、日朝間の歴史の自覚や民族的アイデンティティへの覚醒、そして同化に対する抵抗といったテーマが、おそらくは意識的に消し去られているということだ。

作家の坂上弘《ひろし》は、『群像』の創作合評で、そのような新しい「在日」世代の生の情景が「情報として」示されている点にこの小説の「意味」がある、と述べているが、的確な評だと思う。

＊

この小説で、主人公の若者は、もはやはっきりした被差別感も、「民族意識」も持たない人間として登場する。彼は、ドライブ中の小さな事故によって、恋人に対して自分が韓国人であることをひたすら隠そうとしてきた事実にはじめて気付く。ただそれは、主人公が自分の中で抑圧していたものを明らかにしていく物語として進むだけで、民族意識の覚醒といった定型的なテーマに至るわけではない。

ここにはひとつの民族的な共同性が解体していくプロセスがある。そしてそれを実際に経験している世代にとっては、もはやこのプロセスの意味を「倫理的」に（よいこと、悪いこととして）捉える動機が消えている。それはただ、各人各様に、あるときふと気づかれる自己アイデンティティのひび割れ、という相で経験される。このアイデンティティの不安は、したがってまた、それを埋めるための「さまざまな物語」を呼び込むだろう。ここに「在日」のアイデンティティの「多様性」ということが避けがたくなっている根本の理由がある。

＊

さて、この二つの小説は、現在の民族問題の難問をちょうどコインの両面のような形で象徴しているのではないだろうか。おそらく、民族問題には二つの大きな柱がある。第一に、より強大な民族（国家）による弱小民族の政治的、文化的な支配と吸収、ということからくる矛盾である。第二は、民族相互が溶け合って新しい市民社会型の集合を生み出す上での「原理」の問題だ。

もともと、ルソー、ホッブス、ヘーゲルなどが打ち立てた近代の市民社会の理念は、民族や国家間の対立、競合から生じる矛盾を解決するための方法を含んでいた。たとえば、アメリカの多民族型市民社会は、この原理の果敢な実験だったと言える。しかし、黒人問題を抱えたこの巨大な国で、この実験は容易なものではなかった。六〇年代前後からアメリカでは、アファーマティヴ・アクション（積極的差別是正措置）などによって「溶け合い」の原理を模索してきたが、それだけでは決定的な解決策にならなかったことは、最近のロス暴動などに如実に象徴されているのである。

世界の歴史は、それが諸民族の競合と呑《の》み込み合いの歴史だったこと、だからまた、純粋に単一性を保った民族など存在しないことをはっきりと示している。たしかにこの競合と呑み込み合いの中で、人間は大きな悲惨を経験してきた。しかし現在、逆戻りできない形で国際化が進行していく中で、諸民族がどのように互いに共存し、また徐々に溶け合ってゆけるかという課題は、ますます重要なものとなりつつあるだろう。

マジョリティである集団がマイノリティに対して排除的であるなら、マイノリティは必ず対抗的に自分の「民族性」を強調せざるをえない。それは共同体同士の対立感情を増幅する悪循環を生み出すことになる。また一方で、マイノリティの「民族性」も、より大きな市民社会の中で「多様」なものに分散していくことを避けられない。マイノリティ内部でのそのような分裂と拡散は、『流域へ』における李氏の深い憂いに繋がっているだろう。

*

わたしの考えを言えば、いま世界で生じている多様な民族問題は、もはや民族単位の現状復帰という論理では決して解決できない。ここでは、否応なく共存しなければならないマジョリティとマイノリティが、互いにクリアすべき固有の課題を持っていると考えたほうがいい。そしてこの「共存」と

「溶け合い」の原理を、わたしたちはまだ十分な形で手にしていないのである。

「在日」の文学は、その生の新しい困難のありようを深く描くことで、はじめてこの課題の人間的な理由を照らし出す鏡でありうるだろう。カフカの文学がまさにそういう一面をもっていたように。

主観としての普通、客観としての在日——姜信子『ごく普通の在日韓国人』

タイトルにつけられた「ごく普通の」という形容詞は、この本のメッセージにとってひどく象徴的だ。この本で著者は、在日世界の強い民族意識や政治感覚にどうしても同一化できない自分について考え、それを認めない同胞社会について考え、そして結局、自分の生きてきた道として自分が今ある立場にしか立てないことは、〝ごく普通の〟こととしか思えない、という声を挙げている。

しかし、おそらく多くの在日知識人はこの「ごく普通の」という言葉に強いこだわりを持たずにはいられないだろう。

ほとんどはっきりした差別の経験を持たず、東大を卒業して一流の企業に入った人間が、「ごく普通の」在日韓国人といえるだろうか、著者の「民族」に対する違和感は、彼女が、〝ごく普通〟でないことからくる感覚ではないか、と。

在日の民族意識や政治感覚になじめないこと、それはたしかにある意味で〝日本人的〟な感性といえる。その根にあるのは、簡単に言って、過度にナショナリスティックなものを嫌う、自由で個人主義的な人間観である。それは少なくとも日本人にとっては「ごく普通」の平均的な感覚だろう。

そして日本人ならば、それを生活上のバランス感覚として携えていくのに別に言いわけを必要としない。ところが著者は、まさしく在日に属していることによって、この感覚が自分にはどうしても動かせないことを、回りにむかって確認せずにはいられない。わたしにはそのことが、この本のいかにも「在日」的性格を伝えていると感じられるのである。

そのことからこの本のメッセージの大きな特質、つまり自分の「在日」観を同胞に向かって主張するというより、「ごく普通の」日本人に向けて投げだし、確かめようとする性格がやってきている。この本は、「民族」を切実に生き方の指標としてもたざるを得ない在日には、ほとんどその声が届かないにちがいない。「民族」を〝問題〟としてあつかおうとするかぎり、自分の生き方だって許されるはずだという言い方ではとうてい済まないからだ。

だが、そこから逆にこの本は、日本人にたいしてはひとつのちいさな声を届けるかもしれない。人間や社会に対してほとんど変わらない感覚をもったものが、その感覚をまったく違ったかたちで携え、処理して生きていかなくてはならないということ。それが在日という異例の場所であるということ。

日本人が、「民族」か「在日」かといった問題を考える必要はない。しかしこの声だけは、どこかに聞き取るものがいるにちがいない。

ねじ曲げられた歴史への〝恨み〟——金石範『火山島』

＊

金石範氏の長編『火山島』は、一九四八年済州島四・三武装蜂起という歴史的〝事件〟を物語の骨格にしている。「歴史とは、人類の巨大な恨みに似ている」という小林秀雄のよく知られた言葉があるが、この長編の根本の性格をなしているものも、ある出来事（＝起こってしまったこと）に対する「取り返しのきかない」恨み、口惜しさ、後悔、愛惜の念であるといってよい。

すでに別の機会で論じたことがあるが、金氏にとって「済州島」を描こうとすることの根底のモチーフは、一九四七年の「解放」から南北一体の民族「独立」へと進んでゆくはずだった歴史の道すじが、なぜ南北分裂、カイライ軍事政権、分断固定化という方向へねじ曲げられたのかという、ほぞを嚙むような痛憤の念にほかならなかった。南朝鮮だけでの単独選挙の強行に抗して起きた四・三済州島蜂起と、それに対する米軍と当局による徹底的弾圧の経緯は、作家にとって、この〝ねじ曲げられた〟歴史の象徴的中心なのである。

　もしこの言語道断の殺戮を含む弾圧がなかったなら、もし民衆の力が米軍政当局の不当な干渉をはねのけ得ていたなら、もし南北民衆の民主的な合議のもとに、民族独立の道すじが開かれていたなら……。もし歴史がそのように動いていたなら、作家自身の〈在日〉というものはあり得ず、金氏は自己の民族主義者としての本来を全うしていたかも知れない。ではなぜ、この本来の道すじがねじ曲げられてしまったのか。ともあれ歴史に対するそういった〝恨み〟が、四五〇〇枚に達するこの長編を編みあげる原動力になっていることは明らかである。そしてこの恨み、痛憤、口惜しさの念は、作家の現在において決して癒されておらず、このいまだ癒されぬ恨みが、作品から滲み出す作家の切実な問いかけのリアリティを支えているといってよい。

　作家は、資産家の息子で、物語のはじめから最後まで「自宅のソファ」から離れることなく思索し続けるインテリ李芳根《イバングン》と、日本に住む母と妹にうしろ髪をひかれながら、地下組織（南朝鮮労働党）に投じて民衆の闘いに加わる南承之《ナムスンジ》という青年を物語の中心に据え、そこから「解放」後、米国の反共政策の定着にしたがって反動化してゆく南朝鮮の世情を周到に描き出してゆく。この四・三蜂起前後の南朝鮮の状況は、作品のなかで、おおよそ次のような陰翳《いんえい》において浮かび上がってくる。

　反動化の波は、「解放」のなかでようやくその通路を得たひとびとの自然なナショナリズムの発露を、「反共」という大義名分のもとに、無理強いにねじり伏せようとする。〝日帝時代《イルチェシデ》〟の売国的追従者としていったんは放逐された旧権力者の手先たちが、「反共」の名のもとに復権を果たし、分断の固定化につながる米国の朝鮮政策の新たな〝カイライ〟となる。これらの動向は、しかし、南北一体の民族独立へ向かおうとする民衆の自然なナショナリズムの昂揚《こうよう》に背立せざるを得ず、この背立は、秩序を支えようとする側の政治的社会的モラルの加速度的な頽廃《たいはい》をひきおこす。更にまたこのモラルの頽廃は、青年や民衆を、一層強く〝反体制的〟抗争へと押しやらずにはおかない。そして当時、ひとびとの傷つけられ抑圧されたナショナリズムの血路となるべき道すじは、共産主義以外にはほとんどなかった。

　作家がまず復元したかったのは、彼自身がその中を生きて来なければならなかった、時代のそういった与件にほかならない。金石範氏の世代が通らなければならなかったこの与件の大きな輪郭は、連作『鴉の死』に比べて、一層鮮かに浮かびあがっているといってよい。李芳根や南承之という中心人物は、こういう〝情況〟のなかで、様々な思想的難問に突き当らざるを得ないのであり、彼らが抱え込む難問はまた、作家が世界にむかって発する問いかけのかたちにまっすぐにつながっているのである。

　たとえばそこでは、まず民衆にくみするか否かという二者択一的な問いが現われ、さらにそこから、共産主義か反共（あるいは傍観）か、また済州島にとどまるか、日本へ〝逃亡〟するか等々といった様々な問いがたぐり出される。このような問いは、現在の日本の中で、自由主義か共産主義かと問うこととは全く意味が違っている。それは単にひとの感受性や嗜好《しこう》を問うほどの内実しか持たないのだが、〝済州島〟における二者択一は、人間の生き方やモラルのあり方を、最も究極の形で、問いつめるからである。

＊

ところで、おそらく重要なのは次のようなことだ。まず、作家が『火山島』の登場人物のうちに繰り拡げてみせる様々な難問は、たとえば「政治と文学」といった言葉で表現されていた昭和期日本の社会思想上の問題の根を、最も原型的に洗い出しているということ。そして更に、作家は、この難問を提示することによって、あるいは在日朝鮮人、あるいは戦後の市民社会を生きる日本人に向かって、世界に対する最も究極的な態度を問うているのにほかならないということである。

たとえば李芳根が抱えている最も大きな問題は、党(組織)には様々な悪弊が不可避的につきまとうが、そうかといって、その立場に立たずに現実的に〝民衆〟に加担することが果して可能なのかということであり、おそらくこういう問題は、その時代の中では誰にとっても超えることのできないような難問なのである。そして作家は、こういう難問の形式を通して、いわば私たちの〝現在〟を問うているのである。

たとえば〈在日〉世界にとっては、長編『火山島』が露出させる思想的難問は、そのまま、〝もしわわれわれにとって〈歴史〉がかくなるものであるなら、われわれは祖国の民衆を選ぶべきか、それとも単なる〈在日〉のうちに逃げ込んでしまうのか〟という問いかけとして現われることになろう。作家にとってそれが自覚的であることは、プチ・ブルジョアとして、もしそうしようと思えば民衆の苦しみから顔をそむけて生きてゆくこともできる李芳根という人物の設定とその描き方を見れば、全く明らかである。つまり、おそらく、作家にとって〈在日〉することは、李芳根が結局はそういう決断を下すであろうように（というのは『火山島』四五〇〇枚は未完であり、彼の最終的決断はまだ現われていないからだが）、〝組織〟に対する批判的見解を抱きながら、最終的には〝民衆〟（＝民族）に自己を投ずることでなくてはならないからである。

〈在日〉することが金氏にとってそのような意味合いで現われざるを得なかったことは十分に諒解できる。しかし、〈在日〉の総体制を〝済州島〟の状況から意味付けようとする作家の欲望を、私は、現実的な〈在日〉状況の否認、あるいは黙殺と見なさざるを得ない。李芳根が象徴するのは、もし民衆（＝民族）を見まいとすれば見ずに済ませ得る〈在日〉という立場であり、しかも作家は、ほとんど〝自由な〟決断として、民衆の立場に立つことこそ必要なのだということを示そうとする。だが、私の考えでは、二世、三世へと下ってゆくにつれて、〈在日〉という状況の本質は、むしろもはや、北か南か、民族か在日か帰化かという帰属の決断が、決して普遍的な形では存在し得ないというところに移ってゆくのである。

つまり、ここでは〈在日〉とは、奪われた本来性を取り戻すような存在では決してなく、あらかじめ与えられているような帰属の根拠（民族、国家）を徹底的に欠いているために、どのような決断も全く等価なものとして個々の人間にゆだねられているような存在として現われるのである。全く自明のことだが、〈在日〉の現在的課題は、その現在的状況からまっすぐに汲み上げられるのでなくてはならず、その意味で私には作家のモチーフは極めてアナクロニスティックなものと感じられる。

＊

だがむろん私は済州島の〝歴史〟を全く無意味であるとして否認するのではない。ここでの難問をつきつめてゆけば、たとえばパルチザンに投じて死ぬか、あるいは権力に屈服して生きるかという〝極限状況〟が現われることになるだろう（実際『鴉の死』ではそういう問題が主人公を悩ませる）。サルトルやカミュが「投企」や「不条理」という概念において試みようとしたのは、ナチスドイツが人間に強要したあの〝極限状況〟をどのように思想化するかという問題であった。

たとえばサルトルの「投企」という概念には、人間は究極的なモラルにおいて死を選びとれるほど〝自由〟な存在なのだというニュアンスが隠されている。しかし私の考えでは、そういう極限状況へ人間を追い込むことがすでに、人間が自由であることの根底の条件を奪うことを意味するのであって、それにも拘らず人間は死を選べるとは、内面の可能性の問題であり得ても、決して〝思想化〟することができないような問題なのである。ひとびとはただこの極限状況の中で、逃亡したり、裏切ったり、我が身を犠牲にしたり、過ちを犯したりする。だが、それらは決して渦中の人間の〝自由な決断〟から現われ出るのではあり得ない。そこからおぞましいものが現われるのは、作者自身が「あとがき」で書いているように、根本的には、「アメリカの南朝鮮占領とその軍政による苛酷な人民弾圧政策」という強圧が人間を押しつぶすからである。

だから私たちがこの〝歴史〟から汲むことができるのは、むしろ、一体歴史のいかなる契機が近代的な政治権力のかくなる質を形成したのかという問題であろう。しかし作家は、その手前で、人間の〈世界〉に対するいわば倫理的決断を問い、それを〈在日〉の意味へと結びつけずにはいられないのである。そういう作家の欲望はいうまでもなくあの「巨大な恨み」に支えられているのだが、これから書きつがれるはずの続篇の中で、作家はこの「恨み」自体をどれほどよく対自化しうるだろうか。

呼びよせられた「在日」のモチーフ──李良枝『刻』

李良枝《イヤンジ》は、〈在日朝鮮人作家〉としては李恢成や、金鶴泳からかなり離れており、この作家が現われたとき〝久し振りの〟という感を禁じ得なかった。いま正確な資料がないのだが、李恢成や金鶴泳が日本の〝敗戦〟を少年期に迎えた世代であるのに対し、李良枝は戦後の経済成長期に成育した世代であるはずだ。私は戦後間もなくの生まれだが、作家は私よりもなお四、五年下の世代である。そして、この世代の違いは、〈在日〉ということの感受に大きな差をもたらすはずだと思える。

ところで、こう書くと、私は当然李良枝を在日二世作家の流れの中で遇していることになるが、じつは私は、李氏を〝女性〟作家だと思うほどには〝在日〟作家とは感じていないようなのである。

たとえば、李恢成の〝半日本人《パンチョッパリ》〟というキーワードや、金鶴泳の〈不遇性〉に、私は彼らの紛うことなき在日性を直観させられる。私の考えでは、〈在日〉とは、自分が〈在日〉であるがゆえに不幸なのだという感受が、世界のむこうがわからやってきて〈私〉をとらえ、〈私〉はもはや決してこの観念から目をそらすことができなくなってしまうという状況なのである。また、この観念の囲いから脱け出そうとして〈私〉は、あるいは〈在日〉であることを否認したり、あるいは逆に徹底的に〝朝鮮人・韓国人〟たろうとするが、決してそれに成功しないという状況なのである。

これが二世的な〈在日〉性がもたらす、生の意識の核心点なのだと私は思っている。そして李恢成や金鶴泳には、形は違え、そういう核心が生の感受として射当てられていたように思える。

奇妙な言い方かも知れないが、李良枝は果して〈在日〉作家なのだろうか、と私は思う。むろん彼女は〝帰化日本人〟であるとは言え、正真正銘の〈在日〉である。「ナビータリョン」以来の彼女の小説には、つねに〈在日〉であることからくる生の異和感が描かれ、そのために、「ウリナラ」や伽耶琴《カヤグム》や民族舞踊が求められている。そしてそこには、〈在日〉であることの重苦しさから脱《のが》れて、〝民族〟と向かおうとする、今ではかなり一般化されすぎた〈物語〉さえ〝援用〟されているのである。

だが、私の感触では、李良枝が作家として際立っているのは、たとえば次のような〝自意識〟のかたちにおいてである。

「……生理前後には、絶対に人に会うまい、とあとになって必ず後悔するのだ。まるで咳《せき》こみそうになるほど喋りまくり、あるいは道化、人と会っている間の自分のことを思い出せないほど、私は混乱する。人と対している私、（略）その私を見ている私、私、私……頭がくらくらとし、めまいがする」（『刻』）

『刻』という小説は、韓国に留学しているある〈在日〉女性の、「生理」の一日の憂鬱感を、日本でも韓国でも異人でしかあり得ないという存在上の異和感と重ね合わせるように描いたものである。そして、この作品の地をなしているのは、こういった過敏な自意識のありように対する作家の、息苦しい嫌悪感とナルシズムを同時に含んだアンビバレンツな感受のかたちにほかならない。この自意識に対する距離の不安定さが、作家に書くことの衝動を与えているのであり、そこに、「女であること」や「在日であること」などのモチーフが呼びよせられているのだと、私には思える。

つまり、『刻』の中で主人公は自分の〈在日〉性に〝悩んで〟いるように描かれているが、この〈在日〉性は、むこうがわからやってきて作家をとらえ、その問題の中にねじふせているというかたちで現われたのではない。おそらく李良枝は、自分の自意識のかたちが確定できないために、〈在日〉という悩みを呼び求めているのである。

だが、そのこと自身が作家のうちの〈在日〉の固有性であって必ずしも弱点となっていない。ただ、李氏の〝書く〟ことへの衝動は、容易に〈在日〉の諸〝物語〟（たとえば〈民族〉への覚醒）を呼び寄せてしまう。それに侵蝕されずに〝書き続ける〟という狭い道を通ってはじめて、作家固有の〈在日〉

がその像を結ぶにいたるのではないだろうか。

理解されるものの〝不幸〟——李良枝『由熙』

李良枝の『由熙《ユヒ》』が芥川《あくたがわ》賞を受けた。〈在日〉朝鮮人（韓国人）作家としては、昭和四十六年の李恢成以来二人目、十八年ぶりの授賞で、話題を呼んでいる。評家たちの意見も概《おおむ》ね好評だ。たとえば、『群像』の創作合評で青野聰《そう》は「これだけ書けば大変なものじゃないか。敬服しなきゃしょうがないんじゃないか」と述べ、川村二郎は『文藝』の時評で、「言葉の杖《つえ》を手探りしつつ、ついに探り当て得ぬまま観念の母国を去らねばならぬ女主人公の不幸は、観念と生理、あるいは夢想と現実との間に引き裂かれる人間の、普遍的な比喩たり得ている」と書いている。

しかしわたしは、これらの評価に同意できない。『由熙』は、作家としての李良枝の筆力をよく示した作品だが、文学的には、おなじく韓国に留学した女性主人公を扱った『刻』に較べて一歩後退している。『刻』には、いくぶんバランスを欠きつつも、この作家の資質の内的な核が表れていたが、『由熙』では、その核が慎重に隠されてしまっている。その結果『由熙』は、〝アイデンティティに引き裂かれる人間〟という誰にも理解されやすい物語を深くつき破ることができなかった、そのようにわたしは感じるのである。

ところで、李恢成、金鶴泳を〈在日〉作家の先行世代だとすると、彼等と李良枝との間には、ほぼ二十年の開きがある。その間、潜在的な作家は多くいたにもかかわらず、〈在日〉の新しい作家はまったく現われなかった。このことには、〈在日〉の新しい世代がイデオロギー的な図式に強く拘束されており、それを超えて文学的な核を表現することの困難さがよく示されている。

すくなくとも李良枝がそういった図式を破るような新しい資質をもって登場してきたことは、疑うことができない。そうであるがゆえにわたしは、『由熙』の〝後退〟を惜しまざるを得ない。しかしそれは、どのようなかたちで現われているだろうか。

ひとりの〈在日〉の女の子が、母国のイメージを求めて韓国の大学で「国語」を学ぶために「この国」にやってくる。彼女は一方で母国の岩山を愛し、大笒《テグム》や民族舞踏に心の拠りどころを見出すが、しかし彼女の〝身体〟は、まるで抗体反応を起こしたように「この国」の言葉＝音（そこに世俗的な韓国人性がこめられているが）に強い拒否感を示す。主人公はそういう自分を、「嘘つき」とも「偽善者」とも感じ、結局留学生活に挫折することになる。

このような筋立てから、読者はやはり、〝引き裂かれたアイデンティティ〟というモチーフを直感せざるをえないはずだ。どの場所にあってもその帰属感を引き裂かれないではいない〈在日〉という状況に、日本人ならば一種の〝重さ〟を感じるかもしれない。事実、川村二郎は、先の評に続けて、「しかもまさにそれ故に、読後の感動を通じて、読者は棚上げにしておいた在籍の問題を、改めて心に重く吊《つ》り下げることができるのである」と書いている。

だが主人公のこの〝引き裂かれ〟のかたちに、わたしは、むしろある種の甘えのようなもの、そう言って語弊があるなら、苦しみを自分のうちに向かって掘るのではなく、他者の視線に訴えて預けてしまう弱さといったものを受けとる。まさにそれゆえに『由熙』は、モチーフの上で『刻』から後退していると感じられるのだ。

むろんこの小説に、そのような分かりやすいテーマだけが描かれているとは言わない。しかし小説としての『由熙』をそのような性格が貫いていることは明らかなのである。このことを象徴するのは、語り手として設定された、韓国での下宿先の娘（といっても三十になる女性だが）である「私」の位置だ。「私」には、由熙の苦しみははじめ理解不可能なものに見える。「国語」を学びにきた学生が、試験勉強のときの丸暗記を除けばまったく「この国の言葉」を身につけようとせず、日本語ばかりを書き綴《つづ》る。バスの中での喧騒《けんそう》に、突然神経症患者のように泣き出す。嫌な思い出がつきまとっているという理由で、ささいな事柄に過敏な反応を示す。由熙のこのような言行が、「この国」の人間にとって理解しがたいのはごく当然の成り行きだろう。

ところが、不思議なことにこの「私」（と下宿の主人である叔母）は、由煕が彼女たちに対して自分の苦しみを伝えようとする試みを全く行なっていないにもかかわらず、主人公の言行に異様と思えるほどの〝理解〟を示すようになる。なるほどそこに、「叔父」の反日感情を通して、という小さな理解の通路が示されている。しかし、「自分の主人と由煕が先輩と後輩で、どういう因縁か由煕がこの家に住むようになって、一人は日本がだめ、もう一人は韓国がだめ、それでいて同じ同胞なんだもの、どういうことかと思ったわ」という「叔母」の理解は、一般的にいって大変奇妙なもの、あるいは物分かりがよすぎるというほかない。

語り手の「私」がじつは主人公（あるいは作者自身）の分身にほかならないことは、たとえば小説の最後、「私」がなぜか由煕の苦しみに「同化」してしまうシーンにも象徴されている。しかし注意すべきなのは、それがどんな理由で生じているにせよ、〈在日〉の苦しみに対する彼女たち（韓国人たち）のこのような〝理解〟は極めて異例なものであって、決して一般的なものと言えないという点である。このことは何を意味するだろうか。

わたしが言いたいのは、つまり、作家はこの作品で、〈在日〉同胞の固有の苦しみをほぼそのまま受け取ってくれる虚構上の「理解者」を作り出し、その〝証言〟を通じて〈在日〉のアイデンティティ不安を読者に訴えている、ということである。ある種の読者は、この「理解者」の立場にそのまま身を寄せたが、このことで作者は、自分のモチーフを大きく後退させてしまったのだ。

〈在日〉が、韓国の地で、「아」と「あ」の間に引き裂かれる。そのことは〈在日〉が日本において「民族語」と「日本語」の間で引き裂かれるのと同じ構造を持つ。そのことについて〈在日〉作家たちは繰返し書いてきた。しかし、この問題は、その土俵をいくら掘っても〈在日〉の生の苦しみをえぐることができなかった。わたしたちがそこで〝引き裂かれる〟のは、生の条件を打ち消しうるような場所があるはずだと〝夢想〟することによってだからである。この「夢」をこえることができないかぎり、〈在日〉は自分の不遇感を、「〜のせいで」とか、「〜であったならば」といった場所に封じ込めることしかできない。

〝引き裂かれ〟の由来をたどることと、しかし現実にはこの生の条件を耐えて生きるほかないと覚悟することとは違った態度である。〈在日〉におけるこのような拘束をはじめて踏み破ったのは金鶴泳だったが、たとえばある李良枝の『刻』には、そのような格闘の兆しがよくうかがえるのである。『刻』では、由熙がうけた「韓国」的なものへの違和感を、主人公の「スニ」がよく似たかたちで体験する。しかし、ここでは主人公の違和感は、誰にも〝理解〟されることを求められずに、ただ「スニ」の「生理」感覚のなかに雑然と投げ入れられる。「スニ」はナイーヴで傷付きやすい女の子ではなく、歳とった「パトロン」に留学をねだり、「気まぐれ」と言われながら韓国にやってきた女性だ。そして、自分自身のありように対するあてどのない焦燥感と、定型的な名分を吐くことへの齟齬感を持て余しているさまが、この小説の文体上の核を作っている。

作家が自分の心理に対するバランスを失いかけているような面が目に付くとはいえ、今述べたような点に『刻』の新しさがあったことは疑えない。ここには、韓国での生活の違和感を、ある「名付けようのないもの」として摑もうとするモチーフが生きて動いていた。しかし『由熙』はそうではない。

多くの読者は、『由熙』で、いわば『刻』にみられたような過剰な自意識に適度の抑制が与えられていると感じるだろう。しかしそれを代償のようにして、主人公の言行が、ただ懇切な「理解者」によってだけ受け取られ、しかもそれは、「名付けられる」ものとしてだけ遇されているということにも気付くはずだ。ここで語り手の「私」とその「叔母」とは、〈在日〉の不幸を「理解」しようと身構えている日本の読者にぴたりと重なるのである。作家のこのような進み行きは、〈在日〉にとっても、また作家の「文学」にとっても〝不幸〟なことではないだろうか。

「在日文学」新世代の世界観

今年の群像新人賞に、李起昇《イキスン》氏の『ゼロはん』が入選した。また最近、同じく在日韓国人作家李良枝氏の『刻』が芥川賞の候補になって話題を呼んだが、起昇氏は一九五二年生まれ、良枝氏が五五年生まれで、両李氏は同世代とも言える。

この二人の若い作家の登場によって、〈在日〉文学にようやくはっきりした世代交代が進みつつあるのだなという感を、わたしは強く持った。ここでようやくと言うのにはわけがある。〈在日〉文学では、『砧をうつ女』で芥川賞をとった李恢成や、『錯迷』等の感銘深い作品をのこした金鶴泳氏などの作家が先行世代だが、彼らは一九三五年前後の生まれで、両世代のあいだには二十年ほどのブランクがある。つまり、起昇氏や良枝氏は、〈在日〉作家としては長く待たれていた新世代の登場という意味を持っているのである。

このブランクにはもちろんそれなりの理由があるのだが、さしあたってわたしは、この新しい〈在日〉作家たちが、どういう新たな世界像を提示したかということを考えてみたいと思う。

たとえば、李恢成氏と金鶴泳氏の文学は、それぞれがかつての〈在日〉二世文学の対極的な典型を表しているが、わたしの考えでは、この世代の世界体験にとっていちばん重要な点は、自分がどのように生きるかを、選択し、決断するような場面にまず直面せざるを得なかったということである。〈在日〉二世の生の光景にあってもっとも底に流れているのは、〈差別〉からくる独特の「不遇感」である。この不遇感を打ち消し克服しようとして、〈在日〉二世たちは、たとえば「民族か同化か」、「北か南か」という生き方のうえでの二者択一的な問題を呼び寄せた。というより、むしろこの問題が現われて、彼らをいやおうなくその中にねじふせるという形をとったのだ。

李恢成氏の文学の本質は、いわばこの選択の、決断の中に人間の生の意味が浮かび上がるはずだ、という確信に根ざしている。国家ではなく民族、北か南かではなく統一祖国。それが氏の決断のかたちであった。これに対して、金鶴泳氏の文学は、ほぼ同じ問題をたどりながら、人間の生の意味は、そういった理念的な「存在理由」の場所に決して還元できない、という対極的な地点にゆきついている。

さて、わたしが先に挙げた両李氏の小説を読んで強く印象づけられたことは、もはや、この選択や決断が、主人公たちの生き方の上で決定的な意味を持っていないという点である。主人公たちは、むしろ決して決断せずに、さまざまな体験を呼び寄せながら、自分と世界とのぎくしゃくした齟齬感を徐々に調停していく。そして肝心なことは、この自己の〈自意識〉をうまく輪郭づけられない不安との格闘のかたちこそが、彼らの文学的リアリティーの核をなしているということである。

ところで、わたしは両李氏の小説がかならずしも先行世代の作家たちに十分比肩し得るものとは思わない。ただ、今言ったような新世代作家の特質は、〈在日〉の生にとってある重要な意味を持っていると思うのである。

わたし自身はこのふたつの世代の丁度中間にあたる昭和二十二年生まれだが、かつてわたしたちは自分が日本という異邦に〈在日〉していることの違和感や抑圧感を、先に述べたような二者択一的の問題に、つまり、ある意味で世界の政治的な展望《パースペクティブ》に深く賭けた。それ以外に、自分の生き難さをよくつかみ、生きることとの努力につなげてゆく道すじがなかったのである。

しかし現在、わたしたち自身が社会の制度や秩序や生き方のかたちを選びとってゆくことによってよりよい世界に達することができる、という社会的政治的な展望（世界像）は、さまざまな理由でほぼ不可能になっている。そしてまさしくそのために、わたしたちはもはや、社会的政治的な選択と決断という道すじの上で、自分の生の抑圧感のかたちを十分に表現しかつ克服してゆくことができなくなっているのである。

わたしは、たとえばここで、島田雅彦や村上春樹といった日本の現代作家たちを思い浮かべる。彼らの文学もまた、複雑極まりない高度な消費社会の中で、〈自意識〉の像をどう確定するかというところに、基本のモチーフを持っているからだ。ここには明らかな共通項があると思える。彼らもまた、かつての政治的な世界の展望が喪失されたあとの場所に立っているのだ。そして、そこでは、この世界に生きていることの根深い違和の感覚は、はじめての経験として注意深くつかまれない限り十分に表現できなくなっていることが、暗黙のうちに感じとられているのである。

文学は、かならずしも作家の生き方のかたちに共感する読み手をひきつけるだけのものではない。むしろその生き方の、時代の中での普遍性によってほんとうの意味で読み手をつかむ。〈在日〉の若い作家たちが示した新しい生の基盤を、わたしはいったん認めなくてはならないと思う。もはやあの二者択一的な選択の場所にわたしたちは戻ることができないだろう。しかし、彼らは自分たちの新たな〈在日〉性をまだ深い表現にまでみのらせてはいない。新しい困難がすでにはじまっているのだ。

ここに納められた文章の中で、私は、金鶴泳の文学に幾分力点を置き、その反面、李恢成や金石範という作家をやや批判的に扱うような書き方をした。だからもしかすると、読者の一般的な感覚として、この著者は〈社会的〉〈政治的〉なものより〈内面的〉〈文学的〉なものを好むのであろう、という感じは避けられないかも知れない。だがここで解説めいたことが許されるとすれば、そういう受けとめられ方は私の本意でない。

金鶴泳氏の言い方を借りていうと、私もまた「ほぼ二十歳のあたり」から、「自分と世界との関係の仕方について」自覚的に考えはじめたわけだが、〈政治的なもの〉――〈文学的なもの〉という対項的関係は、その頃からすでに生き方の上での重要な問題として、極めて明瞭な形で存在しはじめていたということができる。こういう対項性は、たとえばまた〈理性的〉――〈感性的〉、〈精神的〉――〈肉体的〉、〈認識的〉――〈実践的〉等々の形においても存在していたし、むろん現在でも青年期の倫理規範や感受性の質を決定してゆく試金石のようなものとして、確実に存在しているに違いない対立の範形なのである。おそらく多くの人々がそうであったろうように、私もまたこの様々なレベルで現われる対項的問題に悩まされ、それでもなんとか自分なりの決断で、この問いに答えようとしていた。そして今から考えて見ると、このようにして様々な対項的問いの内側へと巻き込まれてゆくことは、まさしく「自分と世界の関係の仕方」を、問いに対する決断という形において徐々に確定《アイデンティファイ》してゆくようなプロセスであったと言うことができるように思われるのである。

この問いは、概して極めて真剣な問いであり、誰もが必死の思いでこの問いをつきつめようとしていた。またこの問いは単なる学のための問いではなく、いったいどのような生き方が（それはまた個々の場面でのあれかこれかのどちらの生き方が、という問いの積み重ねとして現われるのだが）最も人間としての本来に近いのかというような、いわば過激な直接性を持っていたように思える。つまりこの様々なレベルでの対項的問題設定は（具体的にはたとえばそれは、授業かバリストか、代々木か反代々木か、革マルか黒ヘルか、セクトかノンセクトかという形をとった）、それをくぐり抜けてゆくことによって私たちを生き方の〈真理〉へ導いてゆく唯一の通路のように（無意識のうちに）感じられていたのであり、まさしくそれは青年期の感受性にとって〈世界〉の総体として現われるがゆえに、全存在的な〈真面目〉さを要請するようなものにほかならなかったのである。

たとえば「政治と文学」という問題があるが（それが終ったというひともいるが単に位相変容を蒙っているにすぎぬことは、現在の学生事情にすこしでも触れてみればすぐに判る）、この問題を支えている土台は、

〈社会的〉〈政治的〉と〈内面的〉〈文学的〉な生き方のうちほんとうに人間として本来的なのはどちらなのか、というような、青年期的な問いの範形性、あるいは形式性それ自身であって、決して両項の概念的内実の対立なのではない。つまり、あれかこれかという対項として問題が浮かび上り、それが〈世界〉の総体として現われ、また問いに対する〈真面目さ〉が〈真理〉への情熱として存在するというような観念の地平それ自体が、この問題を支え続けているのである。この対項的問題は戦後の「政治と文学」論争の経緯が十分に明らかにしているように、その可能な解答として二つの道筋しか持っていない。ひとつは相手側の項の価値を〈悪しきもの〉〈劣ったもの〉〈非本質的なもの〉と規定してゆくことによって、こちら側の項（〈政治〉または〈文学〉）の価値上の同一性《アイデンティティ》を確定してゆくという仕方、もうひとつは、両項の対立を超え出て双方の価値を統合（あるいは止揚）した場所で、一層高次な価値の像を求めようとする仕方である。しかしこの後者の態度も、根本的にはあの〈真理〉への誠実性から帰結されているのであり、結局はあの土台そのものに対して意識的であることができない。だから時代が移って問いの外形が変っても、あの問いの対項性それ自身は相も変らず再生産されるほかないように思われる。

　しかし、繰り返して言うと、それにもかかわらず青年期のこのような問いのあり方は、いわば〈生〉の直接性に対する過激な求心性といったものを孕んでいる。〈真理〉へのこの必死の誠実さを私は決して嫌いではないし、原理的に言ってこの誠実さは、社会が自己の矛盾を表現する極めて〈内面化〉された一形式にほかならないのである。ともあれ私もまた、あの問いの範形の中で、〈政治的〉な価値と〈文学的〉価値をともに可能にしてくれるような〈第三の〉価値のあり方を自分なりに求めていたように思える。しかし、ある時点から私はあの対項性を追いつづけることに疑問を持つようになった。この疑問は、自分の〈民族〉に比較的無自覚だった私が、自分もまたどうやら自分の仲間（＝同胞）といっしょにこの市民社会から拒絶されていたのだな、という感覚をぼんやりと所有しはじめた頃にやって来た。疑問は徐々にやって来たのだが、要するに私は次のように感じはじめていたのである。あの対項的問題の内側で人々が〈生き方の真理〉や〈感受性の中心〉を求め、そのことによって自分の社会と自分自身との関係の仕方を確定してゆくその階梯の全体そのものが、いわば近代社会に固有の幻想上の（＝観念形成上の）システム（制度）ではないだろうか、と。こういう考えは、いうならば〈市民社会〉に対する私の〝ルサンチマン〟からやって来たに相違ないのだが、同時にまた、ニーチェの言葉を借りると、〈真理〉に対する誠実それ自体（『権力への意志』）から不可避的に現われて来たと言えなくもないように思える。

〈民族〉の問題は、私にとってそういう場所でやって来た。私は別に自分の民族性といったものを否認しようというのではない。それは無益なことであって、法的な規定性としても、また肉親やその生活から流れ込んでいる〈身体性〉のようなものとしても、またなにより私の生活意識上の枠組としても、確実に存在しているというほかないからだ。だが〈民族〉が言説上の欲望として、つまり〈真理〉

をめぐる対項的な問い（北か南か、帰属か風化か）として現われるとき、もはや私には、この問いの内側へ入り込んで人間の生き方に関する二者択一的な価値分割に加担する気にはなれないのである。おそらくこのように言うと、私はたちまち次のような問いに取り巻かれることになろう。つまりその問いは、「それではおまえは人間なら誰でも持っているはずの〈世界〉に対する根本的な態度、それを良いものにしたいという根底的な意志、あるいはまた〈世界〉のうちで、〈世界〉とともに生きたいという誠実への情熱を、それが対項的な問いの形をとっているという理由で、全て否認しようというのか。それがどういう範形性を持っているとしても、その問いが人間が〈世界〉に関ろうとする際の唯一の通路であるとすれば、その通路に対する、あるいはその通路をどこまでも進んでゆこうという人間の情熱を否認することは、要するに、あの〈世界〉への『良き意志』『誠実』『情熱』という人間にとっての根本的な欲望を、一切合切否認すること、初めから断念してしまうことにならないか」というのである。おそらくこの問いは全く正当な問いであるに違いない。すでに述べたように、この〈世界〉への〈意志〉や〈誠実〉は、単に与えられた理念と現実意識の誤差としてやってくるのではなく、倫理性や美意識という形で〈内面化〉された社会構造の矛盾の表現にほかならず、そうであるとすれば、この〈世界〉そのものへの誠実を、〈文学〉とか〈歴史〉とか〈成熟〉とか〈自然〉とかいう別のイデアにほかならぬものによって〈価値相対化〉することは、それ自体またイデオロギー的な身振りというほかないのである（このことに関しては「問題としての内面」で幾分か論じた）。私の意図はなにか〈内面的〉〈文学的〉〈審美的〉〈現実的〉なものを根拠として、〈社会的〉〈政治的〉〈倫理的〉〈観念的〉なものを〈価値相対化〉しようというのではない。むしろただ、あの〈世界〉そのものへの誠実が、近代社会の幻想上（観念形成上）のシステムの内側では、つねに〈真理〉への情熱（プラトニズム）として現われ、従ってまた対項的価値対立の問題へと分節させられ、だからまた共同性（＝党派性）への情熱へと簒奪《さんだつ》され、結局は、様々な生き方や美意識の共存的調和という〈市民社会〉特有の神話領域の内側にとどまるほかなかったということを、とりあえず明らかにしたいというところにあったのである。

真理内容（マルキズム、ファシズム、民主主義等）の絶対性、生き方における〈真理〉あるいは〈真実〉の発見という制度性、対項的価値範形に由来する理念による世界分割、〈社会〉と個人の内面化された契約関係としての〈真面目さ〉と〈誠実〉、これらのことが近代的な観念形態のシステムが生み落している中心の問題であって、私たちにおける、〈世界〉を一挙にしかも直接性として獲得したいといういわば超越論的欲望は、この制度のうちがわでいつもロラン・バルトのいう「神話学」のドクサ（通説）のようなものへ頽落《たいらく》してしまう。つまり様々な制度や生活、消費、言説の形式が持つ、ブルジョア的、権力的、欺瞞《ぎまん》的、イデオロギー的、差別的、市民社会的性格を誰もが告発するのだが、この告発のために誰もがまた様々な根拠（＝真理）を内面化し、まさしくそのことにおいて近代社会の観念形態の制度を完成させてしまうのである。

〈民族〉とは何かという問いは、日本人が〈人間〉や〈生き方〉や〈社会〉を問うのと同様に、〈在日〉にとって不可避的な問いであるというほかない。いうまでもなくそれは〈世界〉そのものへの欲望から現われて来たものだが、いわば日本の戦後社会の中で「神話学」的類型として存在している。つまり〈同化〉神話や〈平等社会〉神話や〈分断国家〉神話を告発すべきものとして生きている。ところがそれはこれらの神話に対して〈民族〉――〈国家〉――〈個人〉というもうひとつの関係上の神話を立てざるを得ないのだ。私たちはたとえば〈民族〉か〈同化〉か、あるいはまた〈北か南か〉というような問いの前に立たされるが、これに対して〈北も南も〉というのでは全く不十分なのであって、むしろひとびとがもはや〈北か南か〉という対項的な仕方で問いを立てるのが馬鹿馬鹿しくなるような仕方で答えねばならないのである。

おそらくこの本の中で、私はここに書いたような〝意図〟をほんの少ししか実現できなかったように思える。だがいうまでもなくこの〝意図〟はひとつひとつの文章を書いてゆく過程で少しずつ浮かんできたのであって、はじめから思い描かれていたわけではなかった。ただ今から振り返って見ると、私は〈民族〉とは何かという問いの情熱に含まれているあの〈世界〉そのものへの欲望を、対項性の枠組みから解き放ってみたいと思っていたのであって、決してこの問いそのものを否認しようと考えていたのでない。だがそのことがどれくらい納得されるかと思うと少しおぼつかないような感じもする。「問題としての内面」は明治文学を扱ったものだが、あの価値対項性の出自、枠組みの根拠それ自体を論じていて、〈在日作家論〉のモチーフと照し合う点があるように考えてあえて収録した。私が

〈文学的〉あるいは〈生活的〉根拠によって〈政治的〉〈観念的〉情熱を相対化しようとしたのでないことが少しは理解されるかも知れない。

ところで最後に、自分の名前のことについて少しだけ書いておきたい。竹田青嗣というのはいわゆるペンネームであって私の本名ではない。私はこれを太宰治の小説の題名（『竹青』）から借用したのである。文章を書き始めたころ、〈在日〉の知人や日本人たちからも、君は在日朝鮮人二世なのになぜ本名を使わず日本名を使うのか、とよく聞かれた。その頃は私の方でも、そういう質問に対する答を様々に練り上げていて、どういう聞かれ方をしても困らないようにちゃんと整理したうえで持ち歩いていたような気がする。けれど、今は要するにひとつのことしか言えない。当時私のまわりでは（今でもそういう空間はどこかに存在しているだろうが）、在日朝鮮人たるものは本名を名乗らなくてはまともな人間とはいえない、というような雰囲気が色濃くあった。私はそういう言説に強く反撥して、いわば肩肘を張るつもりで竹田青嗣という日本名のペンネームを使ったのである。その頃の私の考えでは、本名を名乗ることは自分の本来的な自己認知にとって一つの蓋然的な要素にすぎないのに、あの言説では、それが逆転されて、本名を名乗ることこそ〝真の主体性〟へ至るための唯一無二の絶対条件であるという具合になるのはけしからぬ、というつもりだった。けれど、今から考えてみれば、結局、それまでずっと日本名で通してきたのに、文章を書く段になって突然〝本名〟を使うというようなことが、咽になにかがつかえたような、奥歯にものがはさまったような感じで、どうしてもできなかったということだったように思える（その頃〈在日〉同胞たちとも知り合い〝姜《KANG》〟という本名で呼ばれるようになったが、こちらは別に違和感がなかった）。

しかし、今では、私はむしろ本名を名乗ることにそれなりの意味があるのだと考えている。そのことに籠められている〈在日〉の様々な意味を、かなり諒解できるつもりでいる（ただし、あの言説が、表立った〈言説〉の世界から離れ静かに自分なりに生きたいと考えている人々を心理的に威嚇しないかぎりにおいてだが）。このペンネームのおかげで、私はある方面では、知り会うひとごとに自分が在日二世であることを説明しなければならず、それもかなりわずらわしく不便なことだということが判ってきた。だから今は別に、日本名のペンネームに思想的に執着しているわけでない。だが、もともと〈在日〉は、名前を幾つも持ったり、韓国人、朝鮮人という呼称で苦労したり、ひとの北と南の所属をうかがい合ったりしなければならないといった〝わずらわしさ〟を抱え込んで生きている存在である。そう考えてみれば、ことさらあのペンネームに由来する〝わずらわしさ〟だけを避けねばならぬ理由もないように思える。むしろそれが、私にとっての〈在日〉性のスティグマであると考えられないこともないからである。しかし、こんな風に考えてみてもまた結局は弁解のように聞こえてしまうかも知れないので、私はむしろある歴史学者の言葉を借りて自分の実感を代弁させてみよう。それはつまり、「わたしが何者であるかをおたずねなさるな、わたしに同一の状態にとどまるようにおっしゃるな。同一であることは戸籍の道徳であり、この道徳が、われわれの身分証明を支配している。書くことが問題なときには、われわれはそれから自由になって然るべきであろう」（M・フーコー『知の考古学』）というのである。

四年ほど前初めて〈在日〉に関する文章を書いた頃、それが一冊の本になろうとは夢にも思わなかった。〈世界〉に対する自分の漠然とした感触を書き表わすということがどれほどむずかしいかということも骨身にしみてわかった。それでもほんの少数だが私の書いたものを励ましてくれる人もいた。そういう励ましはほんとうに信じられないほど私を元気づけた（全く私はそれで辛うじて世界への欲望をかきたてられた）。ここでそういう人たちに感謝の意を表わすことも許されるだろう。国文社の清水哲夫氏もそういう人たちの一人であって、単に編集上のお世話にあずかったというにとどまらない。

一九八二年九月

竹田青嗣

文庫版　あとがき——金鶴泳と文学

『〈在日〉という根拠』はわたしにとってのはじめての本で、振り返ってみるとさすがに感慨がある。べつのところで書いたこともあるが、わたしには作家金鶴泳に出会うことでものを書くような道に入ったという気持ちがあるが、こんど読みなおしてみてその思いをいっそう新たにした。

かつて、在日朝鮮人にとっては、祖国の言葉や文化を学び、本名を名乗り、奪われている民族的主体性を〝回復〟することこそ唯一無二の最大の課題だと見なされていた。ところがわたしにはどうしても民族意識や民族主義というものがフィットせず、自分のアイデンティティを定めかねて苦しんでいた。金鶴泳の文学に出会ったのはそういう時期である。

わたしはこの本で「範形」という無理な〝造語〟をしている。いまから見るとふつうに「範型」でいいのだが、これはつまり、在日社会における「民族か同化か」という独特の〝踏み絵的〟二者択一の感覚を、何とかこの言葉に籠めたかったのだと思う。

「民族か同化か」、さあどっちにするんだという言い方は、じつにわたしを苦しめた。いまからはうまく想像つかないかもしれないが、それはいわば「民族やめますか、それとも人間やめますか」くらいの、青年を〝脅迫する力〟をもっていたのである。金鶴泳はそういう在日の状況の中で、まったく一人で、本質的な文学の場所からものを見、考え、書いていた作家だった。なぜかわたしにはそのことがよく分かったのだが、その理由について書いてみたい。

　大学を終える前後から、わたしは少しずつ文学というものに触れ始めていた。すでにチェーホフや太宰治や漱石などを読んでいて、すっかり引き込まれるということがあった。そして、金鶴泳に出合ったとき、彼がこれらの作家たちと文学的本質を共有しているということがすぐに理解できた。

　在日から見ると日本社会は矛盾に満ちたものである。「政治」的な思考はまずそのような社会の矛盾を正そうと考え、そして個々人にそのための態度決定を要求する。社会が矛盾に満ちている以上、その解決方法は社会を変えることしかなく、したがって人は社会に対して明確な態度をとらなくてはいけない。このような思考は、かくして各人に社会的な態度決定を迫ることになる。「民族か同化か」といった厳格な二者択一はそういう思考の結果にほかならない。それは思考の順序としてはべつにおかしいところはないが、誰もがこの態度決定を行なうべきであると考えるところに倒錯があると言うほかない。

　金鶴泳は、ほとんどすべての人間がそのように考え、またそのように考えることを強いられていた中で、一人だけ違ったふうに考えた。彼は、社会がもたらしているさまざまな矛盾に対して、ただちにではいかにこれと闘うかといった考え方につくことを留保し、各人がじつはどのような困難の中を生きているのかを、ただ深く表現するという道についた。

　金鶴泳が取った文学の道は、ここで、社会に対して個々人の「義」や「正しさ」を置く代わりに、人の「生き難さ」の実質を深く表現することによって、ただ何ものかに〝抗弁〟するのである。この〝抗弁〟は社会それ自体に対するものではない。むしろ、人間の思い上がりや、虚偽や、欺瞞や、無情や、虚飾や、シニシズムといったものに対する抗弁である。

　わたしは、「政治」の本質が何であるかについて自分なりに知っているつもりだし、社会にとって「政治」の思考が不可欠であることもよく知っている。しかし「文学」の感受性がそれ自体の存在理由を持っていることについても、また自分なりの確信がある。最近、「文学の政治化」とか「政治の美学化」といった言い方で、暗々裏に社会に対する態度決定を迫るような〝文学論〟が流行しているが、そのような議論はいつの時代でも存在していたことに注意すべきである。

「文学は、人がこの間違った社会に対して明確な態度決定を取ることを留保させ、引き延ばす。だからそれは反動的である」。駄目な「政治」的思考による文学批判は、戦前戦後を通して、絶えずそのように主張してきた。これに対して、優れた政治の思考は文学を文学として〝放っておく〟。それが保守的か否かという踏み絵によって文学を審判する思考が、いつでも最も質の悪い政治的思考なのである。奇妙なことに、それを文学による文学批判であるなどと強弁する者も後をたたない。

わたしを動かしたのは、金鶴泳が、あのような在日の状況の中で、文学についての深い確信をほとんど独力で支え続けているということだった。そして、なるほどこれが文学するということなのかと強く思った。その感覚が、自分の批評の出発点だったなと改めて感じる。「在日」という問題の中には、日本の文学や思想が抱えているすべての問題がやはりそのまま含まれているのである。

新しく文庫にするにあたって筑摩書房の井崎正敏氏、そして実務では石井慎吾氏にお世話になった。この場所を借りて深く感謝します。

一九九五年五月三十日

竹田青嗣

文庫版　解説　頁をめくる風

加藤典洋

ここには竹田青嗣の「在日」をめぐる考えの結晶がほぼすべて、おさめられている。中でも中心はその最初の評論集でこの文庫本の表題ともなっている『〈在日〉という根拠』だが、わたしはここでは、竹田のこの本から伝えられてくるいくつかの力点について、わたしの考えるところを書いてみようと思う。

わたしはこれまで竹田のいうこと、書くことに意表をつかれたことが少なくとも、二度ある。その第一は、知りあって間もなく、話が井上陽水に及んだ時のことで、わたしが陽水の大麻事件に触れ、あんなにあっさり社会に「すみません」と頭をさげるのを見て、それ以来陽水のものは聴く気がしなくなったというと、竹田はこともなげに、いや、陽水の歌はあの後ぐっとよくなったんですよ、とわたしにいった。

その頃は、むろんまだあの『陽水の快楽』は書かれていない。ただ竹田の井上陽水への打ち込みは深く、それは、大学卒業後、ボイラーマンの仕事をアルバイトで続けた数年間、心のささえが陽水の歌だったという述懐に示されていて、その話をもわたしは、そのおりに聞いた。要するにわたしは、この時の竹田のこともなげにいった、陽水が社会に謝った、そしてその後の音楽がすごくいい、という逆接のない言い方に、深く意表をつかれたのである。

その第二は、彼の『世界という背理』を読んでいた時のことで、そこで竹田は小林秀雄の戦争中の言説を取りあげていたが、これを批判的に検討しながら小林の戦争責任に一言も触れていなかった。この竹田の評からわたしは、小林について、その戦争肯定の主張を、戦後的な観点から肯定するのでもなければ否定するのでもない、全く異質な批評がここにあるという感じをもった。そこで小林は、たとえば、「日本に生まれたことは僕等の運命だ」、大事なのはその運命に関する智慧《ちえ》を育てることだ、と述べ、おりしもはじまろうとしていた日本の「戦争」を肯定する論調に転じていた（「戦争について」）。わたしの知る限り、いわゆる戦争肯定論者以外で、この小林の発言を否定していない評者は、いまにいたるまで一人もいない（わたしも先にこれを批判している）。しかし竹田はこれを否定しないばかりか、むしろこれを「戦争の現実や民衆を『絶対化』した」と批判する本多秋五について、その批判は「全く無効であろう」と明解に断定していた。なぜそうなるのか。本多の批判には「日本の戦争が侵略戦争であり『悪』であったがゆえに、それに加担した言説は誤っていたという事後的な観点が隠されている」。当時の小林の持ち札にないもの、「事後の観点」からする批判は、容易だが、無効だ。ここには全く新しい批評の姿勢のマニフェストが示されているが、それはマニフェストされず、すでに書き手にとって自明のものとしてこともなげに語られていた。わたしは、先に竹田の逆接のない陽水肯定に意表をつかれたようにここでもその自明のものとしての小林肯定に、意表をつかれた。先に音楽を文学的に見ていたことを思い知らされたのと同じく、この度は、文学を政治的に見ていたことを、思い知らされる思いがしたのである。

竹田の在日論は、わたしに何より在日の問題を在日の問題として見る――これを文学的にでも政治的にでもなく――とはどういうことだろう、そんなことを考えさせる。しかしここには独特の問いの響きがある。竹田は、その問いを、ここにははなはだ見えにくいが、大事な岐路がある、そう感じさせる仕方で、わたし達の前におくのである。

たとえば音楽が好きだとはどういうことだろう。それは、音楽の本質を音楽固有の秩序で味わい、吟味すること、それ以外の判断基準でこれを裁断しないということである。しかし、そういうならここには二つの仕方の音楽への接近がある。ある人は音楽の本質にそれをめざすことによってたどりつく。しかし別の人は、同じものに、それ以外のものをめざさないこと、めざせないことで、たどりついているからである。この本を読んで、わたしに机上の本の頁をめくる風のようにやってくるのは、この後者の、在日の問題への接近の感触だ。それはわたしにきて、わたしの中の何かをめくる。この後者の感触が、ひるがえる頁の「裏」のように、一瞬わたしの視界をよぎるのである。

低温のものに長時間触れることによる火傷は傷が深い、わたしのスネにはそういう「ユタンポ」による火傷の痕が一つ残っているが、わたしは、竹田の書くものを通じて、ときどきそんなふうに、長く記憶に残る、意表のつかれ方を経験した。何といえばよいか、それは、「真空に触れる」、というのに似ている。指摘されて気づくのではない。指摘なしに、じかにその言い方から気づかされる。竹田の読者にならい、こうわたしのいう意味が、わかるだろうが、竹田の言葉は遠赤外線と似ている。竹田は前にいるのにその言葉は背後から、わたし自身の内奥部から、わたしにやってくるのである。

竹田の在日論について、さしあたりわたしのいってみたいことは、次の二点である。

一つ、竹田の在日論は「在日」の「不遇の意識」を乗り越えようとするのでなく、その前にとどまり、じっと耳をすます、はじめての論である。わたしは総じてそこから、こんな声とのつながりを感じる。

まず、「わたしは極の極まであなたを愛した。しかしそれがあなたと何の関わりがあろう」、これはゲーテの言葉。また、あることに関して、「わたしは決して咎めはしない悲嘆者なんだ」、これはわたしの記憶にある中原中也の言葉。

この本の起点は『〈在日〉という根拠』に収められた金鶴泳論にある。そこで竹田は批評家としての自己発見をしている。ところでそこからわたしは、これが金の声なのか、竹田の声なのか、定かではないが、こんな声を聞く。そして、なかなか、いいな、と思うのである。

「わたしは極の極まで苦しんだ、しかし、そんなことに何の意味があるだろう」。

二つ、わたしが立ちどまるもう一つのことというのは、たとえばこんなことである。「在日」とはどういう存在か。それはまず、いまいる社会から受け入れられず「不遇」であることを強いられた存在だ。たとえば「貧困」なら、個人の努力と運で、なんとかできる。でも、この在日の不遇には、この社会全体、世界全体の改変がない限り、出口がない。それは生まれてみたら「在日」だったという在日二世三世の人間にとっては、取り返しのつかない、その社会にいる限り出口のない、永続性の「不遇の意識」の別名である。

ところで、この「不遇の意識」について、竹田は独特の対し方を見せる。これまで在日論は、まずこれをどう乗り越えられるか、という処方箋として現れた。民族の誇りを回復することでこれを克服するというみちすじが示され、民族的自覚の獲得か敗北的な日本社会への同化か、という二者択一がつきつけられたこともあれば、万人の平等をいう戦後民主主義的な理念の実現をめざす実践に、その乗り越えの方途が指さされたこともある。しかし、竹田は、自分の場合、何か、この民族の誇り、戦後民主主義という乗り越えのみちすじは、うまく「フィット」しなかった。それに自分を合わせようとするとどこかにそぐわなさ、もどかしさ、不自然さ、があった、という。

そして、その結果どうなるかといえば、竹田は、在日朝鮮人作家の中にあって特異にも自分の吃音の経験の前にとどまりつづける金鶴泳の文学の形、不遇経験の「範形」を手がかりに、そこから、たとえば、次のような場所に、抜け出ていくのである。

竹田は、自分が誰か、よくわからない。在日の人間であれば、民族の誇りとか、被差別の社会的な怒りに立脚し、自己回復をめざすはずなのに、彼はそういう生の範形に自分の不遇感を「フィット」させることができない。ところが彼は、むしろこの自分の不遇感を世の中に用意されたどんな苦しみの範形にもフィットさせられない、という、他の「在日」達が不遇感からの回復をつうじ「在日」の自覚につながる時、不遇感からの回復不能という逆の回路に、自分が誰か、というそのアイデンティティの手がかりを見出すのである。

金鶴泳を読んで、はじめてわたしは、自分もまた紛れもなく「在日」という存在規定を受けている者であること、そればかりかむしろ、自分のような〝中途半端〟な「在日」の中に、むしろ「在日」であることの現代的な普遍性があるかも知れないということをも理解したのである。

（「『在日』ということ」）

ところで、ここに語られていることを、「在日」の本質規定の深化といってみることは、間違いでない代わり、正確でもない。こういうところで、わたしはたとえば、「シュルレアリスト達が自己の想像力の構築をめざした時、アンリ・ミショーは自己の想像力の犠牲者だった」というような言葉を思い出す。竹田は、いわばはじめて在日論の問題領域にアイデンティティから見放された存在、非アイデンティティ的存在としての「在日」という本質規定をもたらすが、彼自身は、その本質規定により、彼の「在日」としてのアイデンティティを築いている。彼はアイデンティティのないこと、それが自分のアイデンティティだというが、そこで彼はアイデンティティを発見しているのではない。そう言うことでアイデンティティを、いわば作っているのである。

たぶん、このあたりが、彼の在日論の最も深いところだろう。

竹田の在日論に接するとは、そこから吹いてくるこういう風に何かをめくりかえされる経験をさす。でも、実をいえば、こういうことが、いわずもがなのことなのか、その逆なのか、わたしにはよくわからないのである。

たとえば彼は、芥川賞を取ってその後早世した在日三世の作家李良枝の同賞受賞作『由熙』について、世の作家批評家とはちょうど一八〇度違う評を下す。これを多くの評家はアイデンティティに引き裂かれる主人公の苦しみを描いたものとして肯定的に評価したが、彼によれば、それは、「アイデンティティに引き裂かれる人間」という誰にも理解されやすい物語を深く突き破ることのできなかった点、前作『刻』に及ばない残念な作である。竹田によれば、彼女の前作は、同じく「在日であること」をモチーフに掲げているが、それは意匠にすぎない。在日の若い小説家が「在日であること」をテーマに選ぶが、それが意匠でしかない、このことに、竹田はその作品の紛れもない新しさを認めるので、つまり、評価の軸が竹田とその他の作家批評家では、一八〇度まるきり、ポジとネガのようにずれているのである。

竹田は「在日」日本人という言葉について、こう書いている。

「在日」日本人という言葉がある。自分がたまたま日本という社会に生まれ落ち、そこに生活しているにすぎないということを強調する言葉だ。ここには、差別されるマイノリティとしての「在日」朝鮮人、韓国人に対する心理的な連帯感も表明されているのだが、わたしはこの言葉に、あるもどかしさを感じる。日本人としてのナショナル・アイデンティティをあえて否認しようとするこの言葉は、在日朝鮮人、韓国人という場合の「在日」とは、ひどく隔たりがあるのだ。

（「『在日』ということ」）

彼がいうのは、不遇の意識からの回復不能を生きることは、その回復不能を理念化し、その理念を生きることとは「ひどく隔た」っている、ということだ。回復不能を生きること、ナショナル・アイデンティティをもたずに生きることは、回復をめざし、アイデンティティを希求しつつ、しかもそこから排除され続ける、という経験をさすので、彼によれば、共同体から排除されたマイノリティの一員であることとマジョリティの一員として、共同体を否認したりこれに反発したりすることとは、「ひどく隔た」った似て非なることなのである。

そう、狂気に苦しむ人と狂気をあこがれる人くらいにそれは違っている。ある意味では現在「在日」という言葉は、「国際化」や「多文化主義」といった「多様性を認めあう社会」を生み出すためのキーワードになりつつあるが、それとたとえば金鶴泳の文学の示す「在日」は、「ひどく」違うのである。

それ（金鶴泳の「在日」──引用者）は、被差別集団のアイデンティティを尊重したり、共同体相互のアイデンティティを認め合うといった現代的な理念に通じているのではない。また一切のアイデンティティを嫌悪するという新しい「物語」にも寄り添わない。それはただ、どんなアイデンティティ（物語）からも〝見放され〟てしまう不遇な生の喩としてだけ受け取ることができる。このことに対する感度を欠けば、わたしたちは人間の生の条件に対する重要な想像力を枯渇させることになるだろう。（同前）

このあたり、わたしは竹田の言葉につけ加えることができない。竹田の言葉は、これ以上ない正確さで、石を切り出すように、一つのことをいっているからだ。

この本の白眉は、わたしの見るところ、『〈在日〉という根拠』の金鶴泳論とその金氏の追悼文「苦しみの由来」だが、いまから一三年前に書かれた金鶴泳論で、すでに竹田はこう書いている。末尾近

く、金が、「在日」という物語の交差し合う場所に生きながら「どんな物語からも拒否され続けた」ことに触れた後、

だがここで重要なのは、作家金鶴泳は「物語の不可能性」という類の観念にどんな意味でも近づくことがなかった、という点である。つまり作家は、絶えず物語への欲望に駆られながら、それにもかかわらずそこから拒否されつづけたのだ。

（「金鶴泳」）

国内亡命であるとか、共同体の外部とか、この文章が書かれてからの十数年間、この国には、ポストモダンな思想と文学が花咲いた。わたしはこの本の著者とかなり親しい間柄だが、ひさしぶりにその最初の評論集を読んで、いまわたしの知る彼の思想がもうこの評論集にすべて現れていることにあらためて驚いている。わたし達がいるのはどういう子どもの国か。わたしにやってくるのは、大人の思想の感触、いつか知らないが、こういうものを書く場所にくるまで、もうずいぶんと前、竹田が一度、「極の極まで考えた」ことのある人間だ、という感触だ。わたし達はそれがあって、この本から、「しかし、そんなことに何の意味があるだろう」、そんな彼の声を、受け取っているのである。

増補新版　自伝的あとがき

『〈在日〉という根拠』は私のはじめての著作で、初版は一九八三年（国文社）。一九九五年にちくま学芸文庫から再刊されたので、これまで私は「あとがき」を二度書き、これが三度目ということになる。この本には、すでにちくま版で収録された在日問題についての論文はすべて収録されており、私としては、あとがきとしてこの問題について新しく書くべきことが何も浮かんでこない。この「処女作」を書いてすでに四十年たち、その間、私の立つ場所も大きく変化した。なにより現在の私は、文芸批評家としての立場から遠く離れて、哲学者として自分のライフワーク（『欲望論』）の仕事を続けており、文芸批評家としてよりも哲学者としての私の読者がはるかに多いと思う。

そこで、本書のあとがきとしてはややそぐわないかもしれないが、思いきって私は、この第一作以後私がどのような経緯で文学から哲学の道へと方向転換し、またそこでどのような問題に出会いつつ現在の場所にまで至ったかについて、少し詳しく書いてみたいと思う。

『〈在日〉という根拠』を書いたとき私が抱えていた大きな問題は二つあった。一つは、自身の「在日アイデンティティ」の問題だった。当時在日世界では、差別を克服するためには「民族的自覚の回復」こそが目ざされねばならない、という言説が強く支配しており、在日の青年は例外なくこの理念に強く規定されていた。在日の文学論でもこの思潮は支配的だった。しかし私は、はじめにマルクス主義の考え方に触れていたこともあって、民族的自覚の回復という理念には寄り添えなかった。

本書でも繰り返し書かれているが、市民社会において人間は多様なアイデンティティの可能性をもち、自由に生き方を選ぶことができるというのが私の考えであり、そのような感度を支えとして、民族的覚醒という理念に寄り添えない金鶴泳の文学的な場所が、むしろ多くの在日にとっての普遍的な状況をよく表現していると思えたのである。

もう一つの問題は、政治（社会）思想における「信念対立」という問題である。私は大学で政治セクトどうしの激しい思想対立を目撃した。それぞれのセクトは、他のセクトの思想を許しがたい反革命思想として互いに激しく非難しあい、この対立は思想的な殺人にまで及んだ。在日の世界においても、これと似た思想上の対立、「北」（北朝鮮）あるいは「南」（韓国）のいずれに帰属すべきかという対立が存在した。そこでも互いが他の立場を誤った思想として強く批判しあっていた。

青年期に体験したこの思想的な信念対立の問題は、私が金鶴泳の文学に強く引かれ、それについて書きたいと思ったことと深く関係している。

日本の戦後文学には長く続いた中心問題があり、それは「政治と文学」の問題と呼ばれていた。マルクス主義思想に社会変革の可能性を見出した人々にとって、文学は、社会や政治の問題から完全に切り離されてはならないものだった。その主張の程度はさまざまだが、最も正統的なマルクス主義文芸理論では、文学は人々が階級意識に目覚めるその過程を典型的に描くべきである、とされた。そこまで極端でなくとも、文学が個人の内面の問題に閉じこもり時代や社会の問題から離れるのは、望ましくないという考えが強く存在した。当時金鶴泳は「内向の世代」の作家の一人と見なされていたが、この呼び名自体に暗黙の批判的響きがあった。

　この問題についての私の考えをいえば以下のようである。作家は何を文学のテーマにしてもよいし、またどのような形式を用いようと自由である。表現された作品が最後に読者に文学的感銘を与えるかどうかだけが文学表現の生命だからだ。文学や芸術の主題や形式をある特定の目的によって規定することは、文学や芸術の本質を衰弱させる。この考えはいわば政治派に対する文学派の一般的主張だが、私にはこの考えが妥当と思えた。

「民族的自覚の回復」は差別の抑圧感や不遇感を克服するための一つの方法ではあるが、しかし唯一の方法とはいえない。またそれが絶対の理念として強調されるなら、個々人の生き方の選択を圧迫し抑圧することになる。また差別問題の一般性からいっても、対抗市民社会的反差別主義は普遍的な考えとはいえない。

この問題をもっと一般的に考えることができる。社会の矛盾が強く感じられる場面では、多くの若者は社会の矛盾の克服を自分の生き方の重大な課題として感じとり、その克服を可能にすると思える政治思想や宗教思想に強く引きつけられる。「民族的自覚の回復」の理念はその一つだが、当時、私には、社会主義思想のほうが差別や社会矛盾の克服の理念としてはより普遍的なものと見えた。とはいえ、文学の考えとしてはマルクス主義的な文学理論に同じることができず、また、政治思想としてのマルクス主義に対してもさまざまな疑念が生じてきた。

こうした政治思想に対する態度とそこでの信念対立の問題は、私の中でつねに未決、宙づりの状態にあった。このとき文学が私にとって一つの拠り所になった。その理由は、政治思想が「正しさ」についての決断を迫るものだったのに対して、文学は、どの考えが最も正しいかという決断を留保したままで、人間や社会の問題を考えつづけさせてくれるものだったからだ。

ともあれ、『〈在日〉という根拠』の中には、大きく、自分自身の在日アイデンティティの問題、政治思想の正しさとその信念対立の問題、そして政治と文学という三つの問題があった。これらのことが、それ以後の私の生にとっての出発点となった。はじめそれらは、主として文学の問題の形をとって私に現われたのだが、やがて私はそれらを哲学の問いとして考えつつ進むことになった。

以後、私自身がどのような道をとって進んだかを記そうと思うが、『〈在日〉という根拠』はそこに含まれるすべての問題の源流なので、この記述は「在日」にかかわる多くの人々にとっても資する点があると思う。

少なくとも二十歳代の半ばまで、社会主義思想は私にとって明らかに他の社会思想、政治思想に優越しそれらを包括するものと見えた。社会主義は「唯一の正しい世界観」であるというキーワードは、ある地点まで私の中で真実だった。支配構造、格差、差別、排除など一切の社会的矛盾は社会主義の実現だけがこれを完全な仕方で解決するものと思えた。しかしこの確信はいくつかの理由で徐々に私から離れていった。すなわちそのきっかけとなったのは、連合赤軍事件、社会主義国家の極端な独裁政治や粛正などであり、またこの思想内部において現われる決着のつかない思想的対立の存在だった。

われわれは、いまでは、近代社会とは、それ自身が生み出す矛盾によって、社会主義思想、民族主義（ナショナリズム）、全体主義、国家主義、宗教原理主義など、若者の情熱を強くつかむさまざまな新しい思想を生み出す時代だったことを知っている。そしてそれらの思想は、つねに必ず党派や宗派の信念対立をも生み出した。そして、こうした思想上の信念対立の問題は、青年期を通して私を強く悩ませる固有の「トラウマ」となった（この対立にさほど悩まされない人々もいるが）。

二十歳代の後半は先の見えない闇を進むような時期だった。このころ私は、しばらくの期間、強度の不安神経症に悩まされていた。いまなら「パニック障害」という病名がついたと思う。半眠状態でのひどい金縛りと繰り返される悪夢が主な症状で、それは二十代の半ばから終わりころまで続いた。

この状態から抜け出せたのは、たまたま和光大学の「民族差別論」という自主ゼミに呼ばれてその学生たちとつきあったおかげである。

この場所で私は、頭の中で行き場なくとぐろをまく思念の悪循環から解放された。私は五、六年の間、人間関係というものをほとんど失っていたことに改めて気づいた（私はかなり孤独な形でフリーター生活をしていた）。どこに進むべきかを示してくれる光は見えないままだったが、いま思うと若い人たちとのつきあいには大きな喜びがあった。

この少し前、三十を過ぎた辺り、私はフッサールの現象学に出会った。はじめの書物は『現象学の理念』である。私がここまで哲学の道を長く歩き続けてきた最大の理由は、フッサール現象学との出会いである。フッサールは私にとってはじめの哲学の師だった。

『現象学の理念』の主題は、ヨーロッパにおける認識問題、主観と客観の一致が確証できるかというギリシャ哲学以来の哲学的難問である。この問題は、いうまでもないが、哲学や思想の世界での理論や理念の対立をその根にもつ。ここでフッサールは、現象学の方法だけがこの長く続く認識問題の難問を解明する、とマニフェストしていた。

主観と客観の厳密な一致がないのであれば、そもそも客観的、普遍的認識は存在せず、すべての認識は相対的なものにすぎないということになる。それだけでない、この主張をおいつめると、およそ世の中に善悪や正・不正の普遍的な基準は存在しないことになり、さらにそれは、善悪や正・不正を最終的に決めるのは「力」だけだという「現実の論理」に帰着する。そしてそれは、哲学や思想の決定的敗北を意味する。

近代哲学のビッグネームの哲学者たちはことの重大さを自覚し、なんとか主観‐客観の一致を論証しようとして格闘した。しかしこの難問は現代哲学にいたるまで誰も満足な答えを与えることができないでいる。

さて、『現象学の理念』でフッサールは、「現象学的還元」の方法だけがこの主観‐客観一致の難問を解明すると主張していた。そのテクストはひどく難解だったが、長く信念対立の問題に思い悩んでいた私は、フッサールの独創的な「解法」の要諦はよく理解できるものだった。この哲学は認識問題の難問をはっきりと解明し、そのことで普遍認識の可能性に大きな道を開いていると思えた。しかしこの発見は、私をまた別の難問に直面させた。

一九七〇年代の終わりは、ポストモダン思想がマルクス主義に代わる最新の世界思想として日本に入ってきた時期であり、ポストモダン思想は相対主義思想のつねとして現象学を強く批判していた。一世を風靡《ふうび》したジャック・デリダの「脱構築」の思想は、反フッサール論である『声と現象』を起点とする。フッサール現象学は「真理」認識の野望をもつ形而上学の復活の試みである、というのがその主張だった。

ギリシャ哲学いらい、こうした相対主義哲学は何度か時代の主流哲学となっている。こんな逸話がある。かつてギリシャの懐疑派アカデメイアが隆盛を誇ったとき、その中心人物の一人カルネアデスがローマに招かれローマの若者たちに哲学を講じた。彼は第一日目にソクラテス・プラトンの善と徳の哲学を見事に称揚して見せたが、翌日の講義でこの同じ主張を徹底的に反証して見せ、聴き入る青年たちはその論証の斬新さに聴き入ったという。

懐疑－相対主義の哲学は、思想の普遍性を否認する哲学である。そして、二十世紀の半ばにマルクス主義の世界思想が挫折したあと、現代分析哲学（言語哲学）とポストモダン思想が哲学世界を席巻し、現代哲学は圧倒的に相対主義哲学主流の時代となった。ここで普遍的認識をめがける近代哲学もまた強く批判され、価値の多様性、つまり思想の多様性が強調された。とくにポストモダン思想は、その価値相対主義の論理によって一切の既成の理論、権威、制度を批判する、現代の社会批判哲学のチャンピオンとなった。

こうした現象学批判の大きな波は私にショックを与えた。なぜなら私にとってフッサール現象学は、ヨーロッパ哲学が決して解けなかった認識問題の難問をはじめて解明した哲学であったにもかかわらず、このフッサールの達成が世界中でほとんど理解されていないことを知ったからである。

私は、いうならば、誰も入り込めない地底でとつぜんきわめて貴重な鉱脈を発見した孤独な人間のように困惑した。フッサール現象学の達成は私にとっては動かしがたいものだったが、この鉱脈を掘り出す手段を私はまったく持っていなかった。そのころ私は、むしろ文学に拠り所を見出しており、事実そのあと少しずつ文芸批評を書き続けることになる。私にとってフッサール現象学の問題は、青年期にぶつかった思想上のトラウマ、政治党派や在日の思想対立の問題、一体思想の普遍性というものの基準があるのか否かという問いと深くかかわっていた。現象学の問題をどうするのか、私だけのひそかな発見として内心に隠しておくほかないのか、もどかしい煩悶がしばらく続いた。

四十五前後になって転機があった。このころ私は大学で教える仕事を得た。私はひそかに心を決めて、文学から徐々に遠ざかり哲学の世界に深入りしていった。まず、五年ほど私はヘロドトス、ツキジデス、プルタルコス、タキトゥスといった古代の歴史家たちの古典をひたすら読み、それから世界歴史の通史を何度も読み返した。哲学を学ぶ上でヨーロッパの歴史の知識は必須だからである。そしてこの経験は、大きな世界観の転換を私にもたらした。

ひとことでいえば、このとき私の中に「普遍戦争史観」と呼ぶべきものが形成された。そしてそれは、私の哲学理解の根幹をなすものとなった(これについては後に触れる)。こうして私はいっそう哲学と現象学の領域に入り込むことになった。向こう見ずにも、私は、世界中に拡がっている現象学の達成についての不幸な隠蔽を何とか覆したいと考えたのである。そしてそれはさらに、近代哲学の達成についての現代哲学における大きな忘却についての自覚にもつながることになった。

一般読者には私の言葉は大言壮語と聞こえるかもしれない。しかし私は現象学との出会い以来、四十年以上を哲学の探求に傾注してきた。いま私は『欲望論』を第二巻まで書いており、あと二巻を書き継ぐつもりでいる。その中心主題は、現代の哲学的相対主義によって世界大に拡がった現象学と近代哲学の達成についての大きな忘却と隠蔽を覆し、そのことで哲学の普遍的思考の営みを再生することにある。私のこの哲学的試みを単なる大風呂敷ととらない一定の読者も、いまは存在している。

もう一度言うと、二十歳代の半ば以後、私はそれまで強く信奉していたマルクス主義思想から離れていった。とはいえ、私は思想家としてのマルクスを深く尊敬している。マルクスはなんら専門の学者ではなく一介のジャーナリストだった。しかし彼は、当時ドイツの論壇での中心主題だった「国家か宗教か」という議論には見向きもせず、資本主義経済の構造の解明にこそ人々が直面している最も大きな困難を克服するカギがあると直観し、一生をかけて、格差を拡大する資本主義システムの本質構造の解明に没頭した。彼はまさしく思想家の鏡である。

フッサールもまたマルクスと同じ思想の志をもった哲学者だった、と私は思う。彼は数学研究からはじめて論理学の分野へとうつり、さらに論理学的諸問題からも離れて、そもそも普遍認識とは何か、それが可能か、可能であるとすればいかなる条件においてか、というきわめて重要な問いへと進み出た。そこに、近代以後、人間の思想と理性の営みに、また人間の思想への情熱に意味を与える枢要の問いがあると考えたからである。

フッサールは『ヨーロッパ諸学の危機と超越論的現象学』でつぎのような印象的な文章をおいている。

また歴史の教えるのが、精神的世界のすべての形態や人間生活を支え拘束するもの、すなわち理想や規範は束の間の波のように形づくられてはまた消えてゆくものだということ、それはこれまでもつねにそうであったし今後もつねにそうであろうということ、いつも理性が無意味に転じ、善行がわざわいになるというようなことだけなのだとしたら、世界と世界に生きる人間の存在は、はたして本当に意味をもちうるものであろうか。われわれは、こうしたことに満足できるものであろうか。歴史的出来事が、幻想にすぎない高揚と、苦い幻滅のたえまない連鎖以外のなにものでもないような、そういう世界ではたしてわれわれは生きてゆくことができるものであろうか。

（細谷恒夫・木田元訳、中公文庫、二十一頁）

分かりにくい文章だがその主旨はこうだ。

青年はしばしば自分の時代に何らかの思想を信じてこれに生をかけようとする。しかしそれらの思想が、ある場面でどれほど正しいと思えてもつぎの時代には容易に消えてしまうものにすぎないとすれば、また思想への信頼が一時の幻想にすぎず、思想の普遍性の根拠というものが結局は存在しないのだとすれば、人間の理性の営みにそもそも意味があるだろうかと。

フッサールが体験したのは、ナチスの台頭期のドイツにおける全般的な理性的思想と学問の全面的な挫折ということだったに違いない。現象学こそがヨーロッパ哲学の認識問題の難問を解明するとフッサールがいうとき、それは哲学の普遍認識の可能性を、ひいては人間の理性の営みの意義自体を立て直したいという彼の根本動機を表現している。

私は三十五歳前後に『現象学入門』を書いてフッサールが認識論の解明を果たしているという自分の考えを世に問うた。しかしアカデミズムの領域ではそれは理解されなかった。のちに私は、ここには日本的な問題があり、私が学問世界の一般ルールを踏み外していたことに大きな原因があるらしいことに気がついたが、さしあたりそれは重要ではない。その後も私はフッサール現象学の方法の哲学的な意義について繰り返し書いてきた。いまここで、フッサール現象学による認識問題の解明の要諦を、一般読者が納得できるような仕方で解説することができると思う。

認識論の難問についてはすでに述べた。論理的には主観と客観の一致は誰にも証明できない。このことは客観的・普遍的認識は決して存在せず、一切の認識は相対的でしかないという結論を導く。この相対主義哲学の主張を論理的にはどんな哲学者も反駁《はんばく》できなかった。

フッサールの解明は、コロンブスの卵に似た簡明かつ独創的なものだった。その要諦は「一切の認識を確信形成とみなせ」というテーゼに集約できる。こみ入った議論はスキップして、その認識論上の結論をパラフレーズしてみよう。

第一。「客観」(事実それ自体＝あるがまま)というものは存在しない。

第二。それゆえ「客観」についての「正しい認識」というものも存在しない(自然科学の認識は妥当な共通認識であって、客観についての絶対的認識ではない)。

第三。人間の世界認識とは世界それ自体の「正しい認識」ではなく、世界をいかに了解するかについての「共通確信」である。すなわち人々がこれまで「客観認識」と呼んできたものは、世界についての普遍的な共通確信(共通了解)の成立にほかならない。

第四。世界についての共通確信の成立は、①多数の人間の共通確信の形成を意味する「共同的共通確信」(宗教、伝説、形而上学など)と、②「普遍的な共通確信」(数学、自然科学、論理学など)とに分かれる。共同的な共通確信は一定の拡がりをもつが、決して普遍的な(万人にとって妥当する)共通確信を形成しない。

こうして、伝統的認識問題の難問は終焉する。普遍認識とは、主観と客観の一致によって成立するのではなく、世界認識が、万人にとっての共通確信となるときに成立する。この考えによって普遍認識の可能性が開かれる。すなわち普遍認識の可能性は、いかに正しく認識するかではなく、いかに万人に妥当するような世界了解を作り上げることができるか、という問いへと変更される。

これを少し別の観点で言い直すこともできる。これまでの認識論は、「事実」の認識と「本質」の認識を区別できなかった。自然対象の認識（＝自然科学）はいわば一義的な「事実」の認識と考えてよい。しかし哲学の主題は人間と社会の領域である。この領域で問題となるのは「事実」の認識ではなく、人間どうしが織りなす「関係世界」の認識、しかも価値を含む関係世界の認識である。これをフッサールは「本質」の認識と呼んだ（事実学と本質学という区別をおいた）。「本質関係」の普遍的認識の方法は、自然科学の事実認識の方法とはまったく別の方法でなくてはならない。それは「本質観取」の方法として規定される。ただし、ここではこれ以上の議論はしない。

ともあれ、フッサールの認識論の解明はおおよそここまで進んだ。このことで哲学的な普遍認識の可能性が開かれたのである。「本質」の領域では、つねに価値観の問題が含まれる。たとえば「社会とは何か」という問いは「事実」の問いではありえない。それは本質的にどのような社会が人間にとって「よい」社会かという価値の問いを含むからである。そしてこの問いは、人間の価値観の多様性、価値観の相違という問題に必ずぶつかることになる。それゆえ哲学の普遍認識の可能性は、価値観の多様性という事実にもかかわらず、そこから、「万人に妥当する世界了解」を創出できるかという問いに集約されることになる。

これが私が青年期に遭遇した「現象学問題」についての大きな経緯であり、またその帰着点である。

だからこれで一区切りにしてもよいのだが、もう一つの問題、現象学に導かれて入り込んだ「近代哲学」の問題についても触れておきたい。もちろん両者は深く関係している。

二十世紀の世界思想を代表したマルクス主義とポストモダン思想は、近代社会を大きくつぎのように理解した。近代哲学は「法」によって人間を自由にする社会として近代社会を描いた。しかしそれは「幻想」あるいは「欺瞞」にすぎなかった。歴史は階級闘争の歴史であり、それゆえ国家とは、つねに本質的に、支配階級による支配のシステムにほかならなかった。近代以前の国家では、王侯貴族が支配階級として人々を支配し収奪したが、近代国家では、王侯の代わりに資本家が支配階級の座についた。そして支配階級が人々を支配し収奪するという構造はつねに不変である。

ここから、現代哲学は、総じて、近代哲学者たちを、新しい支配システムとしての近代国家の哲学的イデオローグとみなした。現代社会の矛盾を克服するためのカギは、反近代社会、反国家、反権力、反資本主義という観念へ集約された。

近代社会と近代哲学に対するこうした理解は、二十世紀の社会批判思想を貫く基調であったし、私もまた長くそうした理解をもっていた。マルクス主義国家の実践的な実験は失敗に終わったが、近代社会に対するこうした批判的理解は、いまも根強く生き延びているように思える。

しかし、近代哲学を読み進むについて、私は、むしろ近代哲学者の社会原理が、フッサールのような仕方で認識問題を「解明」したわけではないにもかかわらず、その批判者であるマルクス主義やポストモダン思想より、遥かに普遍的な社会思想としての条件を備えていると思えてきた。

そのことを考えるために、ここで私は、フッサール現象学による「普遍認識」の条件の解明を、もう一歩引き延ばして、「社会認識」あるいは「社会思想」にとっての普遍性の基本的公準を措定してみよう。

近代社会学の祖デュルケームは、社会学とは「社会的事実」の認識であるといった。現代社会学を代表するルーマンは、社会を自己創発的なシステムとみなした。しかしいずれも社会を「事実」的な認識対象とみなす点で近代実証主義の流れに属している。こうした視点は、本質的に認識の相対性を露呈する。社会の認識ではさまざまな価値的観点が存在し、複数の社会観を生み出すからだ。

社会思想が価値的、観点的相対性を克服して普遍認識となるための基礎的条件（公準）を規定できるだろうか。私は現象学の本質観取の原則にしたがって、まず、「社会とは何か」という問いに含まれる諸本質を取り出してみよう。

「社会」という概念には、近代以後、人間生活を本質的な仕方で規定する一般条件という意味（本質）が含まれる。社会は法や制度によって構成されたものという観念が現われたからだ。それゆえ、「社会とは何か」という問いのうちには、それを改変しうる可能性ということが暗黙に含まれる。まさしくそのために、「社会思想」の問いには、「何がよい社会か」という問いが本質的に含まれるのである。

哲学的には、一切の認識は相対的なのではなくて目的相関的なのである。人間の認識目的が必ず複数であること、このことが認識は相対的であるという現われを示しているにすぎない。

さて、社会の問いが「普遍的な」問いとなりうる本質的条件は二つある。問いの主体が、特定の誰か（支配者、王侯、政治家、資本家、労働者、最も疎外された人）ではなく、人々一般と措定されること。もう一つは、そのことで、立場による価値観や観点の多様性が統合されて社会における「よい」の意味が、万人にとっての「よい」へと集約されることである。

このことを前提とすれば、「社会とは何か」が普遍的な問いとなるためには、何が問題の中心とならねばならないだろうか。

人間の人間的生活の条件を脅かす最大の脅威は、「普遍暴力」「普遍戦争」「普遍闘争」の契機である（この契機についてはホッブズやヘーゲルによって社会原理として示された。「万人の万人に対する戦争」や「主奴の闘争」がそれを示す概念である）。人間の歴史は、それゆえ普遍暴力と普遍闘争を抑止する努力の歴史でもあった。この普遍暴力の契機を抑止できないかぎり、人間社会は普遍戦争にのみ込まれ、人類史がはっきりと示すように、その結果として絶対的な専制支配と普遍戦争を反復する歴史となる（ちなみに私はこれを「普遍闘争史観」と呼んでいる）。

このことは、人間社会の普遍的な「よい」の第一の公準を「暴力の縮減」とすべきことを示している。

人間の人間的生活の本質条件を示すモデルを、われわれは家族の共同性のうちに見出すことができる。家族の共同生活を性格づけるのは、関係的な倫理性とエロス性である。つまり親愛、慈愛、同情、憐憫《れんびん》、協働といった契機である。人間生活は、こうした関係的な倫理性とエロス性の契機を欠くほど人間的本質をうしなう。そして、この生活上の基礎倫理性が、真、善、美という人間世界の価値審級の源泉なのである。

こうして人間社会は、普遍暴力と関係的な基礎倫理という両極の契機によって構成されていると言うことができる。暴力契機が抑止されるほど、人間生活は、倫理性やエロス性、真善美の価値の秩序を育て維持できるが、暴力契機が高まるほどそれらの価値は後退し逼塞《ひっそく》する。それゆえ「社会とは何か」の問いにおいては、いかに暴力契機を縮減できるかという問いが、その普遍性を支える第一の公準となる。

私はここで、近代哲学者の社会原理の普遍性を示す一つの事例をおいてみたい。

ルソーとならぶ近代社会の哲学的設計者の一人とされるジョン・ロックは、いわゆる「天賦人権論」（これは日本的訳でロックでは「自然法」）を主張した。ロックによれば、神が人間に「自由」と「所有」の権利を与えたとされる。ロックの「神」は創世記からとられたキリスト教の神であり、ヨーロッパ以外では存在せず、それゆえ「誰にとっても、どこでも妥当する」という普遍性の条件をもたない。ロックの説では、人間の自由の権利はヨーロッパ以外では存在しないことになる。

これに対して、ルソーの近代市民社会の原理は「社会契約」であって、これはすなわち、「もし人々が自由な社会を欲するなら、相互に対等の権利を承認しあい、全員の意志で人民統治の権力を創設する以外にその原理はない」、を意味する。

すなわち、もし人々が、自分たちは宗教的統治があれば十分で自由を欲しない、と言うなら、ルソーの原理も近代社会もはじめから問題とならない。しかし人々が自由な生を欲するかぎり、ルソーの原理はその必然的条件であり、すなわち普遍的原理とみなされてよい。それは特定の観点や価値観（すなわち人間は自由であるべきという理念）からする要請の論理ではない。ロックの「自由の原理」はヨーロッパローカルの思想だが、ルソーの原理は、ヨーロッパであろうとなかろうと、「誰にも、どこでも」妥当する普遍的な原理といえるのである。

ルソーだけではない。近代社会の哲学的な設計図は、ホッブズ、ルソー、ヘーゲルに代表される近代哲学者たちによって描かれたが、その社会哲学の原理は、マルクス主義やポストモダン思想の近代社会理解に比べて、はるかに普遍的思想としての条件をそなえている。ここではこれ以上詳しく論じられないが、マルクス主義は「平等」を実現するための原理としては妥当性があるが、その代償として「自由」の原理は消し去られている。ポストモダン思想には、「自由」への希望と要請だけがあって、

「平等」の原理も「自由」の原理もともに消えているというほかない。

ホッブズによると、人間の歴史が普遍戦争の歴史となった最も中心の理由は「相互不安」(「不信」diffidence)である。ホッブズはこう分析する。動物の世界では、生来の体力の差が自然の絶対的秩序を与える。すなわちそこでは弱肉強食の法則が貫徹する。しかし人間は智恵をもち、数を集め策略をほどこす。これによって「もっとも弱い者でも(略)もっとも強い者をも倒す」ことができる(『リヴァイアサン』)。これが人間世界から「相互不安」が消えない根本の理由である。ヘーゲルは同じことを、人間が「自我」をもち、それゆえ自由への本性的欲求と死の不安をもつ、ということから説明する(主奴をめぐる普遍闘争)。

ルソーは、ホッブズのこの社会原理、統治権力なしには普遍戦争を抑止できないという原理を受け継ぎ、その上で、統治権力と万人の自由を両立させる原理を、社会契約(そして一般意志)として示した。のちにヘーゲルはやはりほぼ同じことを「相互承認」の概念へと推し進める。

要するに、彼らは、戦争抑止の原理、統治と自由の両立を可能とする社会についての普遍的原理を提示したのである。これらの社会原理は現在も完全に普遍的なものとして妥当している。

マルクス主義の近代社会批判は、近代国家どうしの普遍闘争がもたらした「現実」に対する批判であって、これら社会哲学者の社会「原理」に対する批判たりえていない(『ドイツ・イデオロギー』は、ヘーゲル哲学の観念論への批判であって、その社会原理の批判とはなりえていない)。

マルクス自身が提示した社会原理はどうか。社会主義の原理は、私的所有と自由競争の禁止、統制経済と共同分配を国家権力（独裁権力）によって行なうというものだが、ここには「平等」を実現するための原理は存在するが、「自由」の原理についてはこれを完全に欠いているのである。

十九世紀の終わりに、ニーチェはキリスト教の世界像を批判し、その伝統的価値の徹底的な解体を試みた。しかし同時に彼は「価値の再創造」の必要性を主張した。その大きな構図は以下である。ニーチェは「神は存在しない」ではなく、むしろ「神は死んだ」という言葉を繰り返し使った。その含意は、ヨーロッパ人が歴史上はじめて世界から「超越者」の存在を追放したが（神の殺害）、それは「ヨーロッパのニヒリズム」を必然的にもたらした、というにある。

それまでキリスト教会は人々を支配してはいたが、また人々に生の意味を安定的に供給していた。ヨーロッパ人による神の殺害は、第一に、「死んだら終わり」、つまり生には意味がないという恐ろしい観念を人々に与えた。第二は、最後の審判の消滅。つまり、どれほどひどい悪行を重ねた人間にも、どれほど徳行のために自分を犠牲にした人間にも、公正な裁きや報償もない。これらのことが人々を必然的に深刻なルサンチマンとニヒリズムに引きずり込む。ツァラトゥストゥラが、永遠回帰の思想が含む深いニヒリズムに繰り返し嘔吐《おうと》するのはそのためである。

またニーチェはいう。こうした深刻なニヒリズムはさまざまな「反動思想」を、つまり過去の救済観念や道徳観念の新しい意匠での復帰ということを引き起こすだろう（いまわれわれがしばしば耳にする「外部」「他者」「贈与」といった超越項的な諸観念は、その現代版である）。

ニーチェによれば、超越者の喪失によるニヒリズムはニヒリズムの徹底によってしか克服されえない。すなわち、まず「この生」の外部（彼岸）にはどんな超越的な意味も価値も存在しないことを受け入れ、その上で、此岸《しがん》の生のうちで、つまり現実の人間関係のうちで人間的「価値」を創出して生きるほかはないと。この考えによって、ニーチェは近代哲学において最も重要な実存哲学者となった。

私のいいたいのはこういうことだ。マルクス主義が破綻したあと、現代の資本主義がもたらす矛盾にどう対処するかについて、人間に希望を与える根本的な世界思想はまだ存在していない。いわば既成の価値の解体は生じたが、新しい価値の創造はまだ行なわれていない。そのことが新しい世代に暗黙のニヒリズムとシニシズムを与えていると私は思う。相対主義的批判の論理は、ソフィスト的な空虚な優雅さでまだ若者たちの心をひいているようだが、やがて疲労と退屈をもたらすに違いない。

いったんすべてを片付けなければならない。現代の資本主義は、マルクスが目撃していたころの資本主義とは大きく様相を変え、その構造の本質も変化している。これに対処するため、われわれはもう一度近代哲学の社会原理から再出発しなくてはならない。反国家、反権力、反資本主義という観念はもはやわれわれの指針とならない。それらは、反近代という観念から現われた反動思想なのである。市民革命以後の近代社会の展開を通覧するなら、近代社会が生み出した新しい矛盾を克服する上で最も必要なのは、「平等」の実現ではなく、「自由と公正」の両立を可能にするような普遍的な社会原理である。そしてこの課題は、いまわれわれが、また新しい世代が負っている最も重要な課題でないだろうか。

最後に一つつけ加えておきたい。普遍暴力の契機は、最も過酷な普遍戦争から、普遍闘争、そして普遍競合という派生的契機を含む。これらはいずれも人間生活の倫理的エロス的契機に対して対立的である。そして、社会から普遍暴力、普遍競合の契機を縮減する根本原理を、私はヘーゲルから借りて「自由の相互承認」と呼んできた（ヘーゲルでは「相互承認」）。

社会内の「自由の相互承認」だけが個々人の人間の自由を実現する。そしてすべての国家間の完全な「相互承認」が実現されるとき、はじめて人類は、世界から戦争を追放することができるだろう。また個々の社会の「自由の相互承認」がより成熟し豊かになるほど、人間社会から支配や収奪や排除、差別などの契機は縮減されてゆく。これらのことは、われわれが近代哲学者たちから受け継ぐことのできる普遍的な社会原理であり、また彼らが構想した近代社会の「理念」（目標）でもある。

人類がこの目標を実現するにはきわめて長い時間がかかるだろう。人間はそれまでにまだ多く困難を経験するだろう。しかし人間と哲学の歴史はわれわれにつぎのことを教える。その実現の困難の大きさに惑わされて挫折し、その途上でこの「理念」を投げ捨てることさえしなければ、人間は必ずこの課題を実現するに違いないと。

＊

本書の再刊は、創元社の坂上祐介さんの強い熱意のおかげである。坂上さんとは十年ほど前に一つ仕事をして、その後音信不通?になっていたのだが、大阪で哲学講座をしたときに突然会いに来てくれて、この第一作の再刊を強くすすめてくれた。たいへんありがたい申し出であった。深く感謝。

四十年前に出した初めての本を読み直すうち、「あとがき」には、自分が進んできた哲学の道の紆余《うよ》曲折を書いてみたいという気持ちになった。私の哲学の読者だけでなく、「在日」の読者にとってもまったく無益ではないものと思っている。

二〇二四年八月十四日

竹田青嗣

初出一覧

Ⅰ

李恢成　『流動』一九八一年二～四月号
金石範　『現代批評』第七号　一九八三年一月
金鶴泳　『早稲田文学』一九八二年六～八月号
問題としての内面　『現代批評』第六号　一九八一年六月

Ⅱ

苦しみの由来　『文學界』一九八八年十一月号
沈みゆくものの光景　『思想の科学』一九八八年三月号
三つの名前について　『思想の科学』一九九〇年九月号
「在日」ということ　『三省堂ブックレット』一九九二年九月号
在日と対抗主義　『民族・国家・エスニシティ』一九九六年九月

Ⅲ

在日文学にみる「民族」の今――『流域へ』と「ほんとうの夏」　『朝日新聞』一九九二年八月二十四日
主観としての普通、客観としての在日――姜信子『ごく普通の在日韓国人』　『朝日ジャーナル』一九八八年二月十二日号
ねじ曲げられた歴史への〝恨み〟――金石範『火山島』　『週刊読書人』一九八三年十月十日号
理解されるものの〝不幸〟――李良枝『由熙』　『週刊読書人』一九八九年三月二十日号
「在日文学」新世代の世界観　『読売新聞』一九八五年九月十二日

本書は一九八三年一月三〇日、国文社より刊行され、一九九五年八月七日、筑摩書房よりⅡ・Ⅲの文章を増補したうえで文庫化されたものに、「在日と対抗主義」「自伝的あとがき」を増補し、新版として刊行するものである。なお、一部の目次順を変更し、明らかな誤植や脱字には訂正を施した。

竹田青嗣（たけだ・せいじ）

一九四七年大阪生まれ。在日韓国人二世。哲学者、文芸評論家。早稲田大学政治経済学部卒業。明治学院大学国際学部教授、早稲田大学国際教養学部教授などを経て、現在、早稲田大学名誉教授、大学院大学至善館名誉教授。著書に『現象学入門』（NHKブックス）、『自分を知るための哲学入門』（ちくま学芸文庫）、『中学生からの哲学「超」入門』（ちくまプリマー新書）、『ニーチェ入門』（ちくま新書）、『哲学は資本主義を変えられるか』（角川ソフィア文庫）、『人間的自由の条件』（講談社学術文庫）、『超解読！ はじめてのヘーゲル「精神現象学」』（西研との共著、講談社現代新書）、『超解読！ はじめてのカント「純粋理性批判」』（講談社現代新書）、『欲望論』1・2（講談社）などがある。
インタビューサイト https://takeda.blue/japan/

〈在日《ざいにち》〉という根拠《こんきょ》 増補《ぞうほ》新版《しんぱん》

二〇二四年一一月二〇日 第一版第一刷発行

著者 竹田青嗣
発行者 矢部敬一
発行所 株式会社 創元社 https://www.sogensha.co.jp/
〈本社〉
〒五四一―〇〇四七 大阪市中央区淡路町四―三―六
Tel.06-6231-9010 Fax.06-6233-3111
〈東京支店〉
〒一〇一―〇〇五一 東京都千代田区神田神保町
一―二 田辺ビル
Tel.03-6811-0662
印刷所 モリモト印刷 株式会社

 ISBN978-4-422-36019-5 C0036